PROFESSION MENTEUR

FRANÇOIS PERIER

PROFESSION MENTEUR

LE PRÉ AUX CLERCS

ISBN 2-266-00000-0

Aux Pillu

I

OÙ L'ON DÉCOUVRE ENFIN QUI A TUÉ DÉSIRÉ MESTIFÉRI

Dès l'enfance, j'ai eu le goût du mensonge. Du beau mensonge. Vocation, appel du destin... Depuis toujours, je raconte des histoires. Pour ma défense, et tant pis pour le paradoxe, je dois dire qu'il y avait une sorte d'innocence dans mes mensonges. Je ne mentais pas par intérêt : je mentais par plaisir. Je vivais dans un monde embelli par mon imagination. Tous les enfants se créent un univers à l'image de leurs désirs, et tous finissent par y renoncer quand ils s'aperçoivent que les autres ne peuvent y trouver place. Certains s'enferment dans la solitude : la plupart deviennent adultes. Moi, je suis devenu comédien...

En cinquante ans de vie théâtrale, j'ai assuré quelque dix mille représentations. Cela fait une moyenne de deux cents jours par an sur scène. J'ai passé dans un théâtre près des deux tiers de ma vie. Cela signifie venir chaque soir, se concentrer, se maquiller; entrer sur scène, jouer, sortir... Chaque soir avoir le trac, suivre pas à pas le même rite.

J'ai eu le privilège d'atteindre plusieurs fois les mille représentations, c'est-à-dire de jouer plus de trois ans la même pièce. C'est grisant, éprouvant, miraculeux : chaque soir répéter des paroles, faire des gestes identiques, et toujours différents. Retrouver l'émotion d'une rencontre unique, anonyme, et toujours recommencée : le public. Un métier d'adulte pour un rêve d'enfant.

A l'origine de ma carrière de menteur, il y a ma grand-mère maternelle, Elisabeth Michon. C'était une femme au visage étroit, de complexion plutôt sèche, peu volubile, et stricte de maintien. Son rôle dans ma vie se fonde sur un seul trait, à la fois dramatique et charmant, de son personnage de vieille dame : la pauvre avait complètement perdu la mémoire, vers ses soixante ans. Comme souvent dans ces cas-là, il lui revenait des détails précis de son enfance alsacienne et de sa vie passée ; mais elle n'avait plus aucune mémoire immédiate. Une aubaine pour un apprenti menteur de huit ans... Puisqu'elle ne se souvenait absolument de rien, je pouvais lui dire n'importe quoi. Elle ne me trahissait pas. Qui pourrait rêver d'une aussi discrète confidente ? Je pouvais proférer sans crainte les choses les plus incongrues et les plus faramineuses... Chaque été, dans la maison de mes grands-parents, à Marcilly-le-Hayer, dans l'Aube, j'ai ainsi pris mes premières leçons de théâtre...

La tentation était grande de mentir avec les autres, en forçant un peu moins la note : j'y succombai. J'eus d'abord à apprendre les règles essentielles de l'art du menteur : savoir ce qu'on a dit, comment on l'a dit, et surtout à qui. Pour un menteur qui se respecte, la plus grande satisfaction, le luxe qui fait tout le charme de la chose, c'est de varier. Plus la mémoire est jeune et fraîche, plus il est facile de jouer là-dessus. Aujourd'hui, je serais bien incapable d'une telle gymnastique ! Évidemment, les gens que j'avais assaisonnés des mensonges les plus contradictoires finissaient toujours par se rencontrer ; le jeu pouvait alors tourner à l'aigre... La plupart du temps, je me débattais de pied ferme ; mais le danger était mince pour un solitaire qui se tenait à l'écart des « bandes » et des groupes. Et, surtout, le goût du risque faisait partie du jeu. Ce petit frisson de crainte et de trouble qui parcourt le dos à l'idée qu'on va se faire pincer en flagrant délit est essentiel au plaisir de mentir...

De ce point de vue, mes séjours chez ma grand-mère Élisabeth étaient de véritables vacances pour l'esprit : sa complaisance était sans limites. Elle pouvait entendre une chose à cinq heures, son contraire à six, et une autre version encore à huit ; elle écoutait toujours avec la même attention.

A l'école, j'ai continué à mentir — sans courir trop de risques. Personne ne prenait la peine de vérifier mes dires, même si les enfants de boutiquiers de l'avenue de Versailles avec lesquels je jouais après la classe laissaient parfois percer qu'ils n'étaient pas dupes de mes inventions. « Dis donc, c'est pas ce que tu nous as dit l'autre jour... » Je ne me démontais jamais : j'arrangeais, j'ajustais autant que possible. Je pratiquais la corde raide, en virtuose. L'innocence de mes mensonges et la tournure agréable de mes histoires m'évitaient les drames et les ruptures.

De ces facéties, je n'ai aucun remords. Je suis même certain d'avoir eu raison d'agir ainsi, car, à mes yeux, transformer la réalité ouvre en grand les portes de la liberté de créer. J'aime toujours raconter des histoires, capter l'attention, et sentir un effet sur le public, même s'il se limite à trois personnes. Je crois que ce besoin de faire rire est commun à presque tous les hommes. Dans mon cas, c'est plutôt une passion. Ma femme subit depuis trente ans cette frénésie d'anecdotes. Quand par hasard elle me dit : « Tiens, tu ne me l'avais jamais racontée, celle-là », j'ai peine à y croire. Je la soupçonne de dire cela pour me faire plaisir...

Dans ce petit théâtre qu'est l'école, il y a toujours des personnages très typés, dont on peut deviner quelle pente ils prendront par la suite : le petit gros hilare, le maigre studieux, le bigleux fort en thème. Moi, j'étais « celui qui tient le crachoir », le conteur impénitent. Au cours, je restais sage, dans mon coin, et j'observais. Ainsi, à la récré, j'avais toujours une scène à raconter. Une réplique du maître, la réponse idiote ou cocasse d'un élève, la bourde d'un copain dissipé, alimentaient des récits que j'arrangeais à ma manière.

Car, je l'avais déjà compris, une anecdote, cela se

construit. Il faut prendre le temps de créer le climat, amorcer en douceur les péripéties, ni trop vite, ni trop doucement — c'est le plus difficile — puis amener la chute. C'est tout un art. J'avais trouvé un extraordinaire professeur en la personne d'un camelot qui exerçait ses talents avenue de Versailles, les jours de marché. Ce comédien de la rue avait un art si consommé du baratin qu'il ne prenait pas la peine ni d'étaler sa marchandise, ni même d'ouvrir l'énorme valise dans laquelle il la transportait. Il tenait la scène pendant un bon quart d'heure avec son monologue, juché sur un casier à bouteilles, ce qui lui permettait de dominer son auditoire, avant de proposer de très ordinaires pastilles contre la toux, qu'une clientèle captivée se battait alors pour acquérir. Quel talent ! En quelques minutes, la valise était vide. Je n'en étais évidemment pas là... En classe, quand le maître me faisait venir sur l'estrade pour les récitations, je déclamais juste, mais je me sentais bridé dans mes effets : pas question de « jouer » les textes de La Fontaine même si l'envie me dévorait d'imiter les animaux de ses fables. Au moindre écart de ton, le maître fronçait les sourcils pour me faire sentir que je m'égarais. Bien sûr, il avait raison ; il y avait là un équilibre subtil et complexe que j'étais loin de posséder. Avant d'être acteur, je commençais par être cabotin, ce qui n'est d'ailleurs pas une mauvaise école. Sur une scène, il ne faut peut-être pas « en remettre » exagérément, mais en faire toujours « un petit peu trop ». Sinon, personne ne vous remarque...

Si ma grand-mère a été d'une influence décisive dans ma carrière de menteur, mon grand-père sut me donner la passion de l'artifice mais aussi le goût de la rigueur. Armand Michon avait été marchand de couleurs. Je ne l'ai pas connu dans sa boutique de la rue Saint-Jacques à Paris, et je l'ai toujours regretté. Avant la guerre de 14, les boutiques de marchands de couleurs étaient de vraies caves à trésors. On y trouvait de tout. Très souvent, le marchand était un véritable homme à tout faire que l'on appelait chez soi aussitôt que quelque chose ne marchait pas. Mon grand-père était de cette génération qui savait travailler le bois, poser le papier, tracer d'un pinceau minutieux et précis les raccords les plus difficiles. Dans sa maison qu'il n'avait jamais fini d'aménager, je pouvais le regarder faire des heures durant. De temps à autre, il rajustait ses binocles, clignait de l'œil dans ma direction, et lançait : « Oh ! On n'en est pas à un kilomètre près, hein ? » Il était soigneux, adroit et moqueur. Chaque matin, grand-père nous emmenait, mon frère aîné Bernard et moi, dans les bois. En dépit de ses faibles moyens financiers — ses rentes étaient modestes et seuls les fonctionnaires avaient alors droit à une retraite —, il était toujours d'une élégance parfaite, même pour arpenter les chemins creux. Sa panoplie de marcheur se composait d'un pantalon pied-de-poule, d'un veston uni gris clair qui lui donnait un faux air « Boni de Castellane », et surtout de chaussures qu'il faisait briller en les frottant avec un os, à l'anglaise. Ces chaussures m'ont toujours intrigué : au retour de nos promenades, alors que mes bottines étaient grises de terre et de poussière, celles du grand-père restaient immaculées. Avec sa démarche de jeune homme, souple, légère, il paraissait effleurer le sol. Nous parcourions facilement quatre à cinq kilomètres dans la matinée, avec quelques haltes. Lui qui allait vers ses soixante-dix ans prétendait n'en avoir aucun besoin ; à l'en croire, il voulait simplement épargner nos jeunes jambes... Il ne s'asseyait jamais sans avoir déployé avec soin un grand mouchoir sur le sol, sur un tas de bois ou sur un tronc fraîchement coupé. Mon frère et moi continuions à gambader, en maculant nos chaussures, en nous vautrant dans l'herbe et en nous écorchant les genoux.

Ces promenades, sans but précis en apparence, nous entraînaient à travers ronces et fourrés, jusqu'aux recoins les plus sombres des bois alentour... Par goût de l'aventure ?

Pas seulement. Mon grand-père avait un secret : il braconnait. Quelle meilleure « couverture » qu'une balade avec les petits pour aller relever les collets ? Deux, trois, quatre fois par été, il prenait un lapin ou un lièvre. Alors sa joie faisait plaisir à voir. Pour mon frère et moi, ce bonheur avait le parfum jubilatoire de l'interdit.

En ces jours de succès, grand-père accomplissait un cérémonial qui nous laissait chaque fois bouche bée. Après avoir décroché le collet du pied de l'arbre, il libérait la bête étranglée, la liait solidement par les pattes avec une ficelle qu'il sortait de son gousset. Ensuite, il glissait la tête de l'animal dans ce large anneau et l'installait sur sa poitrine. Puis il reboutonnait sa chemise et son gilet. J'ignore à quelle gymnastique thoracique il pouvait bien se livrer mais nous étions les seuls à remarquer l'imperceptible modification de son torse.

Heureux de cette fructueuse matinée, nous rentrions. Alors mon grand-père nous faisait faire un léger détour par la place du village, où trônait la gendarmerie. Il ne manquait pas d'aller saluer le gendarme qui était de faction. C'était un rituel facétieux, mais dépourvu de forfanterie. Il ne voulait surtout pas nous inculquer l'idée de narguer la maréchaussée ! Né à Marcilly-le-Hayer, revenu de Paris où il avait tenu commerce, mon grand-père était considéré un peu comme un notable par les « autorités » et le salut que lui rendait le gendarme était fort respectueux. En ces moments-là, cet esprit taquin était au comble de la félicité.

De retour à la maison, dans la cuisine, nous assistions devant une grand-mère réprobatrice au déballage du gibier. Toujours aussi méticuleux, le grand-père étalait sa prise sur la table. Ma grand-mère prenait le ciel à témoin de l'inconséquence de son mari vis-à-vis de ses petits-enfants. Parfois, en regardant la bête du coin de l'œil, elle jetait tout de même un « il n'est pas bien gros » qui amenait sur le visage du grand-père une mimique d'impuissance, assortie d'un fin sourire, ironique et tendre.

Ce vieil homme, qui portait sur l'existence un regard amusé, m'a aussi transmis un goût de l'ordre poussé jusqu'à la maniaquerie. Je suis terriblement tatillon. Ma mère, qui parlait avec sa sœur une sorte de langage privé, avait inventé le mot « tacutier ». Elles qualifiaient ainsi le côté exagérément ordonné de leur père, sur les pas duquel je m'engageais. Si l'on avait le malheur de toucher à mes crayons ou mes cahiers, je souffrais en silence. Mes affaires d'école, mon plumier avaient à mes yeux une importance démesurée. Plus attentif à la représentation des choses qu'à leur utilité, je portais un attachement excessif aux accessoires. Et je n'ai jamais changé.

A Marcilly-le-Hayer, la maison d'Armand Michon était un résumé complet de ses talents et de sa fantaisie. Sur le mur extérieur, il avait peint au pochoir des paniers renversés d'où s'échappaient des oranges. Dans cette Champagne pouilleuse, où le paysage ne porte pas précisément à la bonne humeur, il était assez réjouissant de voir cette curieuse petite maison, égayée de fruits peints. J'en garde un souvenir voluptueux indissociable des étés de mon enfance.

Le jardin était parfaitement entretenu par cet industrieux grand-père. Je revois le vieux pommier, le puits, flanqué d'une pompe à laquelle nous n'avions pas le droit de toucher, le buisson où nous faisions des orgies de framboises et le potager. Sans oublier l'allée qui menait à la grille ouvrant sur la rue.

Mon grand-père avait étalé du gravier clair entre deux raies parallèles en terreau qui simulaient d'imaginaires traces de roues. Sur la porte de la grange à bois, à l'autre bout de l'allée, il avait peint en trompe-l'œil un paysage dans lequel ce chemin continuait en tournant, et enjambait une rivière. Vers l'horizon, une calèche attelée s'éloignait, laissant derrière elle le sillage de ses roues, bien visible sur la route peinte, comme dans l'allée du jardin... Bien qu'il y eût assez peu de touristes dans cette région sans grand attrait, ceux qui passaient devant la grille ne manquaient pas de s'arrêter pour admirer cet effet insolite et touchant. Les gens du pays, eux, finissaient par ne plus voir l'art kitsch du grand-père : trompe-l'œil et pochoirs faisaient partie de leur univers quotidien. C'était aussi pour moi un paysage familier.

Quelques années plus tard, la première fois que je me suis glissé dans les coulisses d'un théâtre, je n'ai pas été dépaysé entre ces grandes toiles peintes qui sont censées recréer Venise, Séville ou la cour du roi d'Angleterre. En général, les spectateurs qui passent ainsi de l'autre côté du miroir jugent décevants et artificiels ces décors qui sont faits pour être vus de loin. Au contraire, je les ai tout de suite trouvés merveilleux, et, cinquante ans après, je les aime encore, ces grands châssis fragiles qui frémissent au moindre mouvement, car ils symbolisent toute la relativité du théâtre.

Par tradition, on demande toujours aux acteurs quand et où ils ont joué leur premier rôle. En ce qui me concerne, je dois dire que j'ai été d'une exceptionnelle précocité, puisque à deux ans et demi je brûlais déjà les planches. Nous avions une grand-tante, du côté de mon père, cette fois, qui mêlait un catholicisme suffisamment fervent pour qu'elle partageât l'appartement d'un prêtre avec une réelle passion pour le théâtre. Au début des années 20, tante Alice animait donc une troupe de comédiens amateurs qui se produisait dans les cercles catholiques de la capitale. Son répertoire se limitait à des tableaux vivants : des scènes de l'Évangile ou de l'Histoire sainte, mimées par des figurants en costume. Personne n'ouvrait la bouche, si ce n'est tante Alice, qui s'octroyait le rôle de récitante et illustrait les passages les plus émouvants avec de ronflantes envolées. Le spectacle était un peu statique, mais parfaitement édifiant. Régulièrement, mes parents étaient « enrôlés » dans une nativité du plus bel effet ; papa jouait un roi mage, maman une sainte femme. Un dimanche après-midi, je les avais accompagnés, comme d'habitude. Mon rôle aurait pu se borner, une fois encore, à attendre sagement en coulisse, mais au dernier moment le destin vint donner son coup de pouce : le bébé qui devait interpréter l'Enfant Jésus avait attrapé un mauvais rhume. Pleine d'autorité, tante Alice décréta aussitôt que je le remplacerais dans la crèche. Comme j'étais tout de même un peu vieux pour faire un nouveau-né, ce fut mon premier rôle de composition. Au nom des grands principes de l'illusion théâtrale, personne n'y prit garde et tout se passa fort bien. Jésus au berceau fut un des rôles les plus reposants de ma longue carrière. On m'a même rapporté, dès que je fus en âge d'entendre l'histoire, que j'avais été beaucoup mieux que le titulaire. Pourtant habitué à la fièvre du spectacle, ce nourrisson ne s'était jamais montré à la hauteur d'un rôle aussi grandiose : il avait pleuré à chaque représentation, ajoutant en vraisemblance ce qu'il ôtait en solennité. Durant tout le récit inspiré de tante Alice, je m'étais au contraire tenu coi, jusqu'au moment où j'aperçus mon père parmi les rois mages. Je me mis alors à gazouiller très distinctement : « Papa, papa, papa ! » Ma réplique intempestive déclencha l'hilarité du public. Je venais de faire tout à la fois mes débuts sur une scène et mon premier effet comique.

Si mon premier rôle a été de nature religieuse, mon premier spectacle fut d'essence ferroviaire. J'y ai eu un abonnement quotidien pendant des années puisque nous habitions, papa, maman, mon frère Bernard et moi, dans un modeste appartement de deux pièces du boulevard Exelmans, dans le quartier du Point du jour. Les fenêtres donnaient sur le chemin de fer de ceinture, qui, à cette époque, passait en un viaduc au milieu du boulevard et s'en allait franchir la Seine. C'était l'horizon de mon univers d'enfant : une enfilade d'arcades et un pont à double niveau. Construit en pierre de taille, d'une architecture sévère, l'ensemble devait dater du second Empire. Crachant, fumant, grinçant, le train à vapeur roulait au niveau des appartements du deuxième étage, vaguement protégés par les frondaisons d'une rangée de platanes. Depuis notre sixième étage, je passais des heures à regarder ces gros monstres noirs et poussifs exhaler leurs panaches de fumée grise et odoriférante. Des années plus tard, lorsque j'userais mes culottes sur les bancs du lycée Janson-de-Sailly, je prendrais à mon tour ce « train de ceinture » qui ne quittait jamais Paris. Tout était alors minuté... De notre balcon, ma mère guettait la locomotive qui venait de la porte de Versailles : dès que cette vigie l'apercevait de loin, j'attrapais mon cartable, dévalais en courant les six étages sans ascenseur de notre immeuble, traversais la chaussée, et remontais à la même allure les marches de la station « Point-du-Jour » jusqu'au quai où le train venait de s'immobiliser. Ainsi, je ne suis jamais arrivé en retard au lycée...

Boulevard Exelmans, le spectacle était donc dans la rue mais aussi à la maison, ma mère s'appliquant — et réussissant — à maintenir une ambiance de gaieté malgré les fantômes qui tournaient parfois autour de son mari. Née en 1889, comme Hitler et la tour Eiffel, la fille d'Armand Michon avait épousé Henri Pillu : de leur union, est d'abord né, en août 1914, mon frère Bernard. Quelques jours auparavant, le mitrailleur de deuxième classe Pillu était parti pour la guerre avec l'espoir que tout serait fini à Noël. Il ne devait voir son premier fils qu'un an et demi plus tard, lorsqu'une courte permission l'arracha enfin pour quelques heures aux horreurs du front. Sinon, il n'a pas raté une seule journée de ce sinistre carnaval : il ne fut même pas démobilisé le 11 novembre 1918, son régiment étant affecté à l'occupation de la Rhénanie. Quatre mois de supplément gratuit... Mais là, heureusement, on autorisa les survivants de la grande boucherie à recevoir des visites de leur famille : et c'est ainsi que je suis né le 10 novembre 1919, ce qui m'a permis de faire croire par la suite à mes enfants que c'est en mon honneur que, chaque année, on pavoisait les rues à cette date... J'ai donc été un enfant de la Victoire, sauf pour mon père. A trente-six ans, ce représentant de commerce était déjà un homme revenu de tous les désastres et de tous les bonheurs. Drôle d'homme que cet Henri Pillu, dont je n'ai pas gardé le nom parce que son orthographe en rendait la prononciation ambiguë. C'était un être terriblement fatigué, « cassé » comme tant d'autres par quatre années de cauchemar. Je parle assez rarement de lui, sans doute pour éviter d'avouer combien sa lassitude, son absence au monde m'ont marqué. J'éprouvais pour lui cette tendresse émue que les enfants réservent aux adultes vaincus par la vie, alors que j'avais pour ma mère la vénération que l'on porte à ceux qui vous font grandir en vous soutenant, en ne vous lâchant jamais la main.

Au contraire de nombreux anciens combattants, papa répugnait à nous raconter sa guerre. Il avait eu la chance assez extraordinaire de la traverser indemne ; ni blessé, ni gazé, survivant même à l'explosion d'une mitrailleuse. Le deuxième classe Pillu s'était réveillé au milieu de ses camarades morts, et s'était replié en titubant sous le feu de l'ennemi. Au premier gradé croisé dans une tranchée, il expiqua son cas et ce militaire admirable, soupçonnant le tire-au-flanc sous ce soldat couvert de sang, lui répliqua : « Faut voir... » Ces scènes épouvantables, Henri Pillu les revivait des années plus tard, perdu dans une rêverie morbide et silencieuse. Maman avait alors le talent de l'en distraire, en inventant quelque jeu dont nous étions les complices. Mon père, qui nous sentait nous amuser dans son dos, revenait ainsi parmi les vivants.

Hélène Pillu regorgeait de cette volonté de vivre qui avait abandonné son mari. Elle jouait le rôle du chef de famille, prenant toutes les décisions, affrontant tous les problèmes. Son caractère était dépourvu des apparences désagréables de l'autoritarisme ; elle n'en était pas moins inflexible. Si elle décidait une chose, c'était ce qu'il fallait faire, un point, c'est tout. Elle régentait complètement son monde. Son mari, qui l'admirait profondément, suivait toujours... Ainsi avait-elle décrété que le bon air de la mer du Nord serait excellent pour nos jeunes bronches et nous nous retrouvions, au mois d'août, à claquer des dents, à Ault-Onival, près du Touquet, sans oser nous plaindre de la température glaciale. « Le fond de l'air est frais », risquait simplement mon père.

Je ne voudrais pas donner de lui l'image d'un homme à la remorque de sa femme, mais il faut bien reconnaître qu'elle était à la barre du navire. Grâce à elle, des premières années de ma vie, je ne garde qu'une sensation ouatée, tendre, sans heurts. Subsistent l'atmosphère des promenades, la douceur de sa peau, les histoires qu'elle me racontait.

Elle nous emmenait chaque jour du boulevard Exelmans jusqu'au jardin de la Ville de Paris qui bordait Roland-Garros, à l'orée du bois de Boulogne. C'est là, dans notre « petit jardin », que je me suis éveillé aux couleurs et aux odeurs. En effet, ce paradis jouxtait le parc floral et nous admirions de loin les expositions d'azalées.

Ensuite, sous l'influence de mon père qui était un infatigable badaud, mon univers s'est élargi à Luna-Park, le parc d'attractions de la porte Maillot, et à la fameuse Fête à Neuneu. On y retrouvait les manèges et les baraques de la foire du Trône, mais aussi le spectacle du populo dont mon père était friand.

Il m'a transmis sa passion pour les camelots, et cette manie de se promener le nez au vent, à l'affût de ce qui va arriver. Il avait le don de savoir regarder ; son détachement par rapport aux êtres et aux choses allait de pair avec une véritable finesse d'observation. Il portait aux gens une attention aiguë. Il en repérait instantanément les travers, les tics, les expressions et les gestes significatifs. Il me disait : « Tu vois, le type qui marche devant... » ; puis il se mettait à échafauder une destinée, sans aucun lien avec la réalité, peut-être, mais toujours en accord avec ce que nous avions devant les yeux. Les inventions de mon père étaient teintées d'un humour léger. C'était un homme qui restait un peu sur le bord de la vie, mais qui la regardait sans agressivité. Il m'a appris à voir le monde et nos promenades sont les plus beaux souvenirs que je garde de lui. Nous baguenaudions ainsi des après-midi entiers, entre le Scenic Railway où j'adorais me faire des frayeurs, et une chapelle qui trônait au milieu des attractions, dédiée à un fils de Louis-Philippe mort dans un accident de calèche. Luna-Park a disparu et les voies du périphérique ont englouti ce terrain de nos aventures. Adieu manèges et stands de tir ! Seule la chapelle demeure : on l'a démontée pierre par pierre et reconstruite un peu plus loin...

Lorsque j'ai eu six ans, ma mère attendait son troisième enfant. En 1926, les parents faisaient des mystères : ils ne prenaient même pas la peine d'inventer des fables de roses et de choux. Et le moment venu, on éloignait les enfants. Ainsi, quelques semaines avant qu'elle n'accouchât, j'ai été expédié chez mes grands-parents, à Marcilly-le-Hayer. A mon retour, il y avait un nouveau locataire dans l'appartement. Papa et maman occupaient une pièce, leur chambre, mon frère aîné Bernard et moi-même la salle à manger où nous avions chacun un divan, et — c'était la nouveauté — ma sœur Élisabeth trônait dans la petite entrée. Un énorme buffet était le principal mobilier de notre chambre de petits garçons. Et pas question de déménager. Les maigres revenus que mon père rapportait de ses tournées de représentant en charbon suffisaient à peine à assurer notre subsistance. Nous n'étions sans doute pas dans la misère, mais dans la gêne. Ma mère a décidé alors de prendre le taureau par les cornes, comme à l'accoutumée. Suivant l'exemple de sa sœur que les hasards de la vie avaient mise à la tête d'une florissante affaire elle se mit en quête d'un fond de commerce. Ma tante gagnait fort bien sa vie, grâce à une boutique où elle vendait des mouchoirs, au 17 de la rue Saint-Roch.

Pas n'importe quels mouchoirs évidemment. Sa clientèle était composée de touristes américains qui trouvaient très chic de rapporter de Paris des petits mouchoirs tissés à la main, brodés et peu encombrants. J'admirais son art de dessiner les chiffres. Les clients donnaient leurs initiales — trois pour les Américains — et elle les agençait harmonieusement. J'ai encore de ces mouchoirs, marqués d'un magnifique F.G.P. pour François, Gabriel, Pillu. Ma tante dessinait l'assemblage des lettres sur un papier calque, puis elle fixait le motif sur le mouchoir. Elle envoyait le tout en Alsace, où le gros du travail était confié à des brodeuses de la campagne. Les mouchoirs revenaient parfois avec une trace de bouse de vache dans un coin. La tante les lavait soigneusement à l'eau de pluie... Sans doute ma mère aurait-elle aimé tenir un magasin aussi distingué, mais le destin en décida autrement. Et, en fait de fanfreluches, Hélène Pillu, mère de trois enfants, dont une petite fille en bas âge, se retrouva un beau matin gérante et unique vendeuse des « Caves du viaduc », avenue de Versailles, à quelques pas de notre domicile. Autrement dit, maman était devenue marchande de vin à emporter. Les émoluments de mon père n'auraient pas suffi à nous faire vivre, les bénéfices de la boutique de maman non plus. A deux, ils réussirent bon an, mal an, à nous garantir une existence convenable. Mais à quel prix ! Les « Caves du viaduc » restaient ouvertes sept jours sur sept. Le dimanche, mon père gardait la boutique tandis que maman nous entraînait à la première messe, la moins longue... Le matin, elle ouvrait dès sept heures pour servir les ouvriers des chantiers avoisinants, et, le soir, elle restait fréquemment jusqu'à dix heures, pour ranger et faire les comptes. Au début, elle mettait elle-même en perce les tonneaux, des demi-pièces de 120 litres qui nous arrivaient de Bercy. Adroite, elle avait tout de suite acquis le coup de main qui permet de placer la cannelle sans faire gicler du vin dans tous les sens. Elle portait d'ailleurs une blouse blanche qui restait toujours immaculée, comme les chaussures de mon grand-père après nos promenades dans les bois. Par la suite, le vin a été directement livré en bouteilles mais elle a eu le temps de m'apprendre à le tirer et à le boucher : à un léger tintement du verre sous le maillet, on sait que le bouchon a été suffisamment enfoncé et qu'il reste juste assez d'air pour laisser le vin respirer... Il y a quelques années, je me suis amusé à acheter une pièce de vin pour voir si j'étais encore capable de retrouver ces gestes : je n'avais pas perdu la main...

Enfin, le soir, vers onze heures, mes parents remontaient pour se coucher, après avoir baissé le rideau de fer, tâche pour laquelle je serais plus tard désigné. Mais, pour l'instant, aussitôt le dîner expédié dans l'arrière-boutique dont nous avions fait notre salle à manger, on m'expédiait à l'appartement. Je devais monter tout seul les six étages. Cette interminable ascension en solitaire était le pire moment de la journée. Dans l'escalier, où le gaz d'éclairage s'éteignait trop vite, le bruit des marches grinçant sous mes pas me laissait au bord de la panique. Désert, obscur, notre petit appartement devenait sinistre. Avant de me coucher, je gardais toujours un peu de lumière. Mais j'étais oppressé par l'absence des bruits familiers, comme le pas de mon père, ou celui de ma mère vaquant aux travaux domestiques. J'entendais de curieux craquements dans les murs et les parquets, tout un vacarme en sourdine qui me maintenait dans une grande anxiété. Qu'un rai de lumière dans les rideaux se mît à bouger, et je soupçonnais immédiatement une présence menaçante et fantastique, prête à fondre sur moi.

Quand ma mère arrivait, mon supplice cessait. Je m'endormais sur-le-champ. Mais sa journée à elle n'était pas encore terminée. A cette heure tardive, elle se mettait souvent à faire une lessive, dans la cuisine. Le lendemain matin, je constatais le travail accompli. Elle se levait à six heures. Le petit déjeuner prêt, elle venait me réveiller, surveillait ma toilette, attentive à ce que tout fût en ordre, puis elle repartait pour une nouvelle journée de labeur...

Un jour, j'ai raconté tout cela dans une interview. Quelque temps plus tard, j'ai reçu au théâtre une lettre très touchante d'un monsieur qui, enfant, habitait en face de chez nous sur la cour. « J'avais sensiblement le même âge que vous, me disait-il, et comme vous, j'avais peur du noir, au point que je me relevais pour ouvrir les volets. En face, il y avait une fenêtre allumée. Quand vous avez expliqué que votre mère lavait son linge tard le soir, j'ai réalisé que cette personne dont la présence apaisante me permettait de dormir, c'était elle... » Ainsi Hélène Pillu veillait-elle sans le savoir sur le sommeil de ce petit garçon.

Très vite, après l'achat des « Caves du viaduc », mes parents réalisèrent que la boutique représentait une tâche considérable. Ajoutée à une activité de mère de famille, cela devenait presque insurmontable. On décida donc de mettre mon frère Bernard en pension. Toute la famille fut consultée : mes quatre tantes, les trois sœurs de mon père et la sœur de ma mère, et bien sûr la tante Alice, à laquelle on avait toujours recours pour les affaires d'importance. Toutes ces personnalités étaient catholiques pratiquantes, mon frère s'est retrouvé au petit séminaire de Conflans, où nous allâmes lui rendre visite, le dimanche après-midi. Pour moi, ce fut un déchirement.

Je me repliai sur l'arrière-boutique des « Caves du viaduc », le centre de mon petit monde. Nous y prenions nos repas en famille et, l'après-midi, j'y faisais mes devoirs et gardais ma jeune sœur. Que d'heures ai-je passées là, à contempler le carrelage ou les scènes de chasse de la cloison en verre dépoli, qui séparait cet enclos privé de la boutique où maman officiait toute la sainte journée. Je les aimais bien, nos « Caves du viaduc » avec leurs murs peints en imitation bois, à la mode de l'époque. Il y avait d'un côté les casiers pour le vin de tous les jours, et de l'autre, rangées avec soin sur des étagères, les bouteilles du dimanche que notre clientèle s'offrait dans les grandes occasions.

Ma principale distraction était d'écouter les petites « saynètes » que les clients venaient interpréter, avec maman pour partenaire. Par ordre d'entrée en scène, je pouvais reconnaître la mère Tatzie, Poil de Carotte, ou Madame un-deux-trois-quatre : mon père avait baptisé ainsi une vieille femme un peu poivrote dont la claudication évoquait, en effet, le rythme quaternaire... En ces temps lointains, la conversation tenait encore une part importante dans l'art du commerce, et Hélène Pillu, qualifiée de sympathique par toutes les ménagères du voisinage, savait sacrifier à ce rite, même si elle avait dix autres choses urgentes à faire : elle n'aurait jamais bousculé une cliente qui avait entrepris de lui raconter les déboires de santé d'une belle-sœur ou la communion d'un neveu. Patiente, elle écoutait et trouvait le ton pour faire sentir son intérêt. Comme mon père lui reprochait parfois ce zèle boutiquier, elle lui répondait que cela faisait partie du métier. Elle était toujours à l'écoute des uns et des autres, et je crois que c'est à elle que je dois le désir de ne jamais décevoir le public, qui m'a guidé durant toute ma carrière.

Parmi les maximes dont elle avait fait sa règle, maman répétait volontiers : « Poignez vilain, il vous oindra, oignez vilain, il vous poindra. » Autrement dit : « Il vaut mieux distribuer des coups de pied aux fesses que des caresses. » Des années plus tard, Jean-Paul Sartre m'a avoué que, chez lui aussi, on répétait ce vieux dicton conservateur... Curieux monde que celui des Schweitzer, la famille de Sartre. J'ai connu sa mère. Dans l'appartement de la rue Bonaparte où elle habitait avec son fils, elle faisait régner un climat protestant, mais appelait Sartre « mon Poulou ». Étrange surnom, pour un philosophe existentialiste. Il n'y prêtait en fait aucune attention, comme s'il n'entendait pas.

« Mon Poulou »... Si grand et si célèbre que l'on devienne, on reste toujours le « Poulou » de quelqu'un, jusqu'au jour où il n'y a plus personne pour vous appeler ainsi. Quand ma mère est morte, je jouais *Gog et Magog* à la Michodière. C'était en avril 1959, mais pour nous, gens de scène, ce sont les pièces qui marquent la fuite du temps. Ainsi, papa est mort pendant *Les J3* et mon fils Jean-Pierre au temps de *La Preuve par quatre*. Au théâtre, on ne prévient jamais personne d'un deuil avant la fin de la représentation. C'est une règle sage. Pour ma mère, comme pour mon père en 1946, les choses se passèrent dans la tradition. Prévenus par le régisseur, mes associés Pierre Fresnay et Yvonne Printemps m'attendaient dans ma loge, à ma sortie de scène. J'ai senti qu'il se passait quelque chose, et j'ai vite deviné quoi. C'est Yvonne qui a parlé : « Mon pauvre François, vous n'êtes plus un enfant pour personne. »

Dans ces moments-là, on n'a plus rien à inventer. Le menteur est nu.

Le statut de gosse de commerçant présentait certains avantages. Ainsi, après l'école, nous avions le droit de rester à jouer dans la rue pour ne pas être dans les jambes de parents affairés. Alors que nos camarades d'extraction non boutiquière s'enquiquinaient chez eux, nous envahissions le terre-plein de l'avenue de Versailles, comme une petite place de province. Nous étions de grands privilégiés : l'espace et le temps nous appartenaient. Et c'est tout juste si nous daignions remarquer les frimousses des malheureux cloîtrés derrière les vitres de leur appartement, épiant l'animation de la rue, enviant nos cris et nos batailles, espionnant nos conseils de guerre.

Je me souviens d'une petite fille d'un premier étage, qui avait obtenu d'une mère particulièrement coulante l'autorisation de se joindre à nos jeux. Magnanimes, nous l'avions acceptée dans le clan des filles qui dessinaient des marelles à la craie, sautaient à la corde en la faisant claquer sur le sol et lançaient la balle au mur en psalmodiant « P'tit rouleau. grand rouleau... »

Ma sœur Élisabeth grandissait. Mes parents me la confiaient souvent et cette responsabilité avait calmé l'inévitable jalousie qu'un aîné porte au nouveau venu d'une famille.

J'avais douze ans, elle en avait six. Main dans la main, nous allions nous promener du côté de la porte de Saint-Cloud. Nous inventions des rites, Élisabeth adorait jouer à l'aveugle. Sans prévenir, au milieu d'une rue, d'un square, je lui disais : « Maintenant, tu fermes les yeux, et tu te laisses guider. » Alors elle avançait, en aveugle. De temps à autre, elle serrait ma main. A ce signal, je devais lui décrire fidèlement les environs. Et bien sûr, je lui mentais. J'accumulais les détails inexacts, décalés, vraisemblables ou non. Je créais dans ce petit coin du boulevard Exelmans et de l'avenue de Versailles un labyrinthe mouvant...

J'annonçais de faux noms de rues, de fausses difficultés. Parfois, je créais des obstacles : « Attention ! Il y a un arbre. » Nous contournions soigneusement cet arbre imaginaire. Je lui ménageais des coups de théâtre : après lui avoir demandé où elle croyait être, je lui permettais d'ouvrir les yeux. Elle me regardait alors comme si j'étais un magicien. Elle me l'a confirmé bien des années plus tard : elle n'a jamais triché, ne serait-ce qu'en entrouvant les yeux un court instant.

Les enfants supportent mal qu'on leur mente. De moi, Élisabeth l'attendait, tout en ayant une confiance absolue. J'avais trop de plaisir à manipuler ce public en or pour l'entraîner dans une aventure désagréable, et elle le savait...

Si ma mère ne s'inquiétait pas de nous voir ainsi parcourir le quartier en tous sens, elle a, en revanche, toujours exigé de moi que je rentre déjeuner à la maison, c'est-à-dire à la boutique. Comme elle avait également tenu à ce que je fréquente l'école de la rue Boileau, plus huppée que celle de la rue Musset, cela me faisait un bon bout de chemin à parcourir quatre fois par jour, de notre quartier du Point-du-Jour à l'église d'Auteuil. En fait, maman voulait à toute force voir ses enfants s'élever dans l'échelle sociale et elle pensait que la rue Boileau pouvait être la première étape de cette irrésistible ascension. Sa décision prise, inutile de discuter : j'ai donc vite appris à trouver des agréments à ces trajets dictés par l'ambition maternelle.

C'était un parcours solitaire. Natifs d'Auteuil, la plupart

de mes camarades ne partaient pas dans la même direction que moi. Je goûtais cet isolement qui permettait à mon imagination de se déployer. Car j'avais un grand ami, exclusif, inséparable, un compagnon de jeu parfait, un confident idéal : fidèle, discret, il me suivait comme mon ombre. Forcément : je l'avais inventé de toutes pièces.

Cette invention devait me tenir terriblement à cœur. Aujourd'hui encore, j'éprouve une certaine émotion à évoquer ce meilleur ami totalement fictif, que j'avais baptisé Désiré Mestiféri. Désiré Mestiféri ! D'où ai-je bien pu sortir ce nom qui sonne comme une mystification ? Je me souviens que je le désignais par son prénom — ce que je ne faisais pas pour mes autres camarades. Il devait souvent m'arriver de regretter d'avoir choisi un patronyme si invraisemblable...

Je rentrais chaque jour de l'école avec Désiré Mestiféri, et je lui racontais tout. Je commençais à lui parler sitôt passé l'angle de la rue Boileau, hors de portée des autres élèves. Je remuais les lèvres en marchant ; m'arrivait-il de parler à haute voix ? Je ne m'en rendais pas compte.

Désiré avait sa vie à lui, d'un standing très supérieur au mien. Je lui avais inventé toute une famille. Il avait une sœur aînée et un frère cadet. Son père était un ingénieur, dont la spécialité n'a jamais été précisée mais — détail beaucoup plus important — qui possédait une voiture Renault. Autant que je me souvienne, c'était une Viva Stella, qui emmenait la famille Mestiféri à Versailles ou à Fontainebleau, chaque dimanche de beau temps... Comme moi, Désiré excellait en mathématiques — en calcul, disions-nous à l'époque. Il pratiquait le tennis, avec son père et sa sœur, et, une fois par semaine, il s'offrait le cinéma, au Mozart Pathé, alors que nous, les Pillu, n'allions le plus souvent qu'au Palladium, une salle moins élégante.

Je poussais le jeu très loin. Désiré me faisait toujours le récit détaillé du film qu'il avait vu et dont je ne connaissais en réalité que le titre, et les promesses de l'affiche. Sur ces quelques éléments, j'échafaudais une histoire ; prendre un film que j'avais déjà vu aurait été trop facile... Quand je le racontais ensuite à ma mère — je lui disais tout, le vrai comme le faux — je me méfiais tout de même un peu... Le film risquait de passer aussi dans notre quartier et il n'était pas du tout sûr que le scénariste ait eu les mêmes idées que moi sur le sujet...

Parfois, quand Désiré me disait quelque chose de très important, je m'arrêtais pour l'écouter ; je me devais d'être attentif à mon meilleur ami ! Quel que fût notre itinéraire — j'en changeais souvent pour nous éviter la monotonie — notre parcours s'achevait dans une de ces impasses privées d'Auteuil que bordent des maisons bourgeoises noyées dans la verdure. Là, nous nous disions au revoir devant la villa construite par Hector Guimard où j'avais royalement hébergé les Mestiféri. Puis, je regagnais la boutique en courant et racontais à maman ma journée de classe avec quelques enjolivures, mais surtout les dernières histoires du mythique Désiré.

Assez vite, il me créa des difficultés. Il devenait trop proche. Nous étions de si grands amis, nous faisions tant de choses ensemble que ma mère voulut absolument connaître ce camarade de classe sur le compte duquel je ne tarissais pas... Elle insistait pour qu'il vînt jouer à la boutique un jeudi : la discrétion de cet ami modèle finit par lui paraître étrange... Je ne pouvais substituer à Désiré un quelconque camarade de classe. Ma mère aurait tout de suite compris que je n'avais pas avec ce garçon banal la connivence, l'intimité que je prétendais partager avec Désiré. Alors, à mon grand regret, j'ai dû me résoudre à me séparer de lui. J'ai choisi la solution la plus expéditive : je l'ai tué. Bien involontairement, j'avais préparé depuis longtemps l'arme du crime : la fameuse Viva Stella, que j'avais inventée pour faire riche. Ma mère devenant trop insistante, j'ai fait disparaître toute la famille Mestiféri dans un accident de la route ! J'en ai eu un chagrin immense et totalement sincère. Je ne simulais pas un instant pour donner le change. Je ne comprenais pas moi-même pourquoi j'étais à ce point bouleversé par la mort de ce meilleur ami qui n'avait jamais existé. C'était un véritable deuil, d'autant plus douloureux que j'avais fait mourir avec lui tout une part de moi-même. Je redevins solitaire.

M'a-t-on cru ? Qu'a pensé ma mère de cette mort brutale et opportune, qui devait l'empêcher de jamais rencontrer Désiré ? Aujourd'hui encore, je n'en sais rien, car nous n'en avons jamais reparlé. Était-ce par pudeur de part et d'autre? Avait-elle tout découvert et voulait-elle respecter ce grand secret de mon enfance ? Je l'ignore. Maman est morte sans que nous ayons levé cette bizarre ambiguïté.

Cet énorme mensonge, au bout du compte, n'en était pas vraiment un. C'était une fable qui m'était indispensable. Si ce copain n'existait pas, il aurait dû. A l'école, au lycée, je n'ai jamais eu de véritable ami, en chair et en os. Ce double inséparable, avec lequel on apprend les choses de la vie, je ne l'ai pas rencontré. Et, par la suite, au fil des années, j'ai rarement eu des amis très proches. Il n'y a qu'avec Désiré que j'aurais vraiment tout partagé...

A part cette tragédie intime, je ne garde qu'un sentiment de grisaille des cinq années que j'ai passées à l'école de la rue Boileau. Un univers de transit, où je fus appliqué, soucieux de bien faire, mais sans enthousiasme particulier. J'avais de mes professeurs une trop grande crainte pour laisser libre cours aux débordements de mon imagination : ils vivaient radicalement en dehors du monde ou je rencontrais Désiré Mestiféri. Les photos de classe que j'ai conservées n'éveillent aucun écho en moi. Sur celle de ma seconde année d'école communale, j'ai tout de même reconnu le visage du maître, M. Dupuis, parce que cet homme exquis avait le don de me passionner. Le directeur, lui, était l'autorité incarnée. En sarrau noir et manches de lustrine, ces personnages semblent sortir tout droit du XIXe siècle. J'ai bien du mal à réaliser que j'ai appartenu à cette époque...

De temps à autre, une affichette venait orner la porte vitrée des « Caves du viaduc ». Elle annonçait le programme d'un théâtre du proche voisinage qui portait le double nom de Théâtre lyrique du XVIe ou Concert des bateaux parisiens. C'était un patronyme bien pompeux pour une salle qui, je l'ai su par la suite, n'était qu'une halte pour des spectacles de seconde zone. En 1928, les tournées de province commençaient par se roder dans les faubourgs de la capitale, au théâtre des Batignolles ou au Théâtre lyrique du XVIe, spécialisé dans l'opérette. Cette proximité avec le Concert des bateaux parisiens, sis à cent cinquante mètres de la boutique, me laissait plutôt indifférent, lorsqu'un jour ma mère nous annonça que nous allions assister à la représentation de *La Fille de Mme Angot.* La pose de la fameuse affichette lui avait valu des billets à tarif réduit. Ce fut un événement qui marqua ma vie, d'abord parce que je mettais pour la première fois les pieds dans un théâtre mais aussi parce que je n'avais pas l'occasion de voir ma mère prendre des « loisirs ». Je n'ai jamais vu Hélène Pillu aller au spectacle plus de deux fois par an et elle a attendu d'avoir soixante ans pour effectuer son premier voyage à l'étranger, en Italie, lors d'un de mes tournages. Accompagnée de ma fille Anne-Marie, elle s'était mis en tête de visiter toutes les églises de Rome, sans exception... Cette travailleuse inlassable connaissait par cœur les grands airs de *La Fille de Mme Angot.* Où les avait-elle appris ?

C'est un mystère, si l'on sait que, boulevard Exelmans, nous n'avions ni radio, ni phonographe. Après cette première expérience, je me mis à prêter davantage d'attention aux affichettes du Théâtre lyrique du XVIe. J'y ai vu *Rip*, une opérette d'après un conte anglais, et une autre opérette dont le clou était la présence sur scène de lions encagés. « Tiens, ils vont jouer *Les Saltimbanques* », disait maman, quand les grognements de ces fauves un peu usés se faisaient entendre jusque sur le boulevard. J'y ai aussi applaudi deux sociétaires de la Comédie-Française égarés dans cette périphérie. On a bien oublié Alexandre et Robine, mais pour le spectateur innocent que j'étais encore, ce couple de comédiens incarnait le sommet de l'art dramatique. Jusqu'au jour où une cliente des « Caves » qui exerçait le métier d'ouvreuse à la Porte-Saint-Martin, apprenant que je goûtais assez au théâtre, proposa de m'obtenir un billet de faveur pour *Cyrano de Bergerac*.

Là, ce fut le choc, l'éblouissement. D'abord, les ors et les stucs de la Porte-Saint-Martin éclipsèrent en un clin d'œil les fastes défraîchis du Théâtre lyrique du XVIe. Quant à Cyrano, je souhaite à tous les enfants qui découvrent le théâtre de commencer par cette pièce sublime. Je ne sais plus ce qui m'a le plus frappé ce jour-là, entre le texte d'Edmond Rostand, les magnifiques costumes et la voix grave de Gabriel Signoret, un comédien célèbre de l'époque. Il donnait la réplique à une Roxane qu'interprétait une princesse de Monaco... Je ne suis peut-être pas sorti de là assuré de ma vocation mais avec l'idée que ce devait être bien extraordinaire d'être acteur... Pendant une semaine, je racontais vingt fois les grandes scènes de *Cyrano* à mes copains d'école. Mais là, je n'avais plus besoin d'en rajouter...

Si je ne fréquentais pas le Mozart Pathé comme Désiré Mestiféri, nous nous rendions au cinéma dans d'autres salles du quartier, Bernard et moi. Sorti de pension, mon grand frère poursuivait ses études en faisant le pion, ce qui lui permettait d'avoir un peu d'argent de poche. Le cinéma, c'était notre rituel du mercredi soir. Le plus souvent, nous ne savions même pas quel film on projetait. Nous prenions un billet en confiance, les yeux fermés. On n'allait pas voir un film, on allait au cinéma. Je suppose qu'il est difficile pour des jeunes gens de 1990 d'imaginer l'intensité de ces expériences. Cette époque où l'on n'était pas bombardé d'images par la télévision doit leur paraître à peine concevable. Le spectacle était notre seule fenêtre sur le monde, notre unique moyen de sortir de la routine quotidienne.

Les séances obéissaient alors à un cérémonial précis. Nous n'aurions raté pour rien au monde les actualités filmées qui constituaient l'occasion unique de voir la bobine des célébrités en dehors des portraits des journaux. Certes, le programme de ces actualités était souvent composé d'inaugurations de chrysanthèmes et autres cérémonies sans intérêt qu'on n'oserait pas présenter dans un journal télévisé moderne. Mais, pour nous, ces images anecdotiques soulignées d'un commentaire laborieux étaient précieuses : nous n'avions que ça pour nous représenter M. Poincaré ou Mme Mistinguett ! Il y avait ensuite l'annonce du prochain programme. On ne voyait pas des extraits, comme aujourd'hui, mais de simples cartons avec les noms des acteurs. C'est là que l'on pouvait mesurer la popularité de comédiens qui ne tenaient pourtant pas des rôles de premier plan. Ainsi, dès que le nom de Carette apparaissait, les gens riaient... Et des « Ah ! » satisfaits accueillaient la promesse d'un film où Jean Tissier, Alerme, Pierre Larquey ou Saturnin Fabre feraient ne serait-ce qu'une apparition.

Dans le registre de ces personnages dont le public aimait retrouver les extravagances, j'avais un faible pour Jules Berry, qui traversait ses films avec une totale désinvolture et, neuf fois sur dix, en habit. Exception faite pour l'admirable *Crime de M. Lange* de Jean Renoir : Jules Paufichet —

c'est le vrai nom de Berry, qui avait commencé sa carrière cinématographique à quarante-huit ans — y incarnait un escroc déguisé en curé. Je crois bien que la scène où, mortellement blessé, l'indélicat réclame un prêtre dans un dernier soupir, est un des plus beaux moments de l'histoire du cinéma. Mais il faut bien le dire, on ne voyait pas forcément que des chefs-d'œuvre au Palladium ou à l'Auteuil Bon Cinéma. Si, avec le recul du temps, la mémoire sélectionne quelques grands souvenirs comme *Le Crime de M. Lange* ou ce *Miracle des loups* où Charles Dullin incarnait un terrifiant Louis XI, il y avait aussi à l'affiche de grosses comédies à ficelles dont aucune cinémathèque ne voudrait célébrer les mérites. Jules Berry, en particulier, était abonné à ces vaudevilles bourgeois qui lui permettaient de jouer à peu de frais les grands seigneurs. Il ne descendait d'une Bugatti que pour entrer dans un palace, jetant les répliques comme autant de poudre aux yeux. J'ai su plus tard qu'il ne faisait là que transposer devant les caméras ce qui était sa vraie vie. Joueur impénitent, il lui fallait tourner jusqu'à dix films par an pour se procurer les vingt ou trente mille francs qu'il avait déjà perdus à la roulette.

A treize ans, je n'étais cependant pas encore dans les petits secrets du cinéma, même si je dévorais avec une passion sans mélange les histoires de stars des revues comme *Cinémonde* ou *Ciné-Miroir*. J'avais pour le monde du cinéma le regard de la midinette : à l'entracte, mon cœur battait...

Enfin, venait le grand film. Aujourd'hui, les nouveautés sont projetées partout en même temps. Dans nos salles de quartier des années 30, il n'en était rien. Il fallait attendre des mois pour voir les films qui passaient d'abord en première, puis en seconde exclusivité, avant d'atteindre le public des faubourgs. En cas de succès, cela pouvait prendre des années. Les tarifs pratiqués n'étaient évidemment pas du tout les mêmes et c'était une véritable sortie que d'aller aux Champs-Élysées ou sur les boulevards pour voir les films dont on rendait compte dans les journaux. Aux « Caves du viaduc », on en parlait ensuite pendant trois mois ! Grâce à mon grand-père qui avait quitté sa campagne pour la circonstance, j'ai ainsi vu *Ben Hur*, mon premier film sonore, au cinéma Madeleine, en 1929. Il n'y avait pas de dialogues mais un bruitage si saisissant qu'à la fin de la séance mon grand-père et moi nous nous sommes glissés à la sauvette derrière l'écran pour y chercher ces chaînes d'esclaves que nous avions entendues tinter pendant deux heures. Nous n'arrivions pas à en croire nos oreilles... Un peu plus tard, je connus d'autres émois grâce au merveilleux *14 Juillet* de René Clair. C'était en 1932, j'avais treize ans et je tombais illico amoureux de la petite marchande de fleurs, c'est-à-dire d'Annabella. Épouse de Jean Murat, vedette de nombreux films, elle était au sommet de sa gloire. Dieu sait comment, j'ai réussi à dénicher son adresse : rue Nungesser-et-Coli, à Boulogne, en bordure du stade Jean-Bouin. Et, un beau dimanche, je me plaçai en embuscade pour tenter de l'apercevoir alors qu'elle jouait au Ping-Pong sur sa terrasse. Une balle vola par-dessus la balustrade, pour atterrir à mes pieds. Je n'allais évidemment pas sonner pour la lui rendre ; j'étais bien trop timide pour ça... Je l'ai pieusement ramassée et cette petite balle de Ping-Pong est devenue pour moi le plus précieux des fétiches.

Puis les années passèrent... Et j'eus enfin l'occasion de voir Annabella de près, sur le plateau d'*Hôtel du Nord*. J'étais devenu un peu plus raisonnable mais je n'avais pas oublié ma passion d'adolescent. Les amours de cinéma, n'étant pas réels, ont l'avantage de ne pas mourir. J'étais donc un peu fiévreux, au moment de faire vraiment sa connaissance. Je lui parlais de sa vie, dont j'avais dévoré le récit dans *Cinémonde*. Je suppose qu'elle a dû sourire sous cape, à s'entendre répéter tous les pieux mensonges qu'elle avait servis aux journalistes. Moi aussi, j'allais en inventer des histoires, pour *Cinémonde*...

Je finis par lui dire : « Vous habitez rue Nungesser-et-Coli ? » Le renseignement n'était pas dans les journaux. Elle tendit l'oreille. Ménageant mes effets, je sortis de ma poche la balle de Ping-Pong. Je lui racontai comment j'étais entré en possession de ce trésor. Annabella leva un sourcil vaguement stupéfait ; puis son visage s'éclaira d'un grand sourire de star émue. Avec le ton ravi qu'elle aurait pris pour parler de sa première poupée ou d'une amie perdue de vue, elle m'a dit : « Mais oui, je la reconnais ! »

Le choix du lycée Janson-de-Sailly était encore une idée de ma mère. Comme toujours, elle voulait « ce qu'il y a de mieux pour les enfants ». A la fin de la communale, elle m'avait donc présenté à un examen, en vue d'obtenir une bourse pour que je puisse poursuivre brillamment mes mornes études. L'épreuve avait lieu rue des Volontaires, dans le XVe arrondissement. Un matin, avant d'aller à sa boutique, ma mère m'y accompagna. Je tremblais tout le long du chemin à l'idée de lui faire de la peine en échouant. J'ai été reçu. La bourse me donnait droit au lycée gratuit, car il ne l'était pas encore en ce début des années 30, et à une allocation de trois cents francs par an pour mes fournitures et mes frais de transport. Il nous fallait tout de même calculer au plus juste.

Janson n'était pas un endroit très confortable pour un fils de boutiquier. Ma plus grande tare, aux yeux de tous les petits gommeux qui peuplaient l'endroit, était d'être boursier, c'est-à-dire pauvre. Je sentais quotidiennement leur mépris ; il se lisait sur leur figure. Personne ne m'a jamais agressé, ni vraiment insulté. C'était plus sournois et plus terrible : simplement personne n'essayait de lier connaissance avec moi. Pour savoir que je ne faisais pas partie de leur milieu, il leur suffisait de me regarder : nous ne portions pas les mêmes vêtements. Ma mère veillait à ce que je fusse le plus « soigné » possible, mais j'avais toujours le même costume et les mêmes godasses. Et aucune chance d'égaler ces nantis dans les concours d'élégance qu'ils se lançaient en comparant leur garde-robe... Je ne voudrais pas passer pour le petit chose ou faire de moi une victime mais je dois dire que j'ai connu là quelques têtes à claques d'un niveau inégalé. Ces messieurs étaient plutôt sportifs et fréquentaient le Racing, un lieu mythique à mes yeux. A force de les entendre parler de ce Walhalla du snobisme à l'étiquette anglo-saxonne, j'ai voulu y aller voir. Afin d'aider mes parents et d'empocher quelques sous de pourboire, j'effectuais des livraisons pour les « Caves du viaduc » avec un triporteur dont je revois les gros pneus, le grelot et la lampe à pétrole qu'il fallait allumer à la nuit tombante. Je n'avais qu'une crainte : croiser mes condisciples de Janson et essuyer leurs lazzis. Cet équipage ne portait aucune inscription publicitaire mais ne correspondait certes pas aux canons vélocipédiques des nouveaux riches du XVIe arrondissement. Un jeudi, entre deux courses, je pédalai vers le bois de Boulogne et découvris enfin le fameux Racing, sans franchir les haies, bien sûr. J'ai cru apercevoir quelques-uns de ces camarades de classe qui étaient inscrits là de père en fils, et j'ai trouvé qu'ils avaient vraiment l'air de s'emmerder...

Ainsi, pendant qu'ils travaillaient leurs revers, je me coltinais les casiers de dix bouteilles dans les escaliers de service du quartier. Les concierges que l'on appelait pipelettes et pas encore gardiennes d'immeubles mettaient un point d'honneur à interdire aux livreurs l'accès des ascenseurs. Si je réussissais à déjouer leur surveillance, c'était six étages de gagnés... Parfois, il y avait un monte-charge, comme chez Louis Merlin, le futur patron d'Europe N° 1, un fidèle client que nous avons suivi dans ses déménagements. D'autres fois, il fallait descendre à la cave, comme dans cet hôtel particulier de la rue Chardon-Lagache où, des années plus tard, j'ai retrouvé Françoise Parturier, dont je tournais un film *L'Amant de cinq jours.* Elle n'est pas encore revenue de la description très précise que je lui ai faite de son sous-sol. Il faut dire que j'y avais été guidé par une soubrette des plus attirantes...

Heureusement, dans le climat détestable de Janson-de-Sailly, il y avait quelques exceptions. Comme par hasard, ce sont d'ailleurs ces camarades moins imbus de leur personne qui ont, par la suite, su faire parler d'eux. Jean-Pierre Grédy n'avait pas encore rencontré son complice Barillet, mais déployait déjà l'humour qui ferait son succès au théâtre. Maurice Siégel, fils de fourreurs juifs et authentique titi parisien, engeulait les petits antisémites avec son célèbre accent des faubourgs. Le futur patron d'Europe 1 et de *VSD* faisait même état de ses sympathies socialistes, ce qui relevait, à Janson-de-Sailly, du plus complet exotisme. Je ne sais plus, en revanche, quelles opinions pouvait proférer Jean Dutourd. En regardant mes photos de classe, avec ce petit groupe d'anciens, nous l'avons reconnu d'un seul coup : « Mais celui-là, c'est... Dutourd. » Tout le monde l'avait curieusement oublié — même Michel Déon, pourtant son collègue à l'Académie française. Déon était le dandy de la classe : brillant, beau comme le jour, et, par-dessus le marché, exquis camarade. Il a prétendu que j'avais un certain ascendant sur lui, puisque je l'aurais entraîné chez les étudiants d'Action française. En vérité, c'est moi qui étais baba d'admiration devant ce jeune homme vert.

Je m'étais inscrit à l'Action française dès la quatrième, sans prendre la chose trop au sérieux, mais tout de même... Dans cette option baroque et ostentatoire du royalisme en république, je trouvais un refuge pour échapper à l'apartheid des gosses de riches et exalter le dégoût que la plupart m'inspiraient. Avec les baronnes défraîchies et les nobles ruinés qui composaient pour l'essentiel la clientièle royaliste, nous avions un point commun : nous détestions les bourgeois.

De plus, j'étais soutenu dans cet élan fleurdelysé par la

tante Alice et son abbé Lucien Cauwes : ces adeptes de Maurras n'avaient pas hésité à le suivre lorsque l'Action française s'était vu mise à l'index par l'Église, en 1926. Tous les jeudis, j'allais déjeuner dans l'appartement de la rue d'Estrées que cette vieille originale et son prêtre partageaient en tout bien tout honneur. Nous avions des conversations de militants. On se racontait le dernier coup de bluff des camelots du roi : ils avaient libéré Léon Daudet en faisant gober au directeur de la prison un faux coup de téléphone de l'Élysée. Ou bien la dernière blague de l'orateur Daudet, sur les bancs de l'Assemblée nationale : il avait pris pour cible Paul Painlevé. Dès que l'honorable parlementaire se levait Daudet s'écriait : « Ah ! Painlevé ! » Et quand cet adversaire se rasseyait : « Pain rassis ! » L'effet de répétition provoquait toute l'irritante efficacité de ce jeu de mots pas très subtil. Painlevé avait fini par se résigner. Un jour, pourtant, il devait piquer une sainte colère, s'apercevant qu'en l'absence de Daudet il y avait toujours quelqu'un pour lancer « Pain rassis » et quelquefois même sur les bancs de la gauche...

J'adorais ces facéties qui relevaient plus du théâtre que de la politique et faisaient de l'Action française un mouvement en pointe, dans le vent, comme les groupes gauchistes de Mai 68 avec leurs slogans vengeurs et poétiques. Tante Alice déployait des trésors d'énergie pour organiser réunions, fêtes, rassemblements, meetings dont j'étais un peu la vedette : je devais y lire les déclarations d'intention du mouvement, ce qui ne manquait jamais de déchaîner un enthousiasme de bon aloi dans un public distingué et convaincu d'avance. Pourquoi le cacher ? A l'époque, je ne trouvais rien à redire à ces théories d'extrême droite. Avec le recul du temps, les militants d'Action française ont tous l'air de fascistes en herbe, mais leur engagement tenait plutôt d'un certain esprit de provocation que d'une conviction profonde. En fait, nous savions à peine ce que le fascisme voulait dire... Mon expérience de l'activisme fut bien légère : j'ai quelquefois vendu le journal *L'Action française*, le dimanche, à la sortie des messes. Nous gueulions à la porte de l'église, au risque de troubler l'office : on nous entendait jusque dans le chœur. Je vois encore ce curé furieux qui finit par sortir pour nous chasser, la soutane au vent. A treize ans, je me suis retrouvé au commissariat pour avoir déchiré une affiche du PCF, appelant à un meeting. Le problème venait de ce que l'affiche portait les timbres réglementaires. Maman est venue me chercher. « Vous ne lui faites pas la leçon ? » lui a demandé le policier de garde. « Certainement pas devant vous », a répondu maman. Toutefois, au fil des mois, les passions s'exacerbèrent jusqu'au fameux 6 février 1934. Là, on ne jouait plus. Avec mon père et mon frère, nous étions allés jusqu'au Grand Palais, lorsque la manifestation dégénéra en émeute. Courageux mais pas téméraires, nous nous sommes contentés d'assister de loin aux batailles épiques qui opposaient les gendarmes à cheval et les premiers CRS aux manifestants qui leur lançaient des billes d'acier. Nous scandions : « Dehors les pourris ! » Dans la confusion, mon père vitupérait aussi les Croix-de-Feu du colonel de La Rocque. Il détestait ce mouvement d'anciens combattants, comme tout ce qui touchait de près ou de loin au souvenir de la Grande Guerre. Sinon, il partageait vaguement mes convictions royalistes, avec ce même esprit désabusé qui semblait guider sa vie. Le lendemain de ces événements, à Janson, c'était l'ébullition. Un professeur de latin est venu faire son cours la tête bandée, en nous déclarant triomphalement : « Mes enfants, la république est foutue. » Je crois bien que c'est Maurice Siégel qui a trouvé le mot de la fin à la récréation : « Tu parles, je parie que c'est un faux pansement ! »

En classe, je n'ai été ni un as ni un cancre. Tant pis pour la gloriole... Les artistes aiment bien raconter comment ils se sont fait renvoyer de quinze écoles. A les entendre, ils ne savaient pas encore lire en troisième. Je ne peux présenter un tel palmarès, n'ayant été qu'un élève moyen. Curieusement, la seule matière où j'excellais un peu était les mathématiques, malgré un professeur terrifiant qui reste dans la mémoire des anciens de Janson, un demi-siècle plus tard. Je suis sûr que le nom d'Anzemberger peuple encore les cauchemars de ceux qu'il avait pris en grippe. Côté lettres, j'étais plutôt faible, surtout en latin, alors que j'avais pour maître un homme délicieux, qui s'appelait Maurice Rat. Auteur de nombreuses traductions latines et d'une grammaire, Rat était un homme érudit, émouvant, et terriblement myope. Ses verres épais le séparaient un peu du monde, ce qui généralement n'aide guère un professeur à tenir une classe. Il y parvenait par sa gentillesse, son air de savant modeste, son contact chaleureux. J'étais toujours au premier rang, à côté d'un nommé Samson. Je me nommais alors toujours Pillu, et pour nous rappeler à l'ordre, Maurice Rat disait régulièrement « Allons, allons, du calme, Samson et Dalilu ! » J'ai été très fier lorsque, par la suite, il est venu me voir au théâtre.

Mais les cours, dans l'ensemble, ne me passionnaient guère, et, de plus en plus sérieusement, je me mis en tête de faire l'acteur. J'avais déjà l'expérience d'un patronage où, le jeudi après-midi, on montait des petits spectacles. Je n'ai pas oublié la réplique grâce à laquelle j'ai découvert le plaisir de faire rire un public. On me demandait : « Que fait ton papa ? — Boucher. — Et son nom ? — Leveau. » L'effet comique n'était pas d'une grande profondeur, mais, pour la première fois, j'ai « senti » une salle.

Je redoublais péniblement ma troisième, quand je m'ouvris à ma famille de cette vocation naissante, avivée par ma lecture des œuvres complètes de Molière à la faveur d'une rougeole providentielle. A ma grande surprise, mes parents ne poussèrent pas les hauts cris quand je leur avouai mon intention d'arrêter rapidement mes études. On se réunit dans l'arrière-boutique des « Caves du viaduc » non pour un tribunal chargé de me remettre dans le droit chemin mais afin d'étudier le meilleur moyen de me faire embrasser une profession aussi mystérieuse. Adepte chronique du *Wait and See*, mon père ne disait rien. Ma mère, elle, me voyait déjà en haut de l'affiche, fidèle aux rêves de grandeur qu'elle nourrissait pour sa progéniture. Ma petite sœur Élisabeth ne se doutait évidemment pas qu'elle épouserait un jour le secrétaire de Pierre Fresnay, un futur auteur dramatique. Quant à moi, je feuilletais *Cinémonde* en y cherchant la clef du destin grandiose auquel je me destinais.

C'est mon frère aîné, alors étudiant, qui eut finalement la révélation dont allait dépendre tout mon destin. « Va voir Jouvet. — Qui ? — Louis Jouvet, l'acteur de théâtre... » Agrégé d'algèbre, Bernard Pillu faisait ainsi preuve d'une prescience qui devait lui manquer par la suite, lorsqu'il a voulu à tout prix se lancer dans les affaires : dans la famille, personne n'a oublié les milliers de moulins à café qu'il a fait fabriquer pendant l'Occupation et la faillite qui en a résulté. Le grain de café était alors plus rare que le caviar... En attendant, il avait vu juste, même si j'ignorais à peu près tout de ce que représentait Jouvet. A l'époque, il n'avait pratiquement pas tourné de films. Je ne l'avais jamais vu sur scène et je n'avais évidemment pas entendu parler du « Cartel », cette avant-garde regroupée autour de Jouvet, Dullin, Baty et Pitoëff, qui voulait ouvrir le théâtre de qualité à un plus large public. Il est vrai qu'à quatorze ans et demi j'avais des excuses.

Avant d'écrire au maître pour lui demander un rendez-vous, je suis allé voir *Knock*, qu'il reprenait périodiquement à l'Athénée pour pouvoir monter d'autres spectacles. Dans ces années-là, on ne bénéficiait d'aucune subvention et l'inépuisable *Knock* lui était, financièrement parlant, d'un grand secours. Mais Jouvet n'en était pas moins fascinant :

ces reprises, tout « alimentaires » qu'elles fussent, ne trahissaient à aucun moment son idéal de perfection.

Dans cette représentation inoubliable, un détail surtout devait me marquer : sa manière de se laver les mains, de montrer en un geste les travers de ce singulier médecin. Il utilisait exprès un produit qui moussait énormément, pour avoir très vite une quantité impressionnante de savon sur les mains. Alors, Jouvet se les massait, longuement, déplaçait avec soin la boule de mousse, se battait les paumes, recommençait. L'opération était interminable. Et toute la maniaquerie de Knock était là, exprimée sans une parole. Le soir même, je lui écrivais.

Je ne garde aucun souvenir de ma lettre. Probablement était-elle anodine. J'imagine aisément le tissu de poncifs que peut aligner un gamin dont le rêve est de devenir comédien. Jouvet m'a répondu en me demandant de passer le voir. Sur le moment, je ne pris pas conscience du privilège qui m'était octroyé.

J'étais un peu ému, mais trouvais presque normal que l'on me répondît aussi facilement. Est-ce mon jeune âge qui a touché le grand Jouvet ? Ou la maladresse de ma prose ? Chaque fois que je lui ai posé la question par la suite, il m'a toujours répondu : « Ça, mon vieux, c'est la loterie ! »

II

OÙ L'ON ENTEND MOLIÈRE SE RETOURNER DANS SA TOMBE ET JOUVET TRAITER LE JEUNE PILLU DE CHANSONNIER

La première chose qui frappait chez Jouvet, c'était évidemment sa diction théâtrale que l'on s'étonnait d'entendre encore lorsqu'il était sorti de scène. « Alors, comme ça, mon petit, tu veux faire du théâtre... » Elle résonne toujours en moi, cette phrase prononcée en juillet 1935 avec cette intonation si bizarre que Jouvet définissait lui-même : une bouteille de champagne qu'on débouche. Dieu sait si on a construit des légendes sur le phrasé de Jouvet. Certains ont affirmé qu'à l'exemple de Démosthène il s'était entraîné à parler, des cailloux dans la bouche, avec pour résultat ce curieux débit de voix. D'autres ont cru que Jouvet souffrait d'un bégaiement dont il n'avait pu se guérir qu'en apprenant à peser ainsi sur les mots. Cette piste partait d'un fait vérifié : pour sa première apparition au théâtre, dans un spectacle de Copeau, Jouvet avait effectivement tenu le rôle d'un bègue. Mais ce n'était que du théâtre ! Jouvet parlait de cette manière, et c'est tout. Vingt-quatre heures sur vingt-quatre, trois cent soixante-cinq jours par an, et depuis toujours. De ce qui aurait pu être un défaut, il avait fait une formidable arme de scène. C'est le privilège des très grands : ils apprivoisent la fatalité et donnent l'illusion d'en avoir fait le choix. Avec Jouvet, on ne savait plus où était l'acteur et où était l'individu. Ils étaient en représentation permanente. Ainsi, dans ce grand corps un peu mécanique, surmonté d'une tête de prêtre mongol, qui arpentait devant moi son petit bureau de l'Athénée, je ne crois pas avoir vu

Louis Jouvet mais le docteur Knock. La représentation continuait, et j'avais juste l'impression délicieuse qu'elle m'était exclusivement destinée. Avoir Jouvet pour soi tout seul, quel beau cadeau !

A l'Athénée, le « patron » occupait un petit appartement auquel on accédait par un étroit escalier, après avoir eu le feu vert de sa secrétaire, Marthe Herlin, une femme qui se dévoua tant au théâtre qu'à la fin de sa vie elle aurait pu remplacer l'éclairagiste, le régisseur, ou même le metteur en scène. Elle protégeait Jouvet des raseurs, et éloignait les importuns, lorsque ce séducteur entrait en conclave avec une dame, sur le petit divan qu'il avait aménagé dans son bureau, afin de « se reposer ».

Pour le reste, la pièce était plutôt austère, avec des rayons entiers de bibliothèque à la place des habituelles affiches et photos dédicacées. On eût dit davantage l'antre d'un écrivain que le boudoir d'un comédien célèbre. Pour retrouver le théâtre, il fallait passer à côté, dans sa loge, entre le miroir où il se maquillait avec un soin extrême et ses costumes de scène. A cette époque, il préparait *L'École des femmes*...

Mais de tout cela, le petit François Pillu n'avait évidemment pas conscience, avec son derrière vissé sur la chaise qu'on lui avait désignée — « Tu peux t'asseoir, mon petit » —, sa voix légèrement tremblante — « Oui, m'sieur, je vais au lycée... » —, et sa bouille arrondie de gamin pas encore dégrossi. J'avais vraiment l'air d'avoir quinze ans et pas un jour de plus. Jouvet a attaqué d'entrée : « Le théâtre, ce n'est pas ce que tu crois. » Il avait bien compris que, comme tous les adolescents, je venais au théâtre pour les plus mauvaises et les plus extérieures des raisons : le goût de se montrer, de faire l'histrion, de bomber le torse.

Jouvet est alors parti dans un éblouissant monologue dont j'aimerais pouvoir reconstituer l'intégralité. Hélas ! je ne me souviens que de quelques phrases : elles ont le mérite de résumer la philosophie que, ce jour-là, ce grand homme de théâtre a essayé d'inculquer au freluquet qui lui prenait son temps. « C'est ennuyeux que tu n'aimes pas les études. Car le théâtre, tu sais, c'est un métier qu'il faut apprendre. Comme les autres. Et il faut l'apprendre toute sa vie. Se cultiver. Savoir. S'enrichir... » Il faisait un nouveau tour de son bureau en silence, les mains derrière le dos, comme s'il ménageait un effet, puis reprenait : « Tu as un instrument, c'est ta parole. Il faut le faire travailler. Mais tu as de la chance, ton instrument, c'est le français. C'est formidable, le français. Remarque, l'anglais n'est pas mal non plus, surtout Shakespeare, tu entendras cela un jour... Sacrée musique ! » Et il m'a conseillé d'aller voir René Simon, un comédien dont le cours était fort prisé ! Edwige Feuillère et Jean Chevrier, entre autres, y avaient fait leurs premières armes. « Et puis, tu reviendras me voir dans deux ans. Peut-être qu'on te présentera au Conservatoire. » J'étais sur un nuage, sous le charme de cette voix magique qui me prédisait un avenir fabuleux. Et quoique intimidé, je n'ai pas ressenti, au cours de cette première visite, le poids de cette autorité un peu glaciale qui a mis mal à l'aise des générations de jeunes comédiens. « C'est curieux, tu as toujours eu une place un peu à part dans la vie de Louis », m'a confié un jour Monique Mélinand, sa dernière compagne. C'est vrai, je n'ai jamais eu vraiment peur de Jouvet — cela devait même me jouer des tours — tout en ayant conscience de la pression qu'il arrivait à exercer autour de lui, par sa rigueur et son perfectionnisme. Il a été le plus exigeant des metteurs en scène : la comédienne Yvette Étiévant se souvient encore d'une répétition de *Dom Juan* : le même jour, elle avait un important rendez-vous chez un notaire. Heureusement, elle ne participait pas aux scènes que l'on devait travailler, cet après-midi-là. Elle n'arriva donc qu'à deux heures et demie, en se glissant dans la salle le plus furtivement possible, alors que Jouvet avait convoqué toute la troupe pour deux heures. Il se tenait de dos, debout, au milieu de la salle et, sans même se retourner, il lança à la malheureuse, dans un silence terrible : « Alors toi, quand tu n'en es pas, ça ne t'intéresse pas... » Il pouvait poursuivre ses acteurs jusque sur scène. Julien Bertheau, qui lui donnait la réplique dans *L'École des femmes*, raconte comment Arnolphe-Jouvet ne lui a jamais laissé lire la fameuse lettre d'Agnès à Horace sans lui murmurer. « Plus vite, plus vite, tu les emmerdes ! »

Est-ce de la chance ? Je n'ai pas été son élève, ni son partenaire, si ce n'est au cinéma. Ainsi, nous avons pu être de vrais amis jusqu'à sa mort, en 1951. Et j'emploie bien le mot ami, et non celui de copains. M. Louis Jouvet n'avait pas de copains... C'est au point que j'ai été fort surpris le jour où, passant devant sa loge, j'ai entendu quelqu'un le tutoyer. « Dis donc, Louis »... Sur le coup, cette familiarité bien anodine m'est apparue incongrue, et j'ai réalisé à quel point le « Patron », comme on l'avait surnommé, imposait un vrai respect et non une distance de convenance. Il était d'ailleurs capable de fouler au pied les usages, comme ce jour où je l'ai vu pisser dans son lavabo, selon son habitude, mais devant une dame venue chercher une recommandation pour Gaston Gallimard... Médusée, cette distinguée intruse fila sans demander son reste, le précieux document à la main.

— Vous l'avez fait exprès ? ai-je risqué.

— Quoi ! Oui, et alors ? Tu m'as déjà vu faire, non ?

— Sans doute, mais pas devant une dame...

— La dame ?... Ah ! oui... Toujours ma timidité...

Après la guerre, les soirs où nous jouions tous les deux, nous nous retrouvions volontiers pour aller souper après le spectacle. Jouvet n'aimait guère les grands restaurants. Nous allions généralement dans un petit troquet de la rue de Douai, où l'on mangeait assez bien et où, surtout, on le laissait tranquille. Il faut dire que cet établissement faisait plutôt louche ; la majorité de la clientèle était composée de dames aux mœurs légères qui ne connaissaient en fait de théâtre que les trottoirs du IXe arrondissement. On lui gardait toujours sa table. Un jour, aussitôt la porte poussée, nous sentîmes dans le petit local une atmosphère à couper au couteau. Il y avait du règlement de comptes dans l'air entre les proxénètes qui tenaient là leurs assises. Sans trop solliciter mon imagination, je sentais que d'une minute à l'autre les « pétards » pouvaient parler. Lorsque Jouvet fit son entrée, une sorte d'onde de calme passa sur l'assistance. Le patron, prudemment garé dans un coin de l'estaminet, se décida à venir à notre rencontre. Jouvet lui fit : « Bonsoir, Édouard » et on se mit à table sans histoire. Ce soir-là, j'ai compris combien le magnétisme qu'il dégageait dans ses films et au théâtre jouait aussi à la ville. Pour ces « durs » de Montmartre, Jouvet était un chef, un caïd. Alors qu'ils étaient prêts à se massacrer, quelques minutes plus tôt, ils avaient retrouvé leur sang-froid, comme si un « parrain » était entré en scène. On ne plaisantait pas avec Jouvet.

Et il n'était pas question de lui désobéir. A la fin de sa vie, comme il commençait à être hanté par d'intenses préoccupations spirituelles, il monta le Dom Juan de Molière. Il y était génial : comme à l'accoutumée, ce n'était pas un numéro de virtuose mais une façon irrésistible d'entraîner le spectateur dans le rôle. L'homme, lui, souffrait du blasphème qui est au cœur du personnage de Dom Juan. J'avais senti tout cela et le soir de la générale, dès le rideau tombé, je me précipitai dans la coulisse. J'arrivai le premier à la porte de fer, fermée bien sûr ; mais je connaissais le code qui autorisait le régisseur à ouvrir — à entrouvrir plutôt, tant il craignait le « patron ». « Ne bouge pas de là surtout », me chuchota-t-il en me poussant dans un coin. Les décors étaient très complexes ; Jouvet possédant une grande « coquetterie » de metteur en scène, il fallut attendre que tout fût replié. Lui n'avait pas encore enlevé sa tenue de

Dom Juan. Magistral, et sombre, il marchait, seul, perdu dans ses pensées. Je me suis avancé.

— Ah ! Tu es là... Jure-moi que tu ne toucheras jamais à ça.

— Mais...

— Jure-moi...

— Enfin, Patron, je pourrais jouer Sganarelle, quand même...

— Touche pas à ça ! jure.

Et j'ai juré.

Si bien que des années plus tard, lorsque Maurice Escande m'a proposé de mettre en scène un *Dom Juan* à la Comédie-Française, je me suis trouvé très embarrassé. « Je ne peux pas. — Pourquoi ? — J'ai juré. — A qui ? — A Jouvet. — Alors là, évidemment... » Et c'est ainsi que je n'ai jamais « touché » à *Dom Juan*. Je n'avais pas le droit de trahir celui qui, en me recevant un quart d'heure, aura marqué ma vie pendant plus de cinquante ans. Pas le droit de tromper la mémoire de ce grand maître qui, en une seule phrase, m'a fait tout comprendre : « Il faut que tu aimes le théâtre si tu veux qu'il te le rende. » Le théâtre, Jouvet l'a aimé jusqu'à la folie. Durant la guerre, il réussit à entraîner une troupe de trente comédiens à travers toute l'Amérique du Sud. La tournée était prévue pour six mois, elle a duré quatre ans. L'aventure fut parfois épique. Il a fait jouer Molière et Giraudoux dans les contrées les plus reculées. Un jour, tout a brûlé : les accessoires, les costumes et les décors de *L'École des femmes*, précieux entre tous. Au plus fort de l'incendie, Jouvet vit Camille, son chef machiniste, se précipiter dans les flammes. Il en sortit quelques instants plus tard, à bout de souffle, couvert de suie.

— Patron, j'ai pu sauver le fauteuil, la canne... et une bourse...

Et, Jouvet de répondre :

— Bien, on peut jouer.

Lorsqu'il jouait un rôle, il l'habitait longtemps après que les spectateurs étaient rentrés chez eux. Je n'oublierai jamais son interprétation d'Arnolphe dans *L'École des femmes*. A la fin de la pièce, les amoureux partaient ensemble. Jouvet tournait sur lui-même dans une sorte de crispation douloureuse, puis sortait de scène. Certains soirs, je l'attendais côté jardin, avec son chien Till. L'animal connaissait la pièce par cœur. A la dernière réplique, il descendait accueillir son maître. Il était à deux doigts de sauter à son cou, sous les yeux du public. Alors Jouvet lui caressait le museau, et le chien se calmait. Je me tenais un peu en retrait. Les traits de Jouvet n'avaient pas encore abandonné cette expression de désespoir qui envahit Arnolphe aux derniers instants de la pièce. Une fois, je l'ai entendu qui marmonnait en regardant Agnès et Horace s'éloigner : « Je ne donne pas cher de ce petit couple. »

Si, au théâtre, on en apprend tous les jours, on doit tout de même bien commencer par quelques rudiments. Il faut savoir régler sa voix selon que l'on joue devant cinquante ou deux mille personnes, se déplacer sur scène sans tourner le dos aux spectateurs et, dans une pièce comique, laisser au public le temps de rire, mais pas une seconde de trop, avant d'enchaîner la réplique suivante. Tous ces petits trucs qui deviennent par la suite des réflexes, c'est René Simon qui me les a enseignés. Il a prétendu que je suis arrivé à son cours en culottes courtes. Je peux garantir que c'est faux : à cette époque, je portais des pantalons de golf, dans le style de Tintin, ce qui n'était pas tout à fait pareil...

Quoi qu'il en soit, même si je n'ai jamais montré mes genoux dans le vaisseau enchanté du boulevard Garibaldi, j'en étais à coup sûr le plus jeune pensionnaire. Personnage baroque, généreux, solaire, René Simon régnait sur son cours avec la ferveur d'un monarque adoré. Il avait l'enthousiasme, l'énergie, la fougue, de ceux qui se sentent exister en aidant les autres à se découvrir, à aller au bout d'eux-mêmes.

Pour les soixante-dix ou quatre-vingts élèves qu'il prenait en charge selon la saison, son grand studio de peintre du XVe arrondissement était un vrai sanctuaire. Les fastes de ce palais se résumaient pourtant à une petite estrade de deux marches, et à deux projecteurs sur pied qui dispensaient une lumière chiche quand ils ne tombaient pas en panne. Mais ces murs défraîchis étaient habités par une foi qui, chaque lundi, ramenait toute sa classe autour de ce professeur messianique. Pour rien au monde, nous n'aurions raté cette cérémonie. Simon s'asseyait sur son bureau, et les élèves se disposaient autour de lui, par terre sur la moquette. Le cours n'avait rien de magistral : il se résumait à une succession de scènes jouées par les élèves, et commentées par le maître. On s'arrangeait entre soi, ou bien Simon tranchait : « Bon, toi, tu vas travailler ça. Toi, la grande sauterelle, tu lui donneras la réplique. Si ça ne va pas avec elle, qui a un caractère impossible, tu peux demander à l'autre, là-bas, la blonde. Entre les deux, tu te débrouilles. Tu reviens avec l'une d'elles. »

Nous nous dispersions. Ça répétait dans tous les coins de la pièce en chuchotant, pour ne pas trop gêner les autres. Au moment des « passages », tout le monde se taisait. A la fin de la scène, Simon faisait ses observations aux deux élèves qui venaient de travailler, en développant ses remarques pour que tout le monde en profitât.

Parfois, il entrait dans une sorte de délire magnifique, parlant avec passion du métier de comédien, de sa grandeur. Malgré sa prestance et son impeccable diction, René Simon disait lui-même qu'il n'était pas un très bon acteur : mais là, en professeur d'art dramatique, il tenait son meilleur rôle. Ces soirs-là, nous le quittions, gonflés à bloc. Nous avions la certitude que dans deux, quatre ou cinq ans, nous serions sur scène, devant un public. Nous nous sentions sur le point de nous accomplir enfin.

Dans le métier, René Simon était « ailleurs » : mutilé de la face pendant la guerre de 14-18, il en avait gardé une légère distorsion dans les traits du visage. Cela lui donnait le masque un peu étrange d'un cabotin visionnaire. Il connaissait admirablement le théâtre. Il avait tout lu, savait par cœur des pièces entières, à force d'entendre et de disséquer le répertoire. Son enthousiasme le faisait parfois donner dans les apartés. Au beau milieu d'une scène qu'il expliquait devant nous, il s'interrompait sans prévenir : « Mes enfants, mes enfants, écoutez ce que c'est beau, écoutez-moi ça. Allez, reprenez-moi ce passage... » Pour soutenir notre moral, il nous parlait de nos aînés, qui nous avaient précédés chez lui et poursuivaient une brillante carrière dans le spectacle.

Évidemment, au fond de lui-même, René Simon savait bien que tous ses « enfants » n'allaient pas devenir de grandes vedettes. Mais cela ne l'empêchait pas d'entretenir le feu sacré et il avait raison. Il y a quelques années, j'ai été interpellé par une femme chauffeur de taxi : elle avait été élève du Cours Simon. Comme j'étais un peu gêné, elle m'a mis à l'aise : « Vous savez, je faisais déjà le taxi à l'époque et je n'ai jamais eu l'intention de devenir une comédienne professionnelle. Mais j'étais mal dans ma peau et M. Simon m'a ouverte avec le théâtre. » Avec sa passion communicative, ce sondeur des âmes avait inventé la thérapie de groupe, des années avant que la mode ne nous en vînt d'Amérique. Plus étonnant encore est le cas d'Andréani. Au cours, chacun pronostiquait une brillante réussite pour ce jeune homme dont le visage torturé avait deux décennies d'avance sur la mode. C'était sans doute trop. Je l'ai retrouvé il y a dix ans, il était devenu général...

René Simon était un peu le docteur Knock du théâtre. Le médecin de Jules Romains voulait que chaque bien-portant soit un malade qui s'ignore. Notre professeur, lui, voyait en chaque individu un comédien en puissance. Je ne l'ai vu qu'une seule fois dissuader une postulante venue prononcer la phrase rituelle : « Je voudrais tellement faire du théâtre ». Il faut dire que cette demoiselle se présentait visiblement à reculons, poussée par une mère qui la chaperonnait de façon un peu voyante. Pour la forme, Simon a demandé à l'impétrante de réciter quelques répliques, ce dont elle s'acquitta sans aucune conviction. « Désolé, mademoiselle, mais je ne crois pas que vous soyez faite pour le théâtre. Mais ne pleurez pas, vous me remercierez plus tard de vous avoir évité des déconvenues... » Puis se tournant vers la mère : « Par contre, vous, madame... »

Étais-je davantage déterminé que ces camarades qui ont fini général ou chauffeur de taxi ? Le jour où je suis allé voir Simon pour la première fois, j'étais sûr de mon fait. « Tu seras comédien », me répétais-je en passant sous la voûte qui menait à son studio. « Co-mé-dien. » J'ai sonné. On m'a ouvert. Simon était seul. En dehors de la grand-messe du lundi soir, il recevait les élèves un par un, pour des leçons particulières.

— Tu sais quelque chose ?

— Je connais une tirade de *Cinna*, je l'ai apprise au lycée.

— Bon, va pour *Cinna* mais je te préviens tout de suite, ce n'est pas ça que tu joueras.

Et me voilà parti dans Corneille. « Plût aux dieux que vous-même eussiez vu de quel zèle/Cette troupe entreprend une action si belle ! »

— C'est bien. Mais tu es un valet. Un valet comique. Alors il faudra que tu travailles les rôles de valet comique. Commence par étudier La Flèche dans *L'Avare*. Tu vas quand même apprendre une scène de Fortunio, parce qu'il ne faut jamais négliger l'amour. Tu deviendras peut-être un amoureux, mais pour l'instant, tu es valet.

Le flair était un des traits du génie de René Simon. Il ne se trompait jamais. Dès qu'un nouvel arrivant franchissait sa porte, il était en mesure de le classer, avant même qu'il ouvrît la bouche : jeune premier, valet comique, etc.

Cette tradition assez rigide des « emplois » marquait encore le théâtre en 1935 : on se souvient de Jouvet, dans le film *Entrée des artistes.* Professeur d'art dramatique, il se rend dans une blanchisserie, pour tenter de convaincre les patrons de laisser leur fille faire du théâtre. A peine entré dans la boutique, il regarde une seconde chacune des repasseuses, jauge les caractères, et précise les emplois : « Soubrette... confidente... jeune première, etc. »

Comme on l'imagine, je fus très déçu d'être ainsi cantonné par Simon dans des rôles que je croyais subalternes. Dans mes rêves d'adolescent, je me voyais jeune premier. Inutile de dire que René Simon avait totalement raison : mon physique de gentil petit garçon ne répondait vraiment pas aux canons esthétiques du moment.

Le jeune premier type, dans les années trente, était Pierre Richard-Willm : ce très bel homme, élégant, racé, représentait le stéréotype parfait de l'homosexuel qui fait fantasmer les femmes. Maman en était folle. Je l'ai connu par la suite : si l'acteur était moyen, l'homme était charmant. A l'époque, on prisait aussi le genre « noir », dont l'archétype était Pierre Blanchar et son regard profond.

Aujourd'hui, ces distinctions entre les « emplois » feraient hurler tous les apprentis comédiens : aucun ne supporterait d'être ainsi classé sur sa mine. Certes, on leur donne une véritable chance en élargissant au maximum le cercle des possibilités, mais je me demande parfois s'il est bon de leur laisser croire qu'ils peuvent « tout faire ». Aucun comédien, même le plus génial, ne peut « tout faire ». Je frémis toujours en entendant certains camarades demander à leur metteur en scène : « Comment veux-tu que je te le fasse ? », sous-entendu : ma palette est infinie. Rien n'est plus faux : chacun a ses limites au-delà desquelles il ne doit jamais se risquer. Ce que René Simon nous apprenait avant tout, c'était à distinguer ce que nous n'étions pas...

Mon premier cachet je ne l'ai pas obtenu en montant sur une scène, mais en trimbalant des dossiers dans les combles d'un cabinet d'assurances, rue de la Paix ; il se montait à 450 francs par mois. Je l'ai touché en juillet 1935, lorsqu'il a été évident que je ne continuerais pas mes humanités. Adieu Janson, et à charge de revanche ! Tous ceux qui m'avaient snobé allaient voir ce qu'ils allaient voir. Comme je n'avais pas non plus l'intention de m'éterniser dans ce monde peu amène où l'on passe son temps à régler des « sinistres », je prenais assez joyeusement mon rôle de grouillot. Je n'y ai été pour rien, mais après quelques mois l'expert chez lequel j'exerçais mes talents dut mettre la clef sous la porte. On me versa alors comme supplétif au bureau parisien de la compagnie britannique Hobbs : là, ce fut moins drôle. Comme j'arborais toujours le même costume noir un peu trop grand qui constituait encore toute ma garde-robe de jeune homme modeste, le directeur eut la brillante idée de me mettre aux « condoléances ». Je devais aller présenter les regrets attristés de l'entreprise aux familles de ses clients décédés. Ainsi, je jouais quelque temps les croque-morts, sans passion excessive, les occasions de s'amuser étant plutôt rares au cours de ces missions funèbres. Heureusement, il y avait le théâtre, et, tout en réconfortant veuves et orphelins, je repassais dans ma tête les répliques de Fortunio que Simon m'avait demandé de répéter pour le soir même...

Une fois cependant, j'ai été le témoin d'une scène extravagante : un « Panique à l'hôpital » digne des Marx Brothers. J'étais parti témoigner de mon affliction patentée aux héritiers d'une vieille dame, lorsqu'on s'aperçut que la défunte avait été échangée contre un barbu également mort mais inconnu de tous. La dame était allée se faire enterrer ailleurs. J'ai bien fait rire tout le bureau de la compagnie Hobbs avec cette histoire. Je me demande d'ailleurs si je ne l'ai pas un peu inventée... Un mensonge de plus ou de moins... Mon public, il est vrai, était en or : un bataillon de secrétaires auxquelles j'avais fait la confidence de mes ambitions théâtrales. Elles étaient jeunes, souvent jolies, et quelquefois délurées. Soit dit en passant, c'est grâce à la sollicitude de l'une d'elles que j'ai perdu ma virginité.

La vie des vedettes constituait l'essentiel de leurs conversations ; ces amies charmantes m'imaginaient déjà en haut de l'affiche, posant moi aussi devant une voiture américaine ou entre deux starlettes pour le photographe de *Ciné monde*... Je n'ai jamais oublié leur gentillesse. Quand le chef de service avait le dos tourné, elles me faisaient répéter une scène, le texte à la main et s'il y avait une séance très importante chez René Simon, elles se débrouillaient pour que je quitte le bureau avant l'heure. « Allez, François, file... » Et je me précipitais dans le métro, en route pour la gloire. C'est là qu'un jour je me suis retrouvé assis en face d'une fille vraiment très jolie. Je l'observais à la dérobée, sans oser l'aborder, en faisant semblant de m'intéresser au paysage du métro aérien. Elle avait d'admirables yeux un peu mauves. A Sèvres-Lecourbe, je me lève à contrecœur, furieux de ne pas avoir eu le courage de lui parler. Elle descend aussi. Habiterait-elle le quartier ? Non, elle semble chercher son chemin. Chez Simon, c'est l'heure du cours. N'irait-elle pas... ? On le dirait bien... Il faut agir vite : je la double, mine de rien. Je m'engouffre dans le couloir ; elle suit. Elle hésite un peu. Je me retourne : « Vous cherchez René

Simon ?» Et je l'emmène triomphalement. Je lui fais les honneurs du studio : après tout, je suis maintenant chez moi... Simon lui parle quelques instants puis me prend à part.

— C'est toi qui as amené cette fille ?

— Non, je l'ai rencontrée dans le métro ; elle venait ici.

— Est-ce que tu as un million ? Non, bien sûr. Moi non plus et c'est dommage. Si tu avais un million, tu la prendrais sous contrat tout de suite. Cette fille, c'est Garbo !

Elle ne fut pas Garbo, la star des stars. Mais elle a fait une merveilleuse carrière, digne de ses cheveux d'or et de son regard de rêve. Elle se nommait Simone Roussel. On la connaît sous le nom de Michèle Morgan.

Boulevard Garibaldi, j'étais non seulement la plus jeune recrue de René Simon, mais aussi un de ses chouchous. A ma mère qui était venue le voir pour régler les questions matérielles, il avait répondu : « Nous verrons, nous verrons... » En fait, durant les deux années où j'ai suivi son cours, il n'a jamais voulu que je lui paie un centime. De temps à autre, tout de même gêné de cette situation, j'insistais pour lui rendre un quelconque service. Il acceptait par délicatesse, pour me faire plaisir. Je crois avoir deux ou trois fois rangé sa bibliothèque. Mais il aimait surtout cette innocente allégresse qui me permettait de dire n'importe quoi avec un aplomb de vieux Parisien. J'avais toutes les audaces et, quand je donnais la réplique à un camarade, je ne me résignais jamais à jouer le faire-valoir. Simon, alors, me rappelait à l'ordre : « Dis donc, vas-y doucement, Pillu, c'est pas ta scène, c'est la sienne. » Notre grand plaisir était d'aller en bande, au théâtre ; pour les générales, on nous réservait les plus mauvaises places, au dernier rang du poulailler et nous rêvions du jour où, à notre tour, nous aurions à affronter ce Tout-Paris, que nous regardions scintiller à l'orchestre, vingt mètres plus bas. A la sortie, attablés dans un bistrot, nous exercions notre verve sur la pièce que nous venions de voir, sans la moindre tendresse.

Nous n'avions pas encore mis les pieds sur une scène, mais nous maîtrisions déjà parfaitement la « vacherie », pratique dont chacun sait qu'elle occupe une place prépondérante dans le folklore de notre profession. Il n'y a guère que Jouvet et son *École des femmes* qui nous aient vraiment cloué le bec : là, il n'était plus question de faire de bons mots. Sinon, nous devions être assez odieux. Dans cette joyeuse équipe que le doute n'effleurait guère, il y avait Jacques Castelot, dont le physique avantageux faisait la vedette incontestée du cours, la fille de Simone Berriau, la directrice du théâtre Antoine, Christine Gouze-Renal, qui hésitait entre la comédie et le chant, et une certaine Maryse Arlet qui deviendrait plus tard Martine Carol. Quant à Jacqueline Porel, elle était déjà ravissante, mais je ne la regardais qu'avec l'œil d'un bon camarade, sans me douter qu'elle me donnerait trois enfants. Des enfants, nous en étions encore, insouciants et fauchés mais sûrs d'avoir choisi le plus beau métier du monde...

Nous n'avions aucune curiosité pour ce qui ne touchait pas le théâtre. Ainsi, je dois confesser que, sur le moment, les événements de 1936 m'ont laissé à peu près indifférent. Du Front populaire, je n'ai aucun souvenir ! Quant à ma défroque de camelot du roi, je l'avais jetée aux orties : pour me distinguer des autres, j'avais trouvé beaucoup mieux qu'une panoplie royaliste...

Comme j'étais trop jeune pour la plupart des rôles du répertoire, René Simon m'avait déniché un filon dans les fonds de tiroir du théâtre Daunou. A longueur d'années, on y montait des pièces écrites sur mesure pour un juvénile et charmant comédien nommé Jean Paqui. De son vrai nom Chevalier d'Orgeix, cet adolescent était le fils des propriétaires du théâtre... Aucune de ces pièces, commandées l'une derrière l'autre à des auteurs spécialisés, n'a naturellement laissé un souvenir impérissable...

Pour nous exercer, nous avions aussi le petit théâtre que les mystères de la vie parisienne avaient logé dans les locaux d'un quotidien, *Le Journal*, rue de Richelieu. Au milieu de cette ruche, où grouillots et journalistes butinaient en tous sens, il y avait une vraie salle de spectacle avec sa scène, ses coulisses et une centaine de fauteuils que nous remplissions avec nos familles et nos meilleurs amis. Mes parents et mon frère ont ainsi fait le déplacement du boulevard Exelmans pour venir m'applaudir dans quelque ouvrage d'avant-garde qu'un auteur méconnu avait eu l'imprudence de nous confier... Mais mon premier vrai public, je l'ai connu au théâtre municipal de Châteauroux grâce à un tailleur du nom de Mabillat, qui devait également être le plus ancien élève du Cours Simon. Réalisant qu'il ne deviendrait jamais un comédien malgré des années de présence, il s'était improvisé organisateur de tournées. En ces temps où le théâtre n'était pas encore concurrencé par la télévision dans la France profonde, c'était assez facile. Mabillat prenait ses acteurs au Cours Simon, ses pièces dans le répertoire le plus répandu et, le vendredi soir, nous partions en troisième classe pour Aurillac, Le Mans, ou Charleville au gré des engagements. Chacun avait son costume, loué à Paris, mais il fallait trouver le décor sur place, dans les stocks du théâtre. J'ai fait mes débuts dans *Le Chemineau* de Jean Richepin, où j'interprétais un paysan. Nous étions deux drilles à nous donner la réplique : « A ta santé, Thomas. » « A ta santé, Martin. » Il me semble que j'étais Thomas. Je me souviens davantage d'un Cyrano proprement « épique » : nous avions réussi à l'interpréter, à treize comédiens, ce qui prouve que nous n'étions ni superstitieux, ni fainéants. Chacun se dédoublait. Pour ma part, je jouais tous les Gascons à la fois.

« Puisque votre compagnie est maintenant au complet/

Veuillez la présenter au Comte, s'il vous plaît », avait écrit Edmond Rostand. D'un geste large, on me désignait : j'étais tout seul. J'avais tout de même fière allure, avec mes splendides éperons ! Un soir, ces accessoires qui faisaient ma fierté trouvèrent le moyen de se coincer dans une rainure du plancher. Impossible de quitter la scène à moins de m'asseoir et d'enlever mes bottes devant le public. J'ai choisi de rester digne, et de patienter jusqu'à ce que le rideau tombât, en prenant l'air le plus détaché possible. Pendant la grande scène d'amour entre Cyrano et Roxane, les deux amants ont eu la politesse de ne rien remarquer de mon indiscrétion !

Au dernier acte, changement complet, je jouais une nonne. Mais comme nous n'avions pas vraiment le temps de changer de costume, j'enfilais directement une robe par-dessus mes effets de Cadet de Gascogne, et l'on pouvait voir mes beaux éperons dépasser sous la bure...

Tout cela ne nous empêchait pas de faire salle comble et de donner jusqu'à trois représentations par week-end ! Deux soirées et une matinée, le dimanche après-midi. Le dimanche soir, aussitôt le rideau tombé, nous nous précipitions à la gare, à peine démaquillés, pour attraper le train qui devait nous reconduire à Paris. Et le lundi matin, j'étais à mon poste à la compagnie Hobbs. Mes admiratrices écoutaient le récit de mes triomphes provinciaux. J'étais crevé mais ivre de bonheur : je faisais du théâtre...

Pour libérer un peu mes parents, mon frère et moi avions loué un petit appartement non loin du boulevard Exelmans, tout en continuant de prendre nos repas aux « Caves du viaduc ». Là aussi, je cabotinais en racontant nonchalamment comment j'avais bavardé avec telle ou telle star, en visite au Cours Simon. Ma mère, elle, s'inquiétait des femmes que je pouvais croiser dans cet univers sans morale : elle appartenait à un milieu où les actrices avaient encore l'image de filles trop libres, qui fumaient ostensiblement ou interpellaient les hommes dans la rue. Au chapitre des mœurs, maman était plutôt vieux jeu : ainsi, elle n'a jamais supporté que l'on fît allusion à la vie de couple qu'une de ses belles-sœurs, artiste peintre de son état, menait avec une autre dame. A ses yeux, toute remarque sur cette liaison pourtant notoire était parfaitement déplacée. J'évitais donc d'évoquer les quelques bonnes fortunes que mon minois d'adolescent pouvait me valoir, tant rue du Helder que boulevard Garibaldi.

En vérité, c'était un peu en visiteur que je retrouvais le vieux décor de notre boutique, le bec-de-cane, les casiers à bouteilles et cette arrière-salle un peu sombre où j'avais passé une partie de mon enfance. J'avais toujours autant d'affection pour mes parents, mais, je le sentais confusément, j'avais déjà glissé dans un autre monde au charme plus clinquant. Cette dérive s'est trouvée entérinée le jour de 1937 où j'ai décidé de changer de nom. Pillu n'était pas un nom de théâtre : on peut le prononcer avec ses deux ll ou bien le contracter en piu. J'ai voulu tout de même garder mes initiales, peut-être à cause des mouchoirs brodés de la tante. Il fallait faire simple : j'ai choisi François Périer. Pourquoi Périer ? Je n'en sais plus rien, et j'ajoute qu'au bout de cinquante-trois ans de service je n'y fais plus guère attention. La force de l'habitude...

Nanti d'un nom de guerre, je ne pouvais plus reculer. Au Cours Simon, la pression montait. Nous étions toujours d'excellents camarades, mais au fil des semaines chacun en faisait de plus en plus pour se faire remarquer. Quand on annonçait la visite d'un metteur en scène, c'était un festival éhonté de cabotinage. René Simon, qui avait la confiance du monde du cinéma, organisait des auditions pour que Marcel Carné, Marc et Yves Allégret ou d'autres, complètent la distribution de leurs films. Ainsi, plusieurs petits rôles du célèbre *Entrée des artistes* ont-ils été recrutés via René Simon : il présélectionnait une dizaine d'élèves et ces messieurs n'avaient plus qu'à faire leur choix. Dans cette course effrénée aux petits rôles, je partais battu : j'étais toujours trop jeune. En revanche, à la fin de ma deuxième année de cours, René Simon décréta que j'étais mûr pour me présenter au Conservatoire. On n'avait pas besoin de son autorisation pour s'inscrire au concours, mais avec son flair il savait évidemment très bien ceux qui avaient quelque chance de réussir l'épreuve. Selon lui, je faisais partie de cette petite et fort enviée élite.

Tout me souriait donc. Je n'avais plus qu'à retourner voir Louis Jouvet, comme il me l'avait lui-même demandé lors de notre première rencontre.

C'était quinze jours avant le concours d'entrée au Conservatoire. J'avais travaillé Scapin et je pensais être fin prêt. Dès l'entrée dans sa classe où il m'avait fixé rendez-vous, rue de Madrid, j'ai senti une atmosphère hostile. Les élèves me regardaient avec la condescendance que les jeunes gens de vingt ans ont pour ceux de dix-huit et Jouvet lui-même s'est montré sec, acide et pressé. Rien à voir avec le protecteur qui m'avait aimablement reçu deux ans plus tôt à l'Athénée.

René Simon s'était bien gardé de me le dire, mais, entre-temps, il s'était fâché avec le « Patron »... « Alors, tu as bien dû travailler quelque chose chez Simon. Vas-y... » Le ton était impatienté. Je lui ai servi comme j'ai pu la scène des procès, avec un élève qui tenait le rôle d'Argante. Il y a certainement eu des Scapin plus éblouissants, mais j'ai la certitude d'avoir été convenable.

A la fin de la scène, silence glacial. Et Jouvet qui lâche : « Si Molière t'a vu, il a dû se retourner dans sa tombe. » Je n'ai pu m'empêcher de répondre : « Comme cela, il sera à l'endroit, car il vous a vu hier dans *L'École des femmes.* » Jouvet m'a désigné la porte d'un doigt autoritaire et je suis parti, livide, en réalisant l'énormité de ma bourde. Pour le plaisir d'avoir le dernier mot, je venais très certainement de passer du rayon « jeunes espoirs » à celui des « pertes et profits ». Je n'avais pas encore mis un pied dans la rue que l'histoire avait fait le tour du Conservatoire. Désespéré, je la sentais se propager, s'amplifier de façon démesurée, et devenir une légende pour dîners en ville : « Vous avez entendu parler de cet élève qui a osé insulter Jouvet ? » J'étais victime de ma trop grande confiance en moi-même et de mon goût immodéré pour les bons mots : celui-là allait faire le tour de Paris. Et dans quinze jours, il y avait le concours ! Je décidai de changer de rôle. Je n'ai pas eu la naïveté de penser que Jouvet pourrait avoir oublié l'affaire si j'arrivais devant le jury en Figaro plutôt qu'en Scapin, mais peut-être apprécierait-il de voir que j'avais tenu compte de sa remarque... De toute façon, je n'avais plus rien à perdre : je me jetais donc dans Beaumarchais.

Au jour J, rue de Madrid, nous étions quelque quatre-vingts candidats, pour cinq places. Je ne parle là que des garçons. Les filles concouraient un autre jour, pour cinq places elles aussi. En cas d'échec, il restait la ressource de se représenter l'année suivante... Ainsi, Bernard Blier, que je connaissais de vue, en était-il à sa troisième tentative. Je ne l'ai d'ailleurs appris qu'en 1989, à sa mort : cet ami de cinquante ans me l'avait toujours caché... Nous n'en menions pas large, ni l'un ni l'autre, en cette matinée de novembre, à attendre notre tour dans les couloirs attenants à la grande salle d'audition. J'étais convoqué pour onze heures. A l'heure dite, un huissier est venu appeler mon nom. « M. François Périer. » Pas encore très habitué à ce nouveau patronyme, j'ai peut-être mis une seconde à comprendre que c'était vraiment mon tour. Comme un condamné, je suis entré dans la grande salle presque vide — à l'exception du jury —, flanqué du camarade qui devait me donner la réplique. L'ambiance était sinistre, cette brochette de professeurs et de personnalités du théâtre mettant un point d'honneur à rester impénétrable : et je n'ai même pas osé regarder dans la direction de Jouvet. Au milieu de ces lugubres apôtres, trônait le directeur du Conservatoire, un compositeur de musique, qui avouait volontiers ne pas très bien connaître le théâtre. Son rôle se limitait à manier la petite clochette qui, tel un couperet, venait mettre un terme à la prestation du candidat. On avait quatre ou cinq minutes pour convaincre, pas une de plus ! C'était à la fois un éclair et une éternité. Avant de faire tinter son grelot, le président échangeait quelques signes avec les jurés et puis tout était fini. Le temps que le jury auditionne tout le monde puis débatte, il fallait bien attendre cinq heures du soir pour voir afficher les résultats.

Pendant une suspension, un des jurés est venu me dire un mot : « Je ne serais pas étonné que vous soyez reçu. Je suis auteur dramatique et je suis sûr qu'on se retrouvera. » J'ai cru à une mauvaise farce, car je ne connaissais pas Édouard Bourdet... Cassons le suspens : sur la petite feuille où, d'une écriture bien ronde, on avait tracé les noms des cinq élus, j'étais en troisième position, derrière Bernard Blier et Gérard Oury, et devant deux camarades qui ont disparu de la circulation. Je ne rêvais pas : malgré l'affront public que je lui avais fait, Louis Jouvet n'avait pas mis son droit de veto à mon entrée au Conservatoire. Autour de moi, c'était le traditionnel cérémonial des rires et des larmes. J'étais tout simplement sonné. Longtemps après, j'ai voulu plusieurs fois évoquer cette affaire devant Jouvet, pour solliciter son pardon et connaître les raisons de sa mansuétude. Il m'a toujours interrompu en forçant sur sa voix de théâtre : « Tu ne vas pas remettre ça, non ? »

C'est par mon professeur, André Brunot, que j'ai su comment les choses s'étaient déroulées. Mon passage les avait séduits. Il restait à décider dans quelle classe je pourrais être admis. « Ce n'est pas mal, qui veut le prendre ? » Jouvet aurait juste répondu : « Ce n'est pas un acteur, c'est un chansonnier. Prends-le, toi... » Et c'est ainsi que je n'ai jamais été son élève, ce qui, avec le recul, a peut-être été la chance de ma vie. Aurais-je eu la force d'échapper à son empreinte ?

Voir Jouvet enseigner, l'écouter, l'observer, était une expérience unique, un festival de brio et d'intelligence théâtrale. Mais, à l'ombre de cette silhouette immense qui, en parlant, semblait dire un dialogue de Henri Jeanson, comment trouver son autonomie, comment simplement exister ? Difficile, tant qu'on est sous le charme, de ne pas refaire « du Jouvet » : en moins bien, évidemment...

Il en est ainsi des très grands comédiens. Par la seule puissance de leur talent, ils font naître des imitateurs au lieu de susciter des personnalités capables de produire une vision neuve d'un rôle. Ce ne sont pas des professeurs mais des maîtres. Face à Jouvet, c'est un véritable combat que ses élèves devaient mener chaque jour pour affirmer leur identité. On n'en finirait pas de dresser la liste de ceux qui se sont abîmés dans son ombre, qui n'ont pas su dépasser l'état de pâle reflet. Je ne connais qu'un seul comédien qui ait réussi à franchir cet obstacle : Bernard Blier. Peut-être le devait-il à sa nature. A vingt-deux ans, il pesait déjà un sacré poids : la morphologie de l'enrobé, mais aussi une présence, une autorité, qui en imposaient. Bernard Blier aurait été un très bon élève avec n'importe quel professeur : il réussit à être le très bon élève de Jouvet. Je ne suis pas sûr que j'aurais pu en faire autant.

Jouvet mis à part, les professeurs du Conservatoire étaient tous sociétaires de la Comédie-Française : Mme Dumesnil, remplacée plus tard par Béatrix Dussane, André Brunot et Georges Leroy. Encore un fou inspiré, ce Leroy. Brunot, mon professeur, nous emmenait de temps à autre dans sa classe, pour nous changer d'air. Leroy avait au plus haut point le sens du verbe et de la formule, surtout lorsqu'il attaquait son sujet de prédilection, Racine : « L'immense musicien des mots, l'unique, le divin, le sublime... » Nous passions des moments prodigieux, quand, pour illustrer sa théorie par l'exemple, il nous lisait des passages entiers de ses pièces favorites.

On pouvait trouver André Brunot plus effacé, si ce terme a une quelconque signification s'agissant d'un comédien. Il reste dans ma mémoire comme un professeur et un homme exemplaires. Pour lui, faire carrière signifiait seulement servir le théâtre : sans bruit, avec rigueur et attention. Les sociétaires de la Comédie-Française sont souvent de cette trempe-là.

Quand Brunot prit sa retraite définitive, il me demanda d'organiser sa cérémonie d'adieux ; peut-être parce que nous avions eu, de professeur à élève, des rapports de confiance mutuelle, et presque d'amitié. En ces soirs de fête, le sociétaire qui part dispose du théâtre comme il l'entend, pour le spectacle qu'il a choisi. A son programme, Brunot avait inscrit Maurice Chevalier. Puis il a joué la mort de Cyrano de Bergerac, un rôle qu'il avait été le premier à tenir sur la scène du Français, lorsque la pièce était entrée au répertoire. Nous sommes montés saluer sur scène avec lui : tous ses anciens élèves étaient là réunis, pour lui rendre hommage. La salle était debout, étreinte par l'émotion. Alors, sans dire un mot, presque en cachette, Brunot a glissé dans ma main un petit objet, lourd et froid : un nœud en acier que j'avais déjà vu sur sa table de maquillage. Il le tenait d'une visite à la manufacture de Saint-Étienne, lors d'une tournée : un ouvrier prenait un morceau d'acier en fusion, traçait un nœud dans l'air, imprimait la marque de l'usine et l'offrait en souvenir au visiteur. J'ai senti que cet objet que Brunot gardait toujours dans sa loge avait pour lui une importance spéciale, mieux qu'un porte-bonheur. J'ai vu dans ce don comme une distinction, un passage de témoin, une marque de tendresse.

Brunot m'a appris l'amour du travail bien fait, la fierté de l'artisan. Jouvet était un modèle intellectuel, un maître, et on ne voyait que lui dès qu'il entrait en scène. Brunot n'avait pas ce magnétisme personnel : quand il s'avançait vers le public, on voyait arriver son personnage. Brunot « servait » à la perfection.

Il savait que je disposais de peu d'argent. Il fallait tout de même que je paie mes droits d'inscription. La somme était minime, mais je répugnais à la demander à mes parents : je voulais leur prouver que j'étais passé de l'autre côté de la barrière, que j'étais grand, donc libre. J'ai laissé traîner ma dette. L'administration n'oublie jamais ce genre de choses. Un jour, le secrétaire vint me rappeler à l'ordre à la fin d'une classe : « Périer, vous n'avez pas encore payé, il faut passer à la caisse. » Brunot, qui avait tout entendu, ne fit aucun commentaire. Le lendemain, je découvris qu'il avait payé mon dû. Extrêmement embarrassé, je voulus le remercier ; il s'esquiva d'une pirouette : « Ce n'est pas tellement cher pour garder un élève ? »

Dans la classe de Brunot, l'ambiance était plus détendue, moins électrique que chez Jouvet. Notre flemme était quelquefois lourde à secouer.

— Alors, toi, ta scène ? On y va ou c'est pour demain ?

— Vous savez, c'est pas tout à fait au point... J'aimerais mieux demain...

Nous nous battions à qui n'irait pas. Tous ardents, tous emplis du « feu sacré », mais paresseux quand même ! Je l'entends encore, Brunot, ces jours-là : « Dites donc, les enfants, il ne va tout de même pas falloir que je vous dise des monologues ? » Quelqu'un finissait toujours par se dévouer, et montait en scène en traînant les pieds.

Brunot insistait constamment — avec raison — sur la forme, la technique théâtrale. Certaines remarques, il faut les entendre des centaines de fois avant de les avoir vraiment assimilées, avant que les bons réflexes ne se créent et deviennent une seconde nature. Mais sans cet entraînement, inutile d'espérer être bon en scène : « Tu n'articules pas assez », « Fais-toi entendre », « Souviens-toi qu il y a des gens de ce côté-ci, mais aussi de celui-là. » Natif du Point-du-Jour, j'avais une trace d'accent parigot et Brunot, qui avait eu lui-même beaucoup de mal à éliminer le sien, s'en apercevait mieux que personne. Un jour, je travaillais le rôle de Don César de Bazan. Je monte sur l'estrade, j'attaque ma scène et, quelques secondes plus tard, j'entends Brunot qui grasseye avec un accent de titi : « Hep, papa, ça se passe pas à la cuisine. » Un professeur plus austère m'aurait sans doute enrobé cela autrement : « Mon petit, vous manquez de style ; certes, Don César de Bazan est un dévoyé, mais c'est aussi un grand seigneur. » Je n'aurais pas aussi bien retenu la leçon...

A mon arrivée au Conservatoire, j'ai définitivement abandonné la carrière des assurances, au grand désarroi des jeunes femmes de la Hobbs : elles avaient perdu leur protégé. Il fallait que je trouve une autre source de revenus et je suis donc entré à la Comédie-Française... Qu'on se rassure, c'était comme figurant. J'étais trop jeune et trop inexpérimenté pour la grande porte. A cette époque, le passage à la Comédie-Française couronnait les carrières, même si ma camarade Renée Faure n'avait guère plus de dix-huit ans quand elle est devenue pensionnaire. Son cas était particulier : les metteurs en scène de la maison en avaient assez de diriger des Agnès dont la moyenne d'âge oscillait autour de cinquante-cinq ans... *L'École des femmes* a ainsi permis à quelques jeunes actrices de se retrouver directement dans le saint des saints. La Comédie-Française restait alors une très impressionnante institution où il n'y avait guère de place pour les ostrogoths de mon style, à moins de laisser son insolence au vestiaire : c'est ce que j'ai fait. Dans ce vaisseau amiral de l'art dramatique, l'atmosphère évoquait davantage une réunion du haut clergé que les coulisses d'un théâtre. On nous apprenait même à saluer les membres de cette confrérie avec de respectueuses courbettes, plus ou moins profondes selon que l'on était en présence d'un sociétaire ou d'un simple pensionnaire. Nous avions notre coin réservé dans la grande loge où les figurants professionnels affichaient eux aussi un certain snobisme : ils n'étaient peut-être que des porteurs de hallebardes, des comédiens ratés, mais au moins faisaient-ils leur « frime » sur une des scènes les plus célèbres du monde. Ils regardaient de haut leurs collègues de Mogador ou du Châtelet. Condamnés au mutisme, ces simples « silhouettes » enviaient ces jeunes élèves du Conservatoire auxquels on octroyait l'extraordinaire privilège de la « figuration intelligente », c'est-à-dire de quelques répliques. Nous étions en 1938, et la tension internationale, mise en scène par Adolf Hitler, occupait les esprits et la Une des journaux. J'en fus l'indirect bénéficiaire : quelques comédiens ayant été précipitamment rappelés sous les drapeaux, on me confia le tout petit rôle de Galopin, dans *La Critique de l'École des femmes.* Sur les grandes affiches, mon nom apparut à la dernière ligne, en caractères minuscules. J'eus droit à mon premier « papier » dans un journal, *Aux écoutes*: « Nous avons connu la Comédie-Française des grands sociétaires, nous avons subi celle des pensionnaires. Il nous faut maintenant affronter celle des élèves du Conservatoire. » Cette promotion excita la jalousie des figurants : je l'attisais assez cruellement en leur demandant des conseils. Ces préposés aux hallebardes ne manquaient d'ailleurs pas d'expérience : la fréquentation quotidienne des divas de la maison donnait quelque poids à leurs jugements.

La dernière répétition de la pièce se fit en costume, devant une salle complètement vide. Personne ne bronchait. Notre seul public était M. l'Administrateur, assis au troisième rang, impassible dans son impeccable costume gris. A la fin, Édouard Bourdet monta sur scène et les sociétaires firent cercle. Conscient de mon statut particulier, je me mis à l'écart. J'ai vu Bourdet prendre chaque comédien à part, et leur parler confidentiellement assez longtemps. A voir leurs figures s'allonger, il ne devait pas leur envoyer des fleurs... Il a fini par moi, pour me dire quelques mots à voix basse : « Vous, vous n'avez pas été le plus mauvais... » J'ai été tellement surpris et heureux de ce compliment que je ne l'ai jamais raconté à personne si ce n'est à ma mère. Et je ne suis pas sûr qu'elle m'ait cru...

Édouard Bourdet, le juré qui m'avait prédit mon admission au Conservatoire, avait été nommé administrateur du Français par Jean Zay, un ministre du Front populaire. C'était un auteur dramatique à succès. Ennemi intime et rival d'Henry Bernstein — ils s'étaient d'ailleurs battus en duel pour une histoire de femmes — Bourdet avait abandonné la plume à son entrée en fonctions. Strict, exigeant, accompli, l'auteur du *Sexe faible* avait cette autorité des gens qui parlent très bas, mais qui se font toujours entendre. Dès son arrivée « chez Molière », il avait créé la surprise en faisant appel aux hommes du Cartel, dont Jouvet était le fer de lance. Un auteur de boulevard livrant la Comédie-Française à des metteurs en scène aux conceptions d'avant-garde, l'affaire fit grand bruit. Mais Bourdet avait raison : il était temps de dépoussiérer la vieille maison qui vivait encore sur le souvenir de Sarah Bernhardt et des frères Mounet. Louis Jouvet, Charles Dullin, Georges Pitoëff et Gaston Baty, le moins connu du quatuor, vinrent donc apporter leur sang neuf. Je me souviens en particulier des trouvailles de Gaston Baty, le premier à intégrer les éclairages dans la mise en scène. Avant lui, on se contentait de clairs de lune plus ou moins sinistres : les dispositifs scéniques des « productions » modernes doivent beaucoup à cet homme charmant qui avait compris toute la poésie qu'il peut y avoir dans un simple halo.

A la Comédie-Française, le spectacle le plus extraordinaire, c'était encore celui de ces monstres sacrés que j'avais la chance d'approcher sur scène. « Tu vas être à trois mètres des plus grands, m'avait dit André Brunot, lui-même sociétaire. Vas-y et regarde. » Suivant son conseil, je les ai tous bien observés : Jean Debucourt, dont la gentillesse était appréciée des jeunes comédiens. Aimé Clariond, et son œil de velours. Sa réputation de bourreau des cœurs en avait fait à la scène un séducteur attitré. A la ville, il allait toujours avec un grand foulard autour du cou, très artiste. Deux grandes dames dominaient cette éblouissante affiche : Marie Bell et Madeleine Renaud. La première avait été une Phèdre d'exception, la seconde excellait dans Marivaux. Tout les opposait jusqu'à leur conception du métier. Madeleine Renaud était le charme et la régularité. Authentique diva, Marie Bell pouvait au contraire laisser « courir » son rôle lorsqu'elle ne l'estimait pas digne de son génie. Dans *Cyrano* on l'a vue expédier Roxane un jour où elle n'était pas « en train », quitte à être sublime le lendemain. Tant pis pour les spectateurs qui étaient tombés lors de la représentation où elle se contentait de « déblayer ». Mlle Bell pouvait cependant faire preuve de simplicité : très chaleureuse avec les jeunes comédiens, elle les recevait sans faire de chichis. Un soir que nous étions dans sa loge avec mon cher professeur, Brunot l'a un peu bousculée : « Dis donc, Marie, tu connais mon élève, François Périer. Il est venu pour te voir, alors ne fais pas comme hier ! Joue ! »

Juste avant la guerre, il y a eu au théâtre une vogue de pièces dont les héros étaient des adolescents. Moi qui étais toujours trop jeune pour les rôles, c'est tout juste si, d'un coup, je ne me suis pas retrouvé trop vieux ! *Altitude 3 200* donna le coup d'envoi de cette série à succès : dans le cadre d'un chalet de montagne, l'auteur avait entrecroisé les intrigues entre des skieurs de vingt ans. Parmi eux, il y avait Bernard Blier, que je n'ai jamais vu apprécier les sports d'hiver en dehors de cette pièce. Le triomphe fut tel que l'on décida de pôrter *Altitude 3 200* à l'écran. Au Conservatoire, ce genre de nouvelle allait très vite : tout le monde était à l'affût de petits rôles, au théâtre comme au cinéma. Il n'y a que l'administration de l'école qui, assez sottement, voyait d'un mauvais œil les élèves se roder...

Pour *Altitude 3 200*, le metteur en scène pressenti se nommait Jean Benoît-Lévy et c'était son assistante, Marie Epstein, qui avait la charge de recruter les jeunes comédiens. Elle cherchait des inconnus. La rumeur ayant fonctionné dans le petit milieu des comédiens en herbe, nous étions au moins trente pour chacun des sept ou huit rôles à pourvoir. Benoît-Lévy faisait passer des bouts d'essai à chacun, après que Marie Epstein eut fait un classement entre les postulants : pour tel personnage, il fallait un grand brun volontaire, pour tel autre un maigrichon blondinet, etc. A ma grande déception, je ne fus pas pris et Marie Epstein, qui était d'une rare gentillesse, devait m'avouer très vite qu'elle s'était trompée dans le classement de ses fiches. La mienne s'était retrouvée dans la catégorie « séducteur » et bien sûr j'étais passé inaperçu. Il était trop tard pour faire marche arrière : le rôle auquel j'étais vraiment destiné avait été pourvu entre-temps. La chance voulut que le camarade choisi venait aussi d'obtenir un engagement dans une pièce. Impossible de mener les deux : il a tranché. Et il a préféré le cinéma.

C'est mon ami Jacques Castelot, dont l'élégance et la désinvolture faisaient tant de ravages au Cours Simon, qui a eu la bonne idée de me signaler l'affaire. Je me suis précipité au théâtre de la Madeleine. Le directeur en était Robert Trebor, un personnage assez curieux qui avait pris comme pseudonyme l'anagramme de son prénom. Parisien à l'extrême, un peu combinard, président de tout et n'importe quoi, capable d'obtenir à volonté le mérite agricole ou les palmes académiques, pour lui ou pour les autres, il avait néanmoins la passion du théâtre, au point d'en posséder deux. Le théâtre Michel, pour lequel il voulait monter une comédie de jeunes, et la Madeleine, qui semblait avoir comme vocation unique de monter les pièces de Sacha Guitry.

Quelques années plus tard, Guitry se chargea de l'éloge funèbre de Trebor. En toute ingratitude, il laissa transparaître quelque scepticisme quant aux qualités proprement artistiques de l'homme dont il faisait le panégyrique. Grand dispensateur de mots d'auteur, il se laissa même aller à une plaisanterie plutôt déplacée à propos de ses talents d'organisateur. On faisait appel à Trebor pour toutes sortes de fêtes, soirées, et autres cérémonies du métier. « Cher Robert Trebor, dit Guitry, d'une voix que la circonstance rendait encore plus emphatique que d'ordinaire, vous qui organisiez si bien les fêtes, comme vous allez nous manquer. Combien, déjà, vous nous manquez en ce triste jour. Car cette cérémonie même, qui mieux que vous l'eût organisée ? »... Il fallait oser.

Mais Trebor avait aussi du flair. Il avait très bien senti que le filon des « jeunes » ne demandait qu'à être exploité. Et la pièce qu'il commanditait avait un titre formidable : *Les Jours heureux*. On me confia une brochure complète, ce qui était fort rare ; la plupart du temps, pour une audition, on avait juste droit à un bout de scène, plus ou moins bien tapé à la machine. Essayez donc de trouver le ton juste d'un rôle, sans en connaître l'environnement, alors qu'il faut vous battre pour démêler les effets de style des fautes de français ! A la première lecture, la pièce m'a laissé l'impression d'un texte drôle, non dénué d'un certain charme. Mais à aucun moment je n'ai imaginé le grand succès qu'allait connaître ces *Jours heureux*, et moi avec. La trame était assez mince : cinq gosses livrés à eux-mêmes. Le rideau s'ouvrait sur une conversation entre deux filles : une de ces adolescentes, amoureuse de son cousin, se plaignait de le voir la dédaigner. Rêveuse, imaginative et fantasque, l'autre lui conseillait de rendre jaloux son cruel parent : « Invente-toi un soupirant. » A la fin du premier acte, la conspiration était en place ; et tout le monde croyait à l'existence du soupirant imaginaire, un audacieux aviateur. L'intrigante se proclamait folle de lui. En vain. Malgré tous ses efforts, le cousin ne « marchait » pas, lorsque soudain la porte s'ouvrait sur un homme portant casque, lunettes et écharpe : un aviateur tombé en panne dans le pré voisin... C'était léger, délicieux et sans prétention.

Castelot devait auditionner pour interpréter le cousin sceptique et dédaigneux. Pour ma part, je visais plutôt le rôle de Bernard, qui me semblait convenir mieux à mon profil : un garçon dans la fleur de l'adolescence. Sans être à proprement parler ridicule, Bernard était embarrassé de lui-même. Il regardait sans arrêt ses pieds et ne savait jamais quoi faire de ses mains. Mais surtout, il était affligé d'un léger bégaiement qui s'accentuait aussitôt qu'il s'adressait à la jeune fille de ses pensées. Ainsi ai-je débuté dans un rôle de bègue, comme Jouvet... Le jour de l'audition, il y avait beaucoup de monde au théâtre de la Madeleine. Beaucoup trop de monde. Rien que pour « mon » rôle, une bonne vingtaine de prétendants se bousculaient autour de moi Notre jury se limitait à Claude-André Puget, l'auteur de la pièce, au metteur en scène Jean Wall, et à Robert Trebor, le directeur du théâtre. J'avais le trac, évidemment ; mais beaucoup moins que je ne l'ai eu dans la suite de ma carrière. Une certaine inconscience me portait. Échaudé par mon échec pour *Altitude 3 200*, je me forçais à ne pas trop y croire, pour m'éviter une amère déception.

Par stratégie, je fis en sorte de passer après un certain nombre de candidats. Discrètement, sans me montrer pour ne pas les gêner, j'avais écouté leur performance. Je manquais sans doute de modestie, mais je me sentais capable de faire mieux...

Ma scène durait sept à huit minutes. J'avais pu l'apprendre en un temps record, en deux lectures seulement ; ce dialogue me convenait parfaitement, je m'y sentais à l'aise. Au bout de la cinquième réplique à peu près, j'entendis distinctement le metteur en scène qui glissait à l'oreille de son voisin : « C'est lui. » La chose peut surprendre : il avait seulement murmuré. Mais en scène, les sens sont comme décuplés, tant on est réceptif aux réactions du public. Je n'ai pas voulu croire la partie gagnée, mais cela m'a donné du punch. Et j'ai été choisi. Je suis rentré chez moi comme dans un rêve : non seulement j'étais pris sur-le-champ, mais les répétitions commençaient dès le lendemain. Je n'ai jamais été aussi fier devant mes parents : maman a même ouvert une bouteille de champagne.

Je signai mon premier contrat. Mon cachet n'avait rien de fabuleux : 1 200 francs par mois. Pour ce prix-là, je devais assurer sept représentations par semaine, et une matinée le dimanche. Dans les assurances, j'en gagnais 450 ou 500 et j'avais dû royalement finir à 700 francs.

La petite loge que je partageais n'était pas non plus mirifique. Comme nous étions les benjamins de la troupe, nous avions hérité de deux pièces contiguës mais minuscules, à l'écart des autres.

Dans mon souvenir, cette première loge avec son unique ampoule reste pourtant la plus belle. Mieux que ces antres hollywoodiens que les comédiens peuvent exiger lorsque le succès met à leurs pieds les directeurs de théâtre.

Le soir de la générale — ma première générale — j'ai tout de suite senti que ça marchait. Le public du théâtre Michel riait bien aux endroits où je l'avais escompté. Et il riait fort. Au dernier acte, ce fut un énorme succès, le Tout-Paris nous ovationnant debout. J'étais innocent : devant ce triomphe, je pensais que les générales se passaient toujours de cette façon. La vie s'est chargée de me prouver que ce n'était pas si simple... Mais ce soir-là, nous étions les rois de la ville, nous qui, comme le claironnait l'affiche, n'avions « pas cent ans » à nous six.

Dans les coulisses, le tourbillon des félicitations nous tournait la tête. Seul André Brunot, mon professeur de Conservatoire, semblait ne pas être de la fête. Avec tristesse et émotion, il m'a dit : « C'est, sans doute, le plus beau jour de ta vie... Je ne peux pas dire que ce soit le plus beau jour de la mienne. » J'en ai été bouleversé. Cet homme fin venait de comprendre que je ne prendrais pas sa suite à la Comédie-Française, comme il l'avait sans doute rêvé. La carrière que j'amorçais prenait un tour différent : je ne serais pas son « fils » de théâtre. Je ne peux pas repenser à cette scène sans ressentir un profond déchirement.

Je dois avouer que, le soir même, j'y fis à peine attention, dans ce tourbillon champagnisé qui, au théâtre, accompagne les grandes victoires. Je me suis retrouvé chez Maxim's, où Claude-André Puget avait eu la munificence de nous inviter. J'étais arrivé vêtu d'un pull à col roulé sans me douter que j'allais me heurter à un personnage légendaire, moins laid, mais tout aussi redoutable que le chien Cerbère.

Albert avait la haute main sur les entrées du restaurant, veillant à la bonne tenue des clients qu'il daignait laisser passer. Au moment où il levait la main pour me faire l'inévitable remarque, une voix a dit : « Laissez, Albert, ce soir il a le droit d'entrer tout nu. » Henry Bernstein, qui avait assisté à la représentation, venait de lâcher dans mon dos son énième mot d'auteur. Et j'entrai en fanfare dans ce lieu qui me semblait le comble du chic.

Maxim's ! La nuit des *Jours heureux*, je ne sais même plus qui était là, tant on se pressait autour de nous. A cette bourse des vanités, nous avions la cote maximale : « Mon petit Périer, vous avez été merveilleux. » J'étais à mille kilomètres des « Caves du viaduc », du Cours Simon et même du Conservatoire, sur un nuage, comme halluciné. Au point qu'en sortant j'ai pris un taxi sans réaliser que je n'avais pas un sou en poche. Arrivé devant chez moi, j'ai dit au chauffeur, avec le plus grand naturel : « Est-ce que cela vous ennuierait de passer demain vous faire payer au théâtre Michel, je suis François Périer. »

Et ça a marché.

III

OÙ L'ON VOIT UN AUTOBUS PARISIEN RENTRER DANS UNE COUR DE CASERNE À MONTLUÇON ET L'AUTEUR ÉPOUSER LA PETITE-FILLE DE RÉJANE

Le lendemain, en ouvrant avec fièvre les journaux, j'avais largement de quoi perdre la tête. Voilà qu'on me considérait comme la révélation de l'année. « Quant à Monsieur François Périer, lisait-on dans la critique du *Figaro*, il est élève de première année au Conservatoire. S'il ne décroche pas le premier prix en juillet, il faudra fermer l'établissement. Il s'est fait une voix à retardement qui multiplie l'effet d'intonation parfaite par le naturel, la justesse et la cocasserie. Monsieur François Périer est la trouvaille de la saison. » Comment avoir encore les pieds qui touchent terre après un tel compliment ? Dans *Le Canard enchaîné*, Henri Jeanson titrait son article « Conseil aux producteurs » ; à l'en croire, ces messieurs du cinéma, toujours en quête de nouveaux visages, devaient absolument aller me découvrir au théâtre Michel. Je buvais tout cela comme du petit lait... Certains comédiens prétendent ne pas être sensibles aux critiques : je peux dire solennellement que ce sont des menteurs et je m'y connais. Je ne crois pas qu'il existe un seul saltimbanque qui ne se précipite sur « son » article avec le cœur battant ; s'il est mauvais, cela devient « le papier de ce salaud ». Les années d'expérience n'y changent rien : je me souviens des années 50, où l'on pouvait trouver à Paris, dès deux heures du matin, la première édition du *Figaro*, et surtout le billet que le redouté Jean-Jacques Gautier avait rédigé à chaud, sur la pièce qu'il avait vue le soir même. Personne ne serait allé se coucher avant d'avoir lu le « Gautier ».

Dans l'ensemble, la critique m'a toujours été plutôt favorable. Je n'ai cependant pas oublié les quelques éreintements que j'ai pu mériter ici ou là. Au début de l'Occupation, ma prestation dans *La Fille du jardinier* d'Exbrayat m'a valu un pilonnage en règle : « On se demande ce que François Périer fait en scène, et apparemment lui aussi. » Cette sévérité était sans doute justifiée : la pièce n'était pas un chef-d'œuvre et je ne me suis guère battu pour défendre mon rôle. Mais, sur le coup, ce ne sont pas tant ces descentes en flammes qui nous indisposent que les remarques plus insidieuses. Si l'on est rejeté en bloc, tant pis ! Plus pénibles sont les piques enrobées : « Machin est sensationnel, sauf dans la scène de la confession : là, on n'y croit plus du tout » ou bien « Quel dommage qu'au quatrième acte Untel change de ton, alors que jusque-là il était parfait de retenue. » Les critiques ont beau ajouter à la fin de leur papier que « ce ne sont là que broutilles », ils ont trouvé le moyen de vous blesser, là où vous pensiez avoir mis le meilleur de vous-même. Pour *Les Jours heureux*, rien de tel. Au bénéfice de la jeunesse, les chroniqueurs n'avaient pas émaillé leurs dithyrambes de ces gouttes de vitriol qui vous empoisonnent un triomphe. Ma jeune tête pouvait commencer à gonfler...

Au Conservatoire, j'évitais tout de même de parader exagérément. Mes copains de classe ont d'ailleurs été très fair-play. Ils auraient pu envier ma chance insolente, car ce n'est pas tous les jours qu'un élève de première année se retrouve dans une pièce à succès : j'ai eu plutôt l'impression qu'ils partageaient ma joie, à deux ou trois exceptions près. Quant aux hommes de théâtre, je pensais être devenu leur égal. Un incident m'a vite dégrisé. Quelques jours après la générale des *Jours heureux*, j'aperçois Henry Bernstein, l'homme qui m'avait fait entrer chez Maxim's. Je traverse la rue en courant, lui tends la main, un grand sourire en bandoulière... Il passe son chemin, sans me reconnaître. L'amour-propre du petit roi de Paris en a pris un sacré coup : j'étais mortifié. Quelques années plus tard, je m'en suis ouvert à Bernstein : « Qui vous dit, m'a-t-il rétorqué, que je ne l'ai pas fait exprès ? » Je suis sûr aujourd'hui, que cette petite humiliation m'a fait le plus grand bien.

Sacha Guitry m'a offert le même genre de cadeau. Un soir, à l'entracte, le régisseur se précipite dans ma loge : « Il y a Guitry qui te demande, vite, descends. » Je me suis jeté en trombe dans l'escalier pour tomber sur la célèbre et arrondie silhouette que surmontait, comme toujours, un grand chapeau. De sa voix de bronze, il m'a tenu ce langage : « Monsieur, vous êtes très charmant. Robert Trebor vous donnera mon adresse ; nous allons faire des choses ensemble, des tas de choses... Nous nous reverrons... A bientôt. » Puis il a disparu me laissant éberlué par sa magique apparition. Notre aparté était passé inaperçu, et je m'en félicitai : mes camarades auraient certainement jalousé ce contact avec le prestigieux Sacha. Dès le lendemain, je lui téléphonai chez lui, avenue Élisée-Reclus. Il me convoqua. Dans sa caverne d'Ali Baba remplie de souvenirs, de tableaux, d'objets d'art, j'ai eu droit au grand jeu. Guitry aimait tant être en représentation qu'il jouait déjà sans difficulté chaque jour, et deux fois le dimanche. Il ne lui déplaisait pas d'improviser un acte supplémentaire à onze heures du matin, pour faire visiter ses trésors, en adoptant le même ton d'admiration compassé que pour les génériques de ses films. « Monsieur X s'est occupé des lumières et c'est tout dire » devenait « Cet éventail a appartenu à Mme de Pompadour, et en l'agitant, on peut retrouver un peu de son joli visage. » J'invente les paroles, mais c'est bien là son inimitable musique, ce ton de mélodie sentencieuse avec lequel il m'a tenu en haleine, durant deux heures d'horloge. A la fin, j'aurais voulu applaudir. Entre deux salles de son extravagant musée, nous parlions carrière. Sacha me faisait mille promesses, avec onctuosité. Dans le bouillonnement de son esprit, c'est une dizaine de rôles que ce spécialiste du surmesure avait déjà taillés pour moi. J'ai pris congé, enthousiasmé. Comme je descendais le monumental escalier, sa célèbre voix m'arrêta. « Je vous en prie, j'ai mille choses en tête soyez gentil de m'envoyer un petit mot, en me rappelant tout ce que je vous ai promis »... Je descends encore quatre ou cinq marches... « Puisque vous m'écrivez, faites-moi souvenir d'appeler Bernheim jeune, le marchand de tableaux... »

Je lui ai écrit. En vain. Je n'ai plus jamais entendu parler de ses mirifiques promesses, si ce n'est cinq ans plus tard, en pleine Occupation. Je profitai d'une rencontre pour lui remémorer l'affaire. « Hé oui !, jeune homme, j'ai vu cette carrière que vous faites... Vraiment, quelle merveille, quel bonheur... C'est vrai, je n'ai rien fait de ce que je vous avais promis, mais croyez-moi, je vais très vite y remédier... Oh, mon dieu ! Je n'ai pas appelé Bernheim jeune ! »

Grâce à Bernstein et à Sacha Guitry, j'ai pu réaliser que je n'étais pas si indispensable que cela. C'est peut-être le plus grand service que l'on pouvait alors me rendre. Du premier coup, j'étais devenu une vedette, sans passer par ces temps de vache enragée où l'on perd facilement l'espoir de réussir un jour. Les mois sans engagement, les figurations minables, les tournées à quatre sous, tout cela m'a été épargné par la chance. Chez Simon où je retournais de temps à autre, je passais pour un héros : aux élèves béats d'admiration, je racontais Pierre Brasseur, Claude Dauphin ou Marcel Achard que je tutoyais déjà comme un vieux complice. On me reconnaissait parfois dans le métro : affligé de mon fameux zézaiement, j'appelais ma dulcinée « ma Zoupinette ». Parfois, dans la rue, on m'adressait un « Tiens voilà ma Zoupinette ». Inutile de préciser que j'étais ravi. A dix-neuf ans, on est encore prêt à payer la rançon de la popularité. Le théâtre Michel ne désemplissait pas. Au bout de quelques mois, Robert Trebor conclut un accord avec Volterra, le propriétaire du théâtre de Paris. Dans cette salle de huit cents places, on pourrait recevoir tous les spectateurs que l'on refusait au théâtre Michel qui n'en comptait que trois cents. Avec la certitude de faire le plein, car il existe au théâtre une curieuse règle arithmétique : une pièce qui remplit un petit théâtre a toutes les chances d'en faire autant dans une salle plus vaste. Mais, et c'est là le vrai mystère, un spectacle qui fait une demi-salle dans un grand théâtre ne fera toujours qu'une demi-salle dans un espace plus réduit. Dans ces cas-là, inutile de déménager...

Mon camarade André Bervil qui jouait avec moi, était bien plus expérimenté ; il devait aussi être mieux payé, ce qui était normal. Il me donna le généreux conseil de profiter de ce changement pour négocier une rallonge. Aujourd'hui, le moindre débutant a son agent et son attaché de presse, avant même d'avoir commencé à jouer. A cette époque, il n'était pas encore question pour les jeunes acteurs d'avoir un imprésario : j'ai dû aller demander moi-même une augmentation.

Sans vouloir jeter la pierre à celui qui m'a donné ma première chance, il faut bien reconnaître que le nouveau directeur avait une autre classe. Tout autant que Trebor, Volterra était un homme d'affaires : il ne travaillait pas seulement pour l'amour de l'art, et c'est un euphémisme. En dehors du théâtre de Paris, il possédait l'Empire, le Lido, sans parler de sa fameuse écurie de courses. L'homme était d'un abord brusque, carré, gouailleur, avec une pointe de vulgarité, ce qui ne l'empêchait pas d'être très élégant. Il avait vu la pièce et il savait évidemment qui j'étais mais, fin stratège, il fit d'abord mine de ne pas me reconnaître. J'en suis resté bouche bée. Mal à l'aise, je lui ai présenté le motif de ma visite.

— Tu veux une rallonge ? Trebor te donnait combien ?

— Douze cents francs par mois pour huit représentations par semaine...

— C'est pas vrai ! Je le savais vache, mais à ce point !

Il promit de me préparer un nouveau contrat. En échange, il me fit jurer qu'au grand jamais je n'accepterais un cachet inférieur. Je jurai tout ce qu'il voulut, appréciant la ruse de l'homme d'affaires et son art de la manipulation : il avait tout de même réussi à se débarrasser de moi sans que je sache le montant de mon nouveau cachet. Je me trompais lourdement sur son compte. Le mardi suivant, je revins chercher le fameux contrat : il m'avait octroyé six mille francs. C'était considérable pour un gamin qui n'avait jamais connu que des fins de mois parfois difficiles.

Les Jours heureux m'ont apporté la gloire, la vie facile, l'argent, mais aussi l'amour. Tout a commencé avec le prix Réjane, qui récompensait le meilleur jeune comédien de l'année. Nous ne sommes pas très nombreux au palmarès : j'ai été le premier lauréat, en 1938, et cette distinction n'a pas survécu à la guerre. Mais la référence à Réjane donnait au prix un grand prestige : j'ai dû faire la Une de *Comœdia*, le quotidien de théâtre qu'il était de bon ton d'avoir sous le bras pour montrer qu'on était du métier.

Jacqueline Porel était la petite-fille de la célèbre actrice : nanti d'une récompense qui portait le nom de sa grand-mère, j'ai cru aimable de reprendre contact avec cette ancienne camarade du Cours Simon. Ce fut le début d'une grande mais douloureuse passion.

Ce n'était pas facile d'être la petite-fille de Réjane. Cette figure mythique du théâtre de la Belle Époque pesait encore d'un poids énorme, des années après sa mort. Brunot, mon professeur au Conservatoire, en avait fait une de ses références : « Mes enfants, vous rêvez sans doute d'être des Mounet-Sully ou des Sarah Bernhardt, mais ce n'est pas eux qu'il faut chercher à imiter, à égaler. Ce sont des êtres d'exception. Sacrés ou pas, à la limite, ce sont des monstres. Si vous essayiez de faire comme eux, vous ne feriez que des caricatures. Il faut plutôt viser à ressembler à ceux qui ont eu l'art de transformer la réalité, imperceptiblement. Ceux qui, comme Réjane ou Lucien Guitry, savent en donner l'illusion. »

Ainsi, vivions-nous dans le culte de cette ancêtre. Certains voulaient absolument comparer Jacqueline Porel à son illustre aïeule, ce qui était ridicule : elle était une remarquable comédienne qui excellait en coquette ou en femme piquante, mais sûrement pas une tragédienne. Elle était faite pour Célimène, pas pour Phèdre. Ce handicap familial ne l'empêcha pas de s'accrocher et d'être reçue comme moi au Conservatoire, mais dans la classe de Béatrix Dussane. Chaque fois que nous avions besoin d'une fille pour donner la réplique, je sautais sur l'occasion pour la faire venir dans mon propre cours. J'étais déjà amoureux, secrètement séduit par cette longue fille brune et raffinée, qu'une élégance naturelle distinguait des autres jolies plantes qui poussaient au Conservatoire.

Au début, nos relations restèrent pourtant du strict ordre de la camaraderie, comme au Cours Simon : j'étais beaucoup trop impressionné par Jacqueline. La petite-fille de Réjane, ce n'était pas pour moi, qui n'avais pas connu cette éducation et ces habitudes de luxe dont elle tirait sa prestance. Je me sentais un peu lourdaud auprès de cette beauté au regard noisette qui trouvait normal d'avoir plusieurs bonnes à son service : dans toute ma famille, je n'avais jamais vu personne employer des domestiques, à l'exception de la tante Alice... Il m'a fallu décrocher le prix Réjane pour oser la regarder avec d'autres yeux : grâce au petit prestige que me conférait le succès des *Jours heureux*, je me suis enfin trouvé digne de ses faveurs. Nous sommes donc devenus amants.

Si la grand-mère de Jacqueline demeurait une fabuleuse abstraction, son père pouvait encore intriguer davantage : Jacques Porel était le fils de Réjane et de son mari, un M. Porel dont on murmurait que son enfant ne lui ressemblait guère. Une rumeur, à laquelle j'accorde peu de crédit, mais qui était assez jolie, le donnait pour le fils de Boni de Castellane, un des grands séducteurs de la Belle Époque. Cela a peu d'importance : ses vrais enfants, ce sont ceux qu'on reconnaît et qu'on élève.

Jacques Porel avait une fierté : n'avoir jamais travaillé de sa vie. Il se flattait d'être un esthète oisif et il n'avait pas tort : il avait effectivement su faire de son existence quelque chose d'assez raffiné. C'était un homme de goût, intelligent, cultivé. Grâce à sa mère Réjane, il avait fréquenté toutes les célébrités de son époque. Comme il était beau et agréable compagnon, il n'avait eu aucun mal à s'immerger dans ce milieu des snobs et des mondains, que Proust a si bien décrit. Jacques avait d'ailleurs bien connu l'écrivain, qui l'appelait « Porel le léger ». Un jour, Proust avait lancé devant lui à sa fidèle gouvernante, Céleste Albaret : « Vite, fermez la fenêtre. Porel pourrait s'envoler ! » Jacques ne se lassait pas de raconter l'anecdote.

Il était de ceux dont on dit « il connaît tout le monde » et montrait beaucoup d'esprit. Comme Raimu s'était laissé aller à lui confier : « Tu sais, Jacques, ta mère, c'était un grand bonhomme ! », il lui avait répondu du tac au tac : « Confidence pour confidence, je crois que vous êtes une grande bonne femme... »

Je n'ai jamais su d'où il tenait l'argent qui lui permettait d'arborer ses costumes sur mesure et ses voitures de luxe. Il n'était pas riche à proprement parler. Il avait dévoré l'héritage de sa mère et celui de son épouse — la mère de Jacqueline — une Suissesse qui s'était tuée dans un accident de voiture. On disait qu'il se laissait faire de superbes cadeaux par des dames fortunées qui avaient du goût pour sa personne. Inutile de préciser qu'il n'avait rien d'un gigolo : dans ce monde-là, les choses se font bien plus élégamment...

Je garde de notre première rencontre un souvenir inoubliable. Jacqueline m'avait dit : « Papa t'a vu dans *Les Jours heureux* et il voudrait faire ta connaissance. » Nous étions alors convenus d'un déjeuner. Jacques Porel devait venir nous prendre à la sortie du Conservatoire : il est arrivé dans une Packard décapotable d'un somptueux gris anthracite. Il était très smart, avec ce charme un peu nonchalant qui faisait aussi la classe de sa fille. Nous sommes montés dans la Packard, dont les sièges de cuir fleuraient bon la vie facile. A mon bras, Jacqueline portait une robe sublime : j'étais ivre de bonheur. La voiture a glissé à travers Paris jusqu'à un bistrot des halles, rue Montorgueil, où Porel avait ses habitudes. Un décor de tonneaux en perce me ramena un instant aux « Caves du viaduc ». J'avais troqué mon triporteur contre une Packard, mais je me suis revu un instant, pédalant à toute force dans l'avenue de Versailles, la casquette vissée sur la tête. Puis mon double s'est éloigné en sifflotant, m'abandonnant dans le rôle si excitant du jeune comédien en vogue.

Je n'avais pas l'impression de prendre une revanche sociale, mais de m'être glissé, tel un passager clandestin, dans cet univers des gens chics que j'avais entrevu dans les pièces de boulevard ou à travers les films de Jules Berry. Cette élite, brillante comme une bulle de savon, qui semble défier les pesanteurs de l'existence, j'en faisais à mon tour partie. A la ville aussi, j'avais réussi à monter sur scène...

Pour Jacqueline Porel, j'ai éprouvé une véritable et profonde passion. Très vite, j'ai dû comprendre qu'elle n'était pas vraiment partagée. Comme je l'ai déjà dit, sa nature la cantonnait dans les personnages de femmes piquantes, légères, coquettes. J'aurais préféré qu'elle se contentât de les jouer sur scène. Ce ne fut pas le cas et j'ai beaucoup souffert de ses infidélités. Quand nous avons dû nous séparer, Jacques Porel m'a adressé une très jolie lettre pour me témoigner son affection : « Ce n'est pas parce que ma fille prend un nouveau mari qu'il faut que je change de gendre... » Jolie réplique : avec le père comme la fille, j'aurais toujours été au théâtre...

Cependant, la tête ne me tournait pas au point d'abandonner le Conservatoire. Je restais assidu au cours d'André Brunot avec la ferme intention d'obtenir un prix au concours de sortie. Je rêvais toujours à la carrière de Jules Berry, tandis que Blier se voyait en Raimu et Gérard Oury en Charles Boyer. A cette époque, rue de Madrid, les classes d'art dramatique jouxtaient les salles du Conservatoire de musique. Cela donnait parfois une cacophonie étrange. Nous profitions sans le vouloir des arpèges maladroits de nos petits camarades apprentis musiciens. Ici, un piano, là, un trombone à coulisse : ce concert pouvait troubler notre concentration. Brunot en faisait un exercice : « Je sais bien que tu n'es pas inspiré par le bruit de fond, mais fais comme s'il n'existait pas. C'est cela la concentration. »

Je n'ai commencé à sécher les cours qu'à l'appel du cinéma. Mon premier film ne m'a pas pris beaucoup de temps : je n'avais qu'une seule journée de tournage, dans *La Chaleur du sein*. Je pourrais essayer de vous servir une émouvante envolée sur la magie des studios de cinéma, mais je dois avouer que cette première expérience du septième art me m'a laissé rigoureusement aucun souvenir.

Michel Simon et Arletty étaient au générique de cette pochade : je ne les ai même pas croisés sur le plateau, mon rôle se limitant à échanger quelques répliques avec Jean Paqui, le pensionnaire attitré du théâtre Daunou dont le répertoire m'avait servi chez René Simon. Un jour, Arletty me dirait : « Au cinéma, ce n'est pas compliqué, il faut tourner deux conneries puis un truc bien. » C'est déjà une très bonne moyenne... Si mon deuxième film mérite également d'être versé dans la première catégorie, il m'a en tout cas permis de vivre des heures passionnantes. Tout le monde a oublié *L'Entraîneuse* d'Albert Valentin, sauf moi. Mettez-vous à ma place : en ce début d'été 1938, il n'était pas commun de se voir proposer un périple comprenant trois semaines sur la Côte d'Azur et autant à Berlin. Pour moi dont la géographie personnelle avait pour extrémités une plage de la mer du Nord et un village de la Champagne pouilleuse, ces contrées éloignées relevaient du plus complet exotisme. *L'Entraîneuse* racontait la sombre histoire d'une jeune fille qui, tombée dans les griffes du milieu, essayait de s'en sortir : réalisant la prophétie de René Simon, Michèle Morgan était la vedette du film. Deux ans après l'avoir croisée dans le métro, je la retrouvai en star sur le quai du Train Bleu... Le voyage fut une vraie fête : je n'étais jamais monté dans un wagon-lit. Les compartiments agencés avec luxe et la discrète efficacité du personnel m'éblouirent. Au matin, nous avons débarqué à Cannes, avant de gagner Agay où le metteur en scène avait prévu de tourner les extérieurs. Je découvrais la lumière du Midi et cette douceur de l'air que je ne pressentais auparavant qu'à travers les bandes d'actualités ou les reportages de *Cinémonde*... Nous étions une bande de gosses : Gilbert Gil, Jean Hébey, Jimmy Gaillard et moi qui avions la délicieuse sensation de gagner notre vie en vacances. Après les douceurs de la Riviera, nous partîmes pour la capitale du Reich, sans penser évidemment que les troupes du chancelier Hitler feraient, vingt-quatre mois plus tard, le chemin en sens inverse. Par le miracle d'une coproduction franco-allemande, *L'Entraîneuse* bénéficiait d'un statut d'extra-territorialité. Quand Michèle Morgan quittait sa chaise longue, sur la terrasse d'Agay, elle ouvrait une porte pour se retrouver dans une pension de famille, à Templehof. C'était là, en effet, dans un faubourg de Berlin, que l'on tournait les scènes d'intérieur de *L'Entraîneuse* dans les studios de l'Alliance cinématographique européenne.

Débarquer à Berlin en 1938 n'était pas une petite aventure surtout lorsqu'on était accompagné d'une personne comme Julien Carette, qui passait à juste titre pour n'avoir pas sa langue dans sa poche. Dans le train, j'avais tout de suite sympathisé avec ce titi parisien à la voix traînarde dont le regard semblait vouer au genre humain une inépuisable réserve de stupeur. La ville était submergée par les croix gammées : cette débauche de drapeaux ne lui inspira que ce laconique commentaire : « Ah ! Les salauds ! On a quand même gagné la guerre. » Nous devions habiter dans un hôtel d'Unter-Den-Linden. On nous avait mis en garde contre une domesticité parmi laquelle s'étaient glissés — disait-on — des agents du parti nazi, rompus à l'espionnage des derniers touristes étrangers. L'atmostphère était plutôt bon enfant si je m'en tiens au souvenir de Joseph, un maître d'hôtel qui émargeait peut-être à la Gestapo mais se tortillait comme une folle perdue. Nous en avions fait le souffre-douleur et le bouffon de notre petite troupe.

Il est vrai que les murs avaient quelquefois des oreilles. Un soir, je me suis retrouvé aux toilettes de l'hôtel avec Carette. Je n'ai pas une prédilection à mettre en scène ce genre de lieu mais il est difficile d'évoquer ce camarade sans en passer par là, sa conversation ressassant inlassablement quoique avec drôlerie les thèmes les plus scatologiques.

Les WC étaient l'inévitable décor de ces facéties. Nous procédions donc à quelques ablutions sous l'œil morne d'une matrone en blouse blanche qui veillait à l'hygiène de l'endroit, lorsqu'un bruit caractéristique nous parvint des cabinets d'aisance. Un client se libérait avec une certaine emphase. Carette ne sut pas résister : il assura à haute voix une sorte de reportage en direct dont je ne peux, hélas ! rapporter les termes, souhaitant garder au présent ouvrage une certaine tenue. C'était en tout cas irrésistible. Puis, à bout de commentaires, Carette se mit en tête de réclamer un peigne à la gouvernante de ces lieux. Elle ne comprenait naturellement pas le français et Carette en profita pour monter un autre numéro : « T'as pas ça, mémère, un peigne... Un peigne pour les tifs... Tu sais bien, les tifs... » Pendant ce temps, l'homme était sorti de son cabinet. C'était un officier en uniforme. Il s'est approché de la table où siégeait notre interlocutrice et lui a glissé trois mots. Et la femme, bien sûr, de nous sortir le peigne tant désiré. L'Allemand nous a fait un signe de tête, puis a tourné les talons. J'entends encore mon Carette, tout éberlué : « Oh, merde ! La vache... » Carette, ce n'était pas tout à fait le style Jacques Porel, mais j'aimais beaucoup aussi.

Certains trouveront un peu léger que je retienne des anecdotes aussi peu historiques d'un séjour dans le IIIe Reich en 1938. Ils ont sûrement raison, mais je ne veux pas non plus travestir la réalité. Dans ses souvenirs, Michèle Morgan affirme que j'ai passé tout le séjour à pester contre les nazis. Je n'étais certainement pas le seul, mais au-delà de la politique je considérais surtout Hitler comme un terrible cabot. J'avais quitté les rangs de l'extrême droite depuis des années, et je ne voyais pas un sauveur de l'Occident dans ce petit bonhomme éructant. Un après-midi où je ne tournais pas, j'ai profité de mon temps libre pour assister à un de ces innombrables défilés que présidait le Führer afin de gonfler le moral de la nation allemande et impressionner les démocraties. Il y avait une foule énorme sur Unter-Den-Linden. Au passage du premier régiment, j'ai vu Adolf Hitler tendre le bras. Il ne l'a plus baissé pendant une heure et demie. De retour à l'hôtel, j'ai tenté d'en faire autant, devant la glace de ma chambre. Au bout de dix minutes, j'avais d'épouvantables crampes. J'en ai déduit qu'un appareillage lui permettait de tenir aussi longtemps. Ou alors, que l'homme était complètement fou...

Dans l'histoire du cinéma français, 1938 est une des années les plus fastes qui se puissent rêver. La même année, on a tourné *Entrée des artistes, La Bête humaine, La Fin du jour* et *Hôtel du Nord.* Quatre chefs-d'œuvre qui n'ont pas connu immédiatement le succès public, mais figurent aujourd'hui à la meilleure place dans toutes les cinémathèques. J'ai eu la chance de participer à deux de ces films. Dans *La Fin du jour*, Julien Duvivier m'avait réservé un merveilleux petit rôle : jeune journaliste, j'allais interviewer un des pensionnaires de la maison de retraite pour vieux comédiens qui servait de cadre au film. Cet asile avait des pensionnaires plutôt prestigieux : Pierre Larquey, Victor Francen, Michel Simon et Louis Jouvet que je tremblais de rencontrer en arrivant sur le tournage. Depuis ma fameuse insolence, je ne m'étais jamais retrouvé en face de lui. Dans *La Fin du jour*, le rôle de Jouvet était superbe. Il jouait un personnage trouble, mi-acteur, mi-imposteur. Portant beau, il se défendait d'être un comédien fini, et prétendait prendre des vacances. Dans le milieu sordide de la maison de retraite, sa superbe en imposait : peu importe s'il écrivait lui-même les lettres de ses supposées admiratrices. Il parvenait à subjuguer une jeune fille des environs en exploitant son romantisme naïf, allant même jusqu'à la convaincre de se suicider par amour pour lui. Ce rôle fut un des plus « diaboliques » de sa carrière.

Heureusement, ce n'était pas Jouvet que je venais interviewer mais Victor Francen. Je lui montrais une cicatrice, souvenir d'une bagarre où je l'avais défendu contre des détracteurs. L'idée était davantage poétique que plausible, mais l'émotion contenue du vieux comédien emportait la scène. Pour me remercier, il me jouait un extrait de *Roméo et Juliette* avec Gabrielle Dorziat... Sur le coup, j'y ai surtout vu un festival de cabotinage : avec le recul, *La Fin du jour* m'apparaît comme un irremplaçable témoignage sur ces acteurs d'avant-guerre que le public de mon cinéma d'Auteuil plébiscitait au seul énoncé de leurs noms. Chacun avait son caractère, ses extravagances, son style. Qui oserait aujourd'hui refaire *Drôle de drame* et mettre face à face deux acteurs hors norme comme Louis Jouvet et Michel Simon, pour leur faire dire : « Je vous assure, mon cher cousin, que vous avez dit "bizarre"... » ?

J'ai vraiment retrouvé Jouvet dans sa classe du Conservatoire : un camarade m'avait demandé de venir lui donner la réplique. J'y suis allé en tremblant un peu. Jouvet a fait comme s'il ne s'était rien passé. Je n'étais pas rassuré pour autant lorsque Marcel Carné m'a convoqué pour *Hôtel du Nord*: Jouvet n'allait-il pas me « blackbouler » ? Je n'ai jamais tiré l'affaire au clair, mais je crois bien que c'est une facétie d'Henri Jeanson qui m'a valu de figurer au générique du plus célèbre film de ces années d'avant-guerre. M'ayant vu dans *Les Jours heureux*, le dialoguiste avait dû croire que je bégayais pour de bon. Carné recherchait alors un comédien pour tenir le rôle de l'anarchiste homosexuel du roman d'Eugène Dabit : friand de blagues, Jeanson a trouvé irrésistible de lui expédier un adolescent bafouilleur... J'ai décroché ce petit rôle, très réduit à l'adaptation, tandis que mon camarade Blier, en époux d'Arletty, inaugurait la lignée de cocus qu'il a ensuite interprétés pendant un demi-siècle. Pauvre Bernard ! Tu as été si bon en éclusier douloureux d'*Hôtel du Nord* que cela t'a valu un véritable abonnement aux maris trompés... Sinon, c'était les salauds ! Que de fois t'ai-je entendu répéter : « C'est tout de même pas ma faute si c'est avec ma tronche de faux-cul que je nourris mes mômes... » Sur le plateau d'*Hôtel du Nord*, pour une fois, nous avions plutôt tendance à fermer nos grandes gueules. Intimidés, nous étions. Marcel Carné maintenait une stricte et pointilleuse discipline à laquelle personne ne songeait à se soustraire pas même Annabella, Arletty ou Jouvet. Arletty s'est tout de suite montrée très amicale avec moi, me réservant quelques-unes de ces répliques qu'elle lâchait sans en avoir l'air. Il n'y a pas très longtemps, alors qu'elle était déjà aveugle, je lui ai téléphoné le jour de Noël : « Comment ça va, Arlette ? » « Ben, tu sais, je ne peux pas dire que le sapin scintille... » Sur le plateau d'*Hôtel du Nord*, elle brillait encore de toute sa verve gouailleuse. Jouvet, de son côté, me fit comprendre à demi-mot, qu'il avait passé l'éponge sur mon impair du Conservatoire. Nous allions pouvoir devenir de vrais amis, malgré trente ans de différence d'âge.

Le souvenir le plus poignant que je conserve d'*Hôtel du Nord* ne touche pourtant pas un de ces monstres sacrés, mais le sublime décor qu'Alexandre Trauner avait monté aux studios de Billancourt. Pour cette reconstitution du canal Saint-Martin, il avait imaginé des lampadaires de plus en plus petits qui, dans l'angle de la caméra, donnaient l'illusion d'une longue perspective. Dès que l'on sortait de cet axe, on découvrait la supercherie. C'était magique. Malgré la surveillance, nous introduisions des copains pour leur faire visiter ce décor étonnant : ces témoins clandestins ont eu beaucoup de chance. Carné avait interdit que l'on photographiât le travail de Trauner et, à la sortie du film, ce chef-d'œuvre a été détruit. Il n'en reste que quelques croquis. Il y a peu, j'ai été sollicité pour le sauvetage du vrai Hôtel du Nord, qui ne présente guère d'intérêt. On aurait mieux fait de conserver le faux, pour vestige de ce film au charme inoubliable...

C'est à cette époque que Bernard Blier et moi sommes devenus des complices. Je me voyais toujours comme un élève, alors qu'il était déjà un grand acteur et ce handicap, j'ai l'impression de n'avoir jamais réussi à le surmonter. Il aura toujours été mon grand frère depuis ce jour où, devant moi, il a tranquillement insulté le secrétaire général du Conservatoire qui nous reprochait de travailler dans des films. Sous le nez de ce bureaucrate, il m'avait lancé : « Mon pauvre François, ce n'est pas la peine de discuter, tu vois bien que Monsieur est un con ! » Il avait la spécialité de ce genre de charge inattendue, glissant le vitriol entre deux phrases anodines, sans changer de ton... Avec Blier, ça pétait en douce, mais sec.

Cette sortie eut bien sûr des conséquences fâcheuses, lorsque nous nous sommes présentés au concours de fin d'année en 1939. J'avais fait un choix assez culotté, en travaillant le rôle de Mosca de *Volpone*. Cette scène n'avait jamais été présentée au Conservatoire. Mon audace se révéla payante puisque j'ai décroché le premier accessit. Bernard, lui, méritait un premier prix : dans la salle du Conservatoire réservée à ce concours, un public survolté avait plébiscité sa composition de valet de Molière. Et pourtant, à la proclamation des résultats, rien... Ce fut un beau chahut sous les fresques de Pompéi : on eut dit que le volcan était à nouveau entré en activité ! Sifflets, injures, menaces : les jurés du Conservatoire n'ont pas dû souvent en entendre autant. Des camarades ont porté Bernard Blier en triomphe jusque dans la rue ; et lui qui n'était guère habitué à ce genre d'épanchement, je l'ai vu pleurer comme un enfant.

Ces brillants coups de théâtre devaient, hélas ! passer bientôt inaperçus, le concert des Nations nous préparant un autre genre de cacophonie. On a déjà dit partout la douceur de cet été 1939. Tout occupé de ma jeune carrière, je ne prêtais guère attention à la température, ni au bruit des bottes. L'invasion de la Pologne et l'ouverture officielle des hostilités m'ont surpris en pleine activité. Qu'on en juge : *Les Jours heureux* avaient terminé leur parcours, et je commençais à répéter *Les souris dansent.* Pas une seconde, il ne me venait à l'esprit que la tournure des événements pouvait mettre un terme à ces frivolités : tout allait finir par s'arranger... La mobilisation fit tout de même interrompre le tournage du *Duel*, un abracadabrant mélo catholique que Pierre Fresnay avait voulu porter à l'écran pour la gloire de son épouse Yvonne Printemps.

J'avais été convoqué à la Michodière par Fresnay ; nous nous sommes retrouvés à quelques camarades sur cette scène où je passerais par la suite mes soirées pendant quinze ans de ma vie. Fresnay était impressionnant de rigueur froide : ce n'était pas lui, mais le capitaine de Boildieu de *La Grande Illusion* qui nous faisait passer une inspection. Son choix s'étant porté sur moi, il n'a rien trouvé de trop aimable à me dire, si ce n'est, avec un ton un peu pontifiant : « Vous savez, c'est un tout petit rôle. » J'étais prêt à toutes les bassesses pour gagner ses bonnes grâces : « Mais avec vous, monsieur, il n'y a pas de petit rôle. » Douché par les malheurs de Blier et plein d'admiration pour Fresnay, j'avais provisoirement troqué mon insolence pour la flagornerie la moins subtile.

La véritable curiosité de ce *Duel* tenait en la présence de Raimu dans le rôle d'un curé. Rien au monde ne semblait devoir rapprocher Fresnay — l'Alsacien — de notre monument de bonhomie méridionale et pourtant le premier manipulait le second comme un enfant habile dirige son bateau sur le bassin des Tuileries. Tout n'avait pas commencé entre eux sous les meilleurs auspices : lorsque Volterra avait prévenu Raimu de l'engagement, assez inattendu, de Fresnay pour le rôle de Marius, il avait pris quelques précautions. « Avons une chance inouïe ; Fresnay vient de se libérer de la Comédie-Française », disait son télégramme. La réponse de Raimu fut courte : « Alsacien et protestant. » Mais les deux hommes avaient donc fini par s'entendre, au point de se retrouver pour *Le Duel*, au studio de Saint-Maurice, en pleine drôle de guerre. Les mobilisés remplacés, le tournage avait pu reprendre. Raimu ne se passionnait guère pour le film : il faisait tout pour accélérer le mouvement et regagner au plus vite son cher Midi, qu'il pensait à l'abri des orages amoncelés sur l'Europe : « Alors, monsieur Fresnay, cette scène, on la tourne ou on va à la pêche ? » Si cela n'avait tenu qu'à lui, *Le Duel* aurait été mis en boîte en huit jours. Monsieur tout-le-monde à la ville, il se métamorphosait en scène ou devant la caméra, selon une miraculeuse alchimie. Ce Toulonnais avait débuté au caf'conc' à Marseille, en décrochant un engagement d'une semaine : « A demain », lui avait dit sa mère sur le pas de la porte. Elle ne croyait pas au génie de son fils Jules et, des années après, cette défiance amusait encore Raimu. Rien de tel avec Hélène Pillu : n'ayant plus à subvenir aux besoins de ses garçons, maman avait cédé les « Caves du viaduc » et passait désormais une grande partie de son temps à suivre l'évolution de ma carrière. Elle avait toujours cru en ma réussite : il lui semblait donc tout à fait normal qu'à vingt ans j'aie déjà connu Raimu, Jouvet, Arletty, Annabella, et Pierre Fresnay.

Encore marqué au cœur de sa chair par les quatre années qu'il avait passées dans les tranchées, mon père avait à l'esprit des préoccupations moins futiles. Il était persuadé que l'on allait nous jouer une reprise sanguinaire de Verdun et ne voulait à aucun prix voir ses enfants vivre à leur tour ce cauchemar. Henri Pillu ne comptait guère sur l'aviation et les blindés : comme notre état-major, il ignorait tout des subtilités de la guerre éclair... Mon frère fut rappelé le premier sous les drapeaux. La veille de son départ, notre père nous convoqua tous les deux. Il avait disposé sur la table quelques billets, un petit pécule qu'il avait amassé à l'insu de maman. « C'est pour vous. Il faut que vous partiez... En Suisse, où vous voulez, mais je vous en conjure, partez ! » Sans avoir consulté sa femme, il nous proposait tout simplement de déserter. La somme était toute symbolique. Nous n'aurions pu aller bien loin. Surtout nous n'avions rien à faire en Suisse. J'avais des engagements au théâtre et au cinéma, et Jacqueline Porel, que je n'avais pas encore épousée, était enceinte. Nous avons donc refusé pour des raisons dont la fibre patriotique était, je dois l'avouer, totalement absente. Y avait-il d'ailleurs en 1939 beaucoup de Français qui rêvaient d'aller en découdre avec les troupes d'Adolf Hitler ? Je préférais jouer *Les souris dansent*. Le 1er février 1940, Jean-Marie est venu au monde. Ce n'était pas le moment idéal. Trois mois et dix jours plus tard s'engageait la bataille de France : lorsque j'ai été enfin mobilisé, le 8 juin 1940, au titre du contingent, elle était très largement perdue. Les Allemands encerclaient Dunkerque, mais les communiqués de l'état-major en étaient encore à vouloir jeter « toutes les forces disponibles face à l'ennemi ». On m'a donc expédié à Montluçon. Avec moi, la France tirait sa dernière cartouche. En l'air.

J'ai compris que les choses tournaient mal le jour où nous avons vu arriver un autobus parisien dans la cour de la caserne. Réquisitionné porte d'Orléans, ce véhicule à plate-forme de la RATP avait été poussé vers le Sud par les vagues successives de l'exode, jusqu'à Montluçon. L'entassement de valises, de matelas et d'objets divers que des exilés, déboussolés par les événements, avaient chargé à bord et même sur le toit aurait pu donner un charmant côté « école buissonnière » à ce « Châtelet-Montrouge » égaré dans le Bourbonnais : en la circonstance, le spectacle était plutôt tragique. Annoncée à cent kilomètres et précédée de bombardements qui ajoutaient, si c'était possible, à la confusion, l'avance des forces allemandes semblait, elle, ne devoir jamais connaître aucun terminus. Mon instruction militaire fut des plus succinctes : nous apprenions encore à marcher au pas quc les premiers Panzers atteignaient les faubourgs de Montluçon. Face à ces colonnes de chars qui fonçaient depuis la Belgique, l'antique fusil Lebel que l'on nous avait généreusement octroyé avec deux cartouches paraissait assez dérisoire. Dans Montluçon, déclarée ville ouverte, que faire de la classe 40 ? Nous n'étions plus tout à fait des civils et pas encore des soldats. Faute de directives plus précises, un lieutenant-colonel adopta l'audacieux parti de nous ordonner d'attendre. L'armistice venait d'être signé et les Allemands allaient, selon ce fin stratège, venir nous « démobiliser ». L'idée d'être faits prisonniers alors que la bataille était terminée n'était pas très séduisante. Les plus audacieux prirent donc la décision de filer aussi rapidement que possible. Si l'entrée de la caserne faisait l'objet d'une garde sévère, le mur d'enceinte n'était pas infranchissable : nous avions repéré, un autre troufion et moi-même, une brèche que quelques sacs de sable comblaient tant bien que mal. Un bien maigre rempart : il fallait tout de même attendre le soir pour le faire sauter. A la nuit, nous nous sommes retrouvés avec des mines de conspirateurs, un balluchon de nos vêtements civils et le fusil Lebel à l'épaule. Nous avions conservé nos effets militaires : en cas de pépin, nous serions considérés comme des soldats perdus et non comme des déserteurs. Tout semblait devoir marcher parfaitement : le ciel était assez sombre pour que nous nous faufilions sans être vus...

Le cœur battant, nous avons fait maints détours pour tromper une éventuelle surveillance avant de gagner le théâtre de notre fuite. Précautions assez inutiles... Ils étaient bien cinq cents devant la brèche, sur les deux mille consignés de la caserne, qui, eux aussi, avaient découvert ce moyen de prendre la poudre d'escampette. Ça se bousculait ferme devant le trou de la liberté ! Chacun voulait profiter de l'aubaine avant que l'alerte ne fût donnée. Tout le monde poussait tout le monde. Heureusement, il y avait là un sous-lieutenant qui mit son sens professionnel de l'organisation au service de cette évasion collective : « Mes enfants, de l'ordre, sinon on n'y arrivera pas », beuglait-il à mi-voix, comme dans un aparté de théâtre. Et nous avons franchi l'obstacle en rang par deux, presque au pas, avec une dignité que nos troupes avaient perdue depuis longtemps devant l'ennemi.

Et puis, tout le monde s'est égaillé dans les bois. Je faisais partie d'un petit groupe d'une dizaine de soldats. Notre seule chance était de nous dissocier de cette armée en maraude aussi nombreuse que bruyante : tous ces fugitifs allaient inévitablement retomber entre les mains des Français ou se heurter aux colonnes allemandes, c'était évident. Sans attendre le jour, nous sommes donc partis vers le Sud, suivant ainsi le mouvement général qui habitait le pays depuis un mois. Cette marche forcée ne m'a pas laissé un souvenir désagréable : l'été était magnifique, et la campagne exubérante, comme dans une chanson de Charles Trénet. Notre groupe comprenait un dénommé Caro qui possédait l'art de tuer une poule à cinq pas, au moyen d'un caillou tranchant. Il ne ratait jamais son coup. Et le plus fort, c'est que ce n'était pas du tout un gars de la campagne. Nous allions ensuite négocier la cuisson de notre volatile dans les presbytères : les curés, avions-nous remarqué, réservaient un bon accueil à notre petite troupe et leurs bonnes avaient l'art de mitonner notre butin aux petits oignons. De toute façon, tout le monde croyait que nous avions beaucoup souffert. Nous ne démentions pas, quoique ne sachant même pas à quoi ressemblait un uniforme allemand. Comme mes compagnons d'infortune me savaient comédien, j'étais envoyé en première ligne pour émouvoir les populations. « Vous avez dû en baver », nous demandait-on. Je répondais sobrement : « Oh ! là ! là ! il vaut mieux pas en parler », en prenant l'air absent de ceux qui en ont trop vu. En fait, c'était une imitation de mon père évoquant son authentique martyre de la guerre de 1914. Le numéro ne devait pas être mauvais. Même les paysans finissaient par compatir malgré le désordre représenté par tous ces fuyards qui commençaient à submerger leurs départementales.

La canicule, hélas ! se mit de la partie. Les plus vaillants s'en trouvèrent découragés : nous étions loin de parcourir les trente ou quarante kilomètres par jour dont nous avions prévu de faire notre ordinaire. Une solution se dessina : prendre le train. J'y étais formellement opposé, persuadé que cela nous ramènerait droit au bercail, c'est-à-dire à la caserne. L'épuisement fut, si j'ose dire, le plus fort, et je me suis incliné. Je ne me voyais pas battre seul la campagne, par des températures dignes du Sahara. A Capdenac, un train passait par hasard, en dehors de tout horaire répertorié. Il allait vers le Sud. Nous y sommes montés.

A Cahors, il arriva exactement ce que j'avais prédit. Un officier passait de wagon en wagon, non pour nous annoncer le premier service de la voiture-restaurant mais pour remettre la bleusaille dans le droit chemin : il nous a fait descendre, mettre en rang et direction la caserne ! Nous n'avons opposé aucune résistance.

Le dépôt militaire de Cahors n'avait d'un établissement militaire que le nom. Il y régnait une pagaille épouvantable. On nous amena devant un capitaine, qui ne fit aucun commentaire superflu : nous n'étions ni les premiers ni les derniers à arriver de Dieu sait où, et dans des circonstances mal établies. Il ne savait naturellement pas quoi faire de nous : à tout hasard, il nous dirigea vers un hangar bourré de sacs postaux. Ballottées par les événements, ces milliers de lettres avaient dû circuler de gare en gare, se mélanger, se perdre, avant d'échouer à Cahors. Et elles attendaient depuis des jours que quelqu'un prît la responsabilité de brûler le tout ou d'envoyer ces missives à leurs destinataires : tâche gigantesque. Affectés au tri de ce courrier en souffrance, nous nous y sommes attaqués avec l'enthousiasme et l'énergie qu'on imagine. D'abord, nous n'avions aucune idée de l'art du « tri ». Nous avons pris le parti le moins exténuant : affecter de travailler, ouvrir un sac au hasard, et faire des tas. Sans nous presser. J'avais ainsi « trié » machinalement une quarantaine de lettres, lorsque mon cœur s'est arrêté. Si j'écrivais un roman, je n'oserais pas raconter cette histoire, tout menteur impénitent que je suis. On n'y croirait pas. Elle est pourtant vraie. J'avais entre les mains une lettre adressée au soldat Pillu François, à la caserne de Montluçon. Et l'écriture ne m'était pas inconnue : c'était celle de Jacqueline. J'ouvris évidemment l'enveloppe sous l'œil incrédule de mes camarades : « Vous en faites pas les gars, c'est pour moi. » Ils ont d'abord cru que je leur faisais une blague. Puis en se repassant l'enveloppe ils ont compris que c'était vrai, et je les ai vus plonger dans les sacs de courrier, fouillant frénétiquement, défaire les paquets de lettres, dans l'espoir inouï qu'ils tomberaient eux aussi sur des nouvelles de leur famille. En quelques minutes, la montagne de courrier ressemblait à un oreiller à plumes dont on aurait crevé la taie. Au milieu de cette agitation, je lisais et relisais ma lettre : Jacqueline m'annonçait qu'elle avait quitté Paris en voiture, l'Amilcar décapotable que nous nous étions offerte avec mes premiers cachets, quelques bagages et le jeune Jean-Marie emmailloté sur le siège arrière. Poussée elle aussi vers le Sud par l'avancée allemande, elle avait trouvé refuge du côté de Cahors. Ainsi, après des semaines de péripéties, le hasard nous avait presque réunis, à trente kilomètres près.

Abasourdi, je fonçai voir le capitaine. Dans l'armée, rien n'est simple : on doit demander le registre des audiences, s'inscrire et attendre patiemment d'être appelé. Encore en état de choc, j'entrai dans son bureau en trombe, et sans frapper. Heureusement, c'était un brave type. Je n'étais guère en état de faire de grands discours ; j'ai simplement bafouillé : « Mon capitaine, voilà » et je lui ai tendu la lettre, oubliant totalement son caractère intime : Jacqueline se lamentait de ne pas se trouver dans mes bras. Je me souviens encore de la gêne de cet homme, à lire une missive aussi tendre. Il était éberlué et répétait : « C'est pas vrai ! C'est pas vrai ! » Comme l'évidence s'imposait, il m'a regardé :

— Eh bien, qu'est-ce que vous fichez là ? Il faut partir, mon petit, il faut partir. Parce que vous savez comment ça s'appelle ça ? Un miracle.

Comme il n'en avait pas beaucoup vu au cours des dernières semaines, il m'a laissé filer, non sans me recommander la prudence : il n'avait pas le pouvoir de me démobiliser et je restais un déserteur. En y repensant je me rends compte du degré d'incohérence où nous avions sombré : jouer les insoumis en vadrouille avec la bénédiction d'un gradé, ce n'est tout de même pas banal. Grâce à la mansuétude de ce capitaine, je me remis donc en marche, et, cinq ou six heures plus tard, je retrouvai Jacqueline et Jean-Marie, qui venait d'avoir cinq mois. Ce furent de bien jolies retrouvailles.

Moi qui n'ai jamais pris beaucoup de vacances, j'ai passé cet été-là, entre ma femme et mon fils, les plus délicieuses semaines de repos de ma vie. Prise dans la tourmente, Jacqueline s'était également très bien débrouillée. Elle avait l'Amilcar, de l'essence et, comme tout le monde, une furieuse envie de fuir Paris. Un de nos amis, un attaché d'ambassade argentin qui avait épousé une riche Française, disposait d'une grande propriété à Tournon-d'Agenais, et d'un permis de conduire. Comme des millions de Français, ils avaient pris la route vers le Sud : eux, au moins, avaient un but précis... Dans l'été brûlant, au cœur de cette région magnifique qui annonce le Midi, la guerre paraissait n'avoir jamais eu lieu. Les nouvelles étaient confuses. Les échos nous en parvenaient de manière atténuée, à travers le journal local et la radio d'État. La création de la zone libre, l'installation du gouvernement à Vichy, tout cela semblait irréel. Comme beaucoup de Français, nous étions encore trop abasourdis pour réaliser l'ampleur du désastre. On avait tout envisagé, sauf une semblable raclée. Il fallait le temps d'encaisser le choc... Alors, nous nous promenions longuement dans cette campagne qui ressemblait au paradis. Et nous savourions nos vingt ans.

Tout au bonheur d'avoir retrouvé ma petite famille, je ne perdais tout de même pas de vue la question militaire. L'armée française jouait peut-être relâche mais elle ne m'avait pas encore donné mon congé. J'allais donc rendre de régulières visites à la gendarmerie de Tournon-d'Agenais pour prendre des instructions. « Tiens, voilà le Parisien. On n'a encore rien pour vous », me répétait un brigadier débonnaire. La caution de nos amis Estèves avait fait de moi un personnage important qu'il convenait de ménager. De toute façon, ces messieurs préféraient avoir affaire à un déserteur en quête de légalité qu'à ces flots d'exilés qui venaient réclamer le gîte et le couvert. Toute la journée, ils devaient traiter des cas dramatiques, alors que le mien était à la limite du burlesque : nourri, logé, amoureux, je n'avais besoin d'aucun soutien.

Les semaines filèrent ainsi, ponctuées de rires, de longs périples en vélo et de palabres avec les gendarmes. Le temps s'était mis entre parenthèses. Au moment des moissons, on m'a suggéré de donner un coup de main pour montrer aux autorités mon sens de l'intérêt général. J'ai passé des jours à piquer des gerbes dans la lumière d'août, avant même que le maréchal Pétain ne proclamât le retour à la terre. J'avais devancé l'appel... Là encore, au milieu de ces champs qui n'avaient jamais donné une aussi belle récolte, comment imaginer la tragédie qui venait de frapper la France ?

Dans son vocabulaire, l'administration avait trouvé un terme pour désigner les gens dans ma situation : nous étions des isolés. En haut lieu, on décida de faire la seule chose possible avec des isolés : les rassembler. Mes amis les gendarmes vinrent en personne m'en prévenir un matin : je devais me rendre à Villeneuve-sur-Lot, où l'on statuerait sur mon cas. Les vacances étaient finies. Cinquante ans après, elles gardent la saveur étrange d'un événement dont on ne sait plus si on l'a rêvé ou bel et bien vécu.

Aux premières feuilles mortes, Jacqueline et Jean-Marie remontèrent vers Paris à bord de l'Amilcar. Nos économies seraient bientôt à bout de souffle et il fallait bien aller voir comment le monde du théâtre se remettrait en train, après le cataclysme. J'espérais pour ma part qu'à Villeneuve-sur-Lot on me déclarerait bon pour la vie civile et que je pourrais bientôt rejoindre, moi aussi, ces bataillons de Parisiens qu'un contre-exode commençait à ramener vers la capitale. Hélas ! il n'en fut rien. Si je ne m'étais pas mis en règle, il est peu probable que personne se soit soucié de retrouver ma trace. Au contraire, la sagesse de mon comportement me valut six mois d'une mascarade boy-scout dont mes camarades au tempérament moins inquiet se sont fort bien passés... J'ai été versé dans les chantiers de jeunesse, ces camps que le régime de Pétain avait inventés pour se donner l'illusion qu'il contrôlait les forces vives de la nation. Sinistre blague... Nous étions deux mille à reprendre indéfiniment *Maréchal nous voilà* en nous livrant à des activités sylvestres comme le dégagement de coupe-feu. Ces travaux avançaient d'autant plus lentement que nous avions à notre disposition beaucoup moins de pelles, de scies et de pioches qu'il n'y avait de couplets dans *Maréchal nous voilà...* Les Allemands avaient autre chose à faire qu'à nous fournir le matériel nécessaire à notre jamboree forcé : ils craignaient par-dessus tout que nos officiers — qui avaient gardé leurs uniformes, et peut-être leur patriotisme — ne forment clandestinement des unités combattantes. Ils nous surveillaient donc de près Et, bien entendu, ils avaient réquisitionné toutes les armes.

De ces six mois de camping obligatoire, le seul événement un peu plaisant qui me reste en mémoire est la cérémonie du 11 novembre 1940. Cette année-là, la célébration de l'armistice de la guerre précédente, devant le monument aux morts de Casteljaloux, prenait évidemment un sel particulier. La ville était en zone libre, mais de peu. Dans le groupe assistant à la petite manifestation commémorative organisée par nos officiers, on remarquait deux grands rougeauds en imperméable. Il ne fallait pas être un grand devin pour voir qu'ils étaient natifs d'outre-Rhin. Ils devaient appartenir à la commission d'armistice, et venaient pour observer et rédiger un rapport sur la bonne tenue de notre « chantier ». Pour les obliger, le lieutenant-colonel du camp avait voulu bien faire les choses : un défilé militaire — en ordre et en rang, avec des pelles sur l'épaule en guise de fusil — et une clique pour la musique. Nous avons défilé sans grande conviction, et je devais penser à autre chose, quand mon voisin m'a soufflé : « Dis donc, t'entends ce qu'ils jouent ? » Je tendis l'oreille et reconnus : *Vous n'aurez pas l'Alsace et la Lorraine* à Casteljaloux dans le Lot-et-Garonne ! Ce n'était guère d'actualité. Heureusement, cette complainte patriotique était inconnue de nos observateurs allemands...

J'avais une idée fixe : rentrer à Paris. Je ne recevais aucune lettre de Jacqueline, car seules les « cartes interzones » pouvaient passer la ligne de démarcation. Ces espèces de monstruosités postales comprenaient des formules toutes faites comme « Je suis en bonne santé », ou « Les enfants vont bien » et on cochait les cases concernées. L'intimité en souffrait énormément. L'information aussi. On avait le droit d'écrire de sa main une seule phrase pour ne pas surmener le censeur français ou allemand chargé de la lire. Nous compensions notre frustration par des efforts d'imagination. Jacqueline affirmait : « Jean-Marie va sûrement entrer en sixième » alors qu'il tétait encore. Je répondais : « Je ne veux pas qu'il fasse du latin tout de suite. » Il n'y avait aucun message codé derrière ces phrases, mais le pari de ne pas succomber à la mélancolie. Je dois avouer que ce petit jeu ne m'amusait qu'à moitié puisque j'ignorais presque tout du sort et des conditions de vie des miens, là-bas, en zone occupée...

Enfin, après d'interminables semaines au cours desquelles nous avions bien dû déboiser un demi-hectare, j'ai été libéré de mes obligations envers l'État français. D'autres jeunes allaient venir à leur tour prendre la relève pour six mois et occuper les baraquements tout neufs que nous avions contribué à construire. Durant toute la guerre, des milliers de jeunes ont ainsi bivouaqué pour alimenter les rêves de Vichy, mais aussi ses cauchemars : prévus pour faire rentrer les générations montantes dans le moule de la collaboration, certains de ces « chantiers » deviendraient au contraire des points de départ vers le maquis... Mais, en cet hiver 1940-1941, on n'en était pas encore là.

Le voyage de retour fut une invraisemblable odyssée. Les destructions obligeaient les trains à suivre des itinéraires déments, mais le clou du voyage restait le passage de la ligne de démarcation, cette véritable frontière que les Allemands avaient instaurée entre la zone libre et la zone occupée. Là, j'ai enfin vu de près les soldats de cette armée allemande qui venait de nous donner la plus cuisante leçon de notre Histoire. Tout d'un coup, le mot occupation prenait à mes yeux tout son sens. C'était à Mâcon. Pas encore familiarisé avec la discipline vert-de-gris, plusieurs d'entre nous ont mis le nez à la fenêtre, ce qui a déclenché un concert d'aboiements et de cris : *« Raus ! Raus ! »* Des soldats ont frappé sur les wagons avec les crosses de leurs fusils. Nous avons battu en retraite avec une certaine précipitation.

Au départ, nous nous étions entassés, pêle-mêle, n'importe comment dans les wagons de troisième classe, avec ce sens du désordre auquel nous étions habitués depuis quelques mois. Regroupés au petit bonheur, nous ne correspondions sûrement pas aux listes que les Allemands — tellement organisés — avaient à leur disposition, compartiment par compartiment. A Mâcon, donc, des officiers sont montés à bord du train pour procéder à une inspection. Dans le compartiment qu'ils ont choisi de contrôler, les passagers n'étaient pas ceux prévus. Cela nous promettait quelques heures d'attente supplémentaire et la découverte des procédures disciplinaires. L'appel a commencé. Le premier nom ne disait rien à personne. Un gars s'est tout de même levé en répondant présent. Je me suis souvent demandé quelle intuition avait poussé ce camarade à improviser de la sorte... Et que ce serait-il passé, s'ils avaient été plusieurs à avoir la même idée ? L'officier, en tout cas, a cru que tout était en ordre dans la plus parfaite des disciplines et le train a pu repartir. On voit par là qu'un mensonge bien placé peut être fort utile.

IV

OÙ L'ON APPREND QUE SOUS L'OCCUPATION LES COMÉDIENS AVAIENT DES AUSWEIS *ET QU'IL ÉTAIT POSSIBLE D'ÉCHANGER TROIS PLACES DE THÉÂTRE CONTRE UN RÔTI DE VEAU*

En février 1941, le pavé parisien avait quelque peu perdu sa légendaire gaieté. En arrivant gare de Lyon, je reconnus à peine la capitale que j'avais quittée quelques mois auparavant. D'abord, il y avait tous ces panneaux indicateurs en langue allemande qui étaient sûrement fort commodes pour l'occupant mais déroutaient l'habitué. Les drapeaux à croix gammée flottaient sur la ville. Engoncé dans ce pesant décorum, Paris semblait assoupi. Les bruits familiers de la foule et de la circulation avaient disparu : quelques tractions avant de couleur noire et le claquement sourd des premières semelles de bois ajoutaient à ce climat étrange. Tout de suite, j'ai pris en grippe les vélos-taxis : ces voitures à bras venues d'un autre âge transformaient les chauffeurs en laquais. Je préférais aller à pied plutôt que d'avoir recours à cet avilissant moyen de transport.

J'ai retrouvé Jacqueline et Jean-Marie dans un petit hôtel de la rue de Beaujolais où ils avaient pris leurs quartiers d'hiver. Le charbon étant devenu introuvable, il n'était pas question de rester dans la grande maison de Neuilly où nous habitions depuis notre rencontre. Une ambiance assez « théâtre » régnait dans cet hôtel tout proche de la Comédie-Française : nos voisins étaient le scénariste Jean Aurenche et le frère d'André Malraux, qui devait mourir dans la résistance. Comme une majorité de Français, je n'avais pour ma part qu'une idée en tête : subsister.

Je ne raconterai pas ici les joies du rationnement : tous

ceux qui ont vécu cette époque se souviennent des cartes et tickets multicolores qui régissaient la distribution des produits de première nécessité. C'était le contraire de notre moderne loto : plutôt cher, assez compliqué, et, de toute façon, ça ne rapportait jamais gros. Quelques dizaines de grammes d'une mauvaise viande, au mieux. Très vite, il est devenu évident que la seule façon de s'en sortir, c'était le marché noir. Mais pour le marché noir, il fallait de l'argent. Et pour se procurer de l'argent, il fallait travailler... Cela paraîtra peut-être inconvenant à certains, mais jamais le chômage n'a aussi peu atteint la profession de comédien que durant ces années sombres : je n'ai eu aucun problème pour retrouver très vite un engagement.

La seule difficulté était d'obtenir l'autorisation. Dans cette France de Vichy, il en fallait pour tout, y compris pour monter sur une scène. Les permis de travail étaient accordés pour trois mois et renouvelables selon le bon vouloir d'une équipe de censeurs, journalistes ou directeurs de théâtre, tous plus ou moins collabos, qui exerçaient là une médiocre dictature.

L'armée d'occupation ne s'intéressait guère à la censure : il y avait à Paris bien assez de Français volontaires pour accomplir ce genre de besogne, au nom de l'« ordre moral ». L'adultère sur scène était à proscrire... Ou du moins il était « recommandé » de le limiter. Même Molière était corrigé au goût du jour. Les consignes allemandes, fidèlement interprétées par les séides des Vichyssois, étaient claires : l'art dramatique, comme le cinéma, devait être léger, inoffensif et inconsistant. Paris avait l'ordre de devenir provincial. Cela n'empêcha pas la fréquentation de tripler. Les distractions étaient rares, le cinéma d'avant guerre interdit, les réunions sportives suspendues : Vichy se défiait des rassemblements de jeunes et de la chaleur des compétitions. Il restait le théâtre : les salles ne désemplirent jamais. La France occupée avait tant besoin d'évasion...

J'ai d'abord déniché une pièce qui s'appelait *La Nuit de printemps.* Nous l'avons jouée dix-huit fois avec Blier et le seul souvenir que j'en conserve, c'est que Bernard était maigre... Fait prisonnier, il avait bénéficié d'un prétendu rapatriement sanitaire grâce à la complicité d'un Allemand antinazi. Je sais d'ailleurs que, à la fin de la guerre, il est allé témoigner en sa faveur après sa capture par les Alliés. Au stalag, Blier avait perdu sa rondeur. Il était méconnaissable. « Mon pauvre Bernard, lui disait-on, tes admiratrices ne vont jamais te reconnaître. » Et il bougonnait selon son habitude. Heureusement, il devait assez vite retrouver son format habituel. En fréquentant comme nous tous de temps en temps ces restaurants de marché noir qui amélioraient considérablement l'ordinaire.

Tous fonctionnaient selon le même principe : à l'entrée, un menu affiché pour la forme alignait les sinistres miettes accordées par le service du ravitaillement. A l'intérieur, dès lors qu'on était connu du patron, changement de tableau : on pouvait retrouver dans son assiette des nourritures qui ne devaient rien aux restrictions. L'addition aussi était sans limites. Un jour, j'ai entendu le tenancier d'un de ces bistrots se plaindre amèrement : « Ah ! Messieurs ! Que voulez-vous : tout augmente tellement que bientôt je n'aurai plus pour clients que mes fournisseurs. » Sans hypocrisie, j'ai eu quelquefois mauvaise conscience à me laisser traiter dans ces établissements où l'on dévorait en un repas un salaire mensuel moyen. Ce n'était pas le cas de Raimu, dont la pingrerie était de notoriété publique : il laissait toujours aux autres le soin de régler la note. Un jour que nous sortions d'un de ces restaurants hors de prix pour prendre le métro, je l'ai vu aller vers le guichet, royal, et lancer : « Ah non, ce coup-ci, c'est ma tournée ! »

Le Conservatoire avait rouvert ses portes. Blier et moi avons tenté de nous y réinscrire pour parfaire notre formation et décrocher ces prix de fin d'année qui gardaient à l'époque un grand prestige. Ce n'était plus d'actualité. On nous a même demandé notre « démission volontaire ». Motif : nous risquions de « fausser » l'atmosphère de la maison puisque nous étions devenus de « vrais professionnels ». Nous avons surtout réglé les dividendes de nos insolences passées : « Vous savez, je suis un peu là pour éliminer les boules puantes », nous a aimablement dit le secrétaire général en guise d'adieu. Il y avait longtemps que je m'étais jeté à l'eau ; il ne me restait qu'à continuer de nager...

Aux prémices des beaux jours, après quelques semaines passées à l'hôtel de la rue de Beaujolais, nous avons — Jacqueline, Jean-Marie et moi — réintégré la maison de Neuilly. Impraticable en hiver, elle devenait presque habitable au printemps, à condition de fermer les pièces et de faire fonctionner un méchant chauffage à la sciure de bois.

Le froid était notre véritable obsession comme pour tous les Parisiens. C'est alors que j'ai épousé Jacqueline à la mairie de Neuilly. Une cérémonie sans faste. A la sortie de la mairie, la jeune fille qui gardait Jean-Marie était venue avec le landau. Nous nous sommes précipités pour embrasser notre fils. Pour l'époque, c'était assez audacieux. Les gens nous ont regardés avec étonnement mais indulgence...

Je commençais à répéter *Octave* d'Yves Mirande, au théâtre de l'Avenue, un petit music-hall de la rue du Colisée, près des Champs-Élysées. Fernand Gravey, la tête d'affiche, était alors une véritable vedette, aussi avait-il accepté sans trop d'enthousiasme de jouer cette pièce qui n'en était pas vraiment une. Aujourd'hui, on pourrait qualifier ce spectacle de « café-théâtre », ce qui n'a rien de péjoratif en soi. Le genre n'était guère en vogue en 1941 : nous ressentions cet *Octave* comme un pis-aller.

L'auteur, Yves Mirande, affectionnait le style macabre L'une de ses pièces s'appelait *Un petit trou pas cher.* Le héros de l'histoire voulait à toute force habiter la concession à perpétuité qu'il venait de s'offrir. *Octave* était de la même veine comique, un peu grinçante : un homme qu'on croyait mort, et dont le cadavre était sur scène, se mettait peu à peu à bouger. Il était pourvu d'une petite amie, dont j'étais l'amant. Nous avons joué cette œuvrette pendant trois semaines.

Mirande était beaucoup plus attachant que son œuvre. Extravagant, paresseux, et très dépensier, il vivait en multipliant les arguments de revues et les dialogues de films. Il n'a rien laissé d'impérissable, à la scène comme au cinéma, mais les anecdotes fourmillent autour de ce vieux Parisien toujours cousu de dettes. A ses débuts, comme il habitait près d'une église, il profitait de la sortie des enterrements pour se faire conduire en voiture des pompes funèbres : on le déposait au *Journal* où il s'occupait des chiens écrasés. C'est ainsi qu'il a fini par devenir le confident de Letellier, le directeur de ce quotidien, intrigué de voir un collaborateur arriver au bureau en corbillard...

Mirande fabriquait des mots d'auteur comme on respire, avec une préférence très marquée pour l'humour funèbre. Un jour, à un enterrement, il s'était penché vers moi pour me confier : « C'est une des dernières fois où je viens en amateur. » Il était effectivement atteint d'un cancer mais il a eu la force de faire mentir son mot pendant plusieurs années... Pendant l'Occupation, je l'ai beaucoup fréquenté : il donnait des couleurs à cette période sombre. Nous déjeunions quelquefois ensemble dans des restaurants de marché noir. Cela donna lieu à une jolie scène. Nous étions attablés devant nos assiettes, fort bien remplies, tandis qu'un maître d'hôtel tentait de convaincre un officier allemand incrédule qu'il n'y avait rien d'autre que les misérables plats inscrits au menu. Comme l'Allemand protestait dans un très bon français, tout en désignant nos assiettes Mirande lui a lancé sur le ton de la contrition : « Allons, monsieur, nous sommes tout de même vaincus ! »

Merveilleux théâtre ! En ces temps troublés, il constituait la plus agréable des sinécures, je m'en suis vite aperçu. D'abord, c'était encore là que l'on voyait le moins d'Allemands ! A l'exception de la Comédie-Française, où quelques officiers fin lettrés avaient leurs habitudes, les troupes d'occupation s'arrêtaient au seuil des salles. Au Saint-Georges, aux Mathurins ou aux Bouffes-Parisiens, nos vaudevilles n'étaient pas faits pour attirer la clientèle d'outre-Rhin. Je n'ai donc jamais eu à jouer devant des parterres vert-de-gris : ce genre de sport était l'apanage de nos jeunes camarades des Folies-Bergère ou du Casino de Paris, dont les danses en ciseaux et les trucs en plumes attiraient au contraire des régiments entiers de la Wehrmacht. Les forces d'occupation s'étaient aussi réservé l'exclusivité de quelques salles où l'on débitait du cabaret berlinois, à l'usage exclusif des deuxièmes classes du grand Reich.

Par rapport au commun des mortels, les comédiens bénéficiaient d'un certain nombre de privilèges. Ainsi pour s'habiller. Alors que le tissu était d'une rareté infinie, nous recevions des bons pour obtenir deux costumes par rôle. Nous avions la priorité. J'ai pu me faire faire toute une garde-robe sur mesure durant l'Occupation, sans même utiliser les ressources du marché noir !

Autre avantage de la profession : la location ne tarda pas à devenir le maillon décisif d'une véritable filière de ravitaillement. Le système était simple : la plus consternante des pièces remportait un tel succès que l'on se battait pour avoir des places. Les caissières commencèrent donc à donner la priorité à ceux qui apportaient un saucisson ou une entrecôte ! Aux Bouffes-Parisiens, une préposée astucieuse devait même installer un garde-manger dans sa guérite. On lui passait des commandes. « Dites, j'aurais besoin d'un rôti de veau pour samedi. » Les Bouffes n'ont jamais aussi bien porté leur nom.

Le directeur de ce théâtre, Albert Willemetz, m'avait pris sous sa protection, après *Octave* et *La Nuit de printemps.* Je le connaissais d'avant guerre. L'homme était une variante d'Yves Mirande : plus sérieux que son modèle, moins bohème, davantage soucieux de réussite sociale, il possédait, au même degré, sa verve et son humour. Grand, mince, séduisant, il avait beaucoup de succès auprès des femmes. Auteur de quelques livrets d'opérettes — dont celui de *Phi Phi* — il avait lancé à Paris la mode des « lyrics » anglais. Sa grande spécialité était d'écrire des textes de chansons légères. Je me souviens qu'à son enterrement celui qui fit son oraison funèbre eut la curieuse idée d'en dresser la liste. Cette énumération de titres, tous plus gaulois les uns que les autres, sonnait curieusement dans un cimetière !

Ami intime de Sacha Guitry, il passait souvent avec lui les mois d'été ; c'était la saison où ce bourreau de travail écrivait sa pièce de l'année. Il soumettait ses idées à Willemetz, testait sur lui des dialogues, des situations. Un jour qu'il était empêtré dans ses personnages, il lui avoua ne plus savoir comment s'en sortir. « J'en suis à un tel point que si tu avais une idée, elle serait la bienvenue. » « Justement, j'en ai une ! a répondu Willemetz. Voilà, un homme aime une femme. » Et Sacha de l'interrompre. « Formidable ! Merci, mon vieux. Tu me sauves la vie. C'est exactement le départ qui me manquait. » On doit à la vérité de dire que, cet été-là, Sacha a écrit pour Yvonne Printemps une pièce qui s'appelait tout simplement : *Je t'aime...*

Grâce à la sollicitude de Willemetz, je devins une manière de pensionnaire de son théâtre des Bouffes-Parisiens. « Je sais que tu es père de famille, m'a-t-il déclaré le jour de nos retrouvailles, à la fin 1941. Alors, ne te fais pas de souci. Il y aura toujours moyen de te faire travailler. On va monter des pièces avec les moyens du bord. » Nous avons commencé par *Une jeune fille savait*, un manuscrit envoyé du stalag par un prisonnier, André Haguet. Willemetz me demanda de lire la pièce dans la nuit, et d'être ponctuel aux répétitions du lendemain. Je m'endormais sur la brochure. Non d'ennui, mais de simple fatigue. Avant la répétition, je confiai mes malheurs à ma camarade Simone Renant, un peu étonnée de me voir planté là, sans rien connaître de mon personnage. « Ne t'inquiète pas, dit-elle, ce n'est pas une grande pièce, mais tu as un très joli rôle. »

Il était en tout cas impossible de deviner que cette comédie aimable avait été écrite dans un camp de prisonniers. Elle devait atteindre bravement la deux cent cinquantième grâce à Willemetz : au moment des répétitions, il nous avait imposé quatre jours d'arrêt et, avec des morceaux épars du texte original, il avait composé un nouveau puzzle, qui « tenait » bien mieux. La patte du professionnel, capable de pondre livrets et textes de revues à la chaîne, était passée par là. Lorsque Haguet est revenu à Paris, bien après la fin des représentations, nous en avons donné une pour lui tout seul. Profitant du jour de relâche de nos théâtres respectifs, nous étions tous là : Simone Renant, Simone Valère, Jacques Dumesnil, très émus devant cet unique spectateur qui pleurait doucement, assis au premier rang, ivre de bonheur malgré les « arrangements » d'Albert Willemetz. Pour une fois, nous n'avons pas eu droit au grand numéro de la vanité d'auteur...

En l'absence de Jouvet, Willemetz était aussi directeur

intérimaire de l'Athénée. Fidèle à sa promesse, il m'a intégré dans la distribution de *Colinette*, lorsque cette pièce de Marcel Achard a été montée sur la scène de ce théâtre. J'avais pour partenaires Bernard Blier et la charmante Micheline Presle, dont je jouais le soupirant, ce qui m'autorisait à la regarder avec une certaine gourmandise. Durant la scène où nous nous embrassions, Bernard — qui incarnait une fois encore le cocu de service — me lançait depuis les coulisses : « Alors, on se grise ? » Blier avait l'art de jeter le trouble dans une équipe : ce spécialiste du coup vache faisait sinon battre des montagnes, du moins pleurer les starlettes. Micheline Presle avait, à ce moment-là, un admirateur particulièrement expansif qui rendait chaque soir hommage à sa rayonnante beauté en lui expédiant de splendides fleurs de chez Lachaume. Sa loge étant trop exiguë, Micheline entreposait dans le couloir des monceaux de bouquets. Sans penser à mal, je pris un soir une de ces gerbes somptueuses et j'allai l'offrir à une de nos partenaires, au nom de toute l'équipe. Elle fondit en larmes : « Comment avez-vous su que c'était mon anniversaire ? » Pour éviter tout quiproquo, j'avouai tout à Micheline qui s'en amusa. La manœuvre n'avait pas échappé à Blier. Comme notre camarade le remerciait à son tour, ce pervers glissa dans leur dialogue : « Tout le monde a été très généreux. Sauf Micheline qui n'a rien donné. » Le lendemain, Micheline crut devoir s'extasier devant « son » magnifique bouquet qui ornait maintenant la loge de notre victime... Elle s'entendit répondre sur un ton venimeux : « Ce n'est pas à vous, en tout cas, qu'elles ont coûté cher ! »

L'atmosphère de ces soirées théâtrales de l'Occupation était toute particulière. Je ne saurais l'évoquer aussi bien que François Truffaut dans son film, *Le Dernier Métro.* Le couvre-feu entrait en vigueur autour de minuit. Après la fin du spectacle, c'était la ruée. Il ne fallait pas rater la dernière rame, dans laquelle s'entassaient les spectateurs et souvent, à peine démaquillés, les acteurs qui venaient de jouer. Dans les voitures toujours bondées, la soirée continuait : leurs trépidantes banquettes en bois verni devenaient le dernier salon où l'on cause. On s'échangeait les échos des générales : « Il paraît que cela a bien marché à l'Atelier » ou bien au contraire « Untel a fait un bide ». Les wagons du Vincennes-Neuilly remplaçaient La Coupole et Les Deux-Magots.

Les comédiens et les auteurs de théâtre bénéficiaient toutefois d'un privilège assez insigne pendant les périodes de représentation : les Allemands accordaient aux travailleurs du spectacle un *Ausweis* nocturne qui nous évitait la bousculade du dernier métro. Nous en profitions pour nous retrouver après le spectacle et pour nous amuser jusque tard dans la nuit, à des heures où le commun des mortels en était réduit à compter les rutabagas. En prévision de ces réunions, nous allions au théâtre en vélo. En avons-nous passé de ces nuits joyeuses chez Marcel Achard, dans son appartement de la rue de Courty, aux Invalides. Assis par terre autour de lui, nous refaisions le monde en débinant toutes les gloires en place. Achard n'était évidemment pas le dernier à se livrer à ces jeux de massacre : son esprit y était rompu. On l'avait même vu se prendre pour cible. A une dame qui le complimentait dans le sytle « Maître, je n'ai jamais raté une seule de vos pièces ! », il avait rétorqué : « Vous avez plus de chance que moi. » C'est dire qu'il ne se prenait pas trop au sérieux, qualité au demeurant plutôt rare dans la corporation des auteurs. Il se laissait tutoyer par tout le monde mais rêvait en même temps d'une certaine respectabilité : ce trait l'a conduit sous la coupole où il a dû être le plus charmant des académiciens. Avec Bernard Blier, Alfred Adam et quelques autres, il avait créé une étrange confrérie d'amateurs de petits chevaux : ces turfistes très particuliers se réunissaient dans des appartements qui changeaient selon les courses — plat, trot, obstacles — et passaient des heures à tenir des discours surréalistes sur les chances d'écuries parfaitement fictives. « Je t'ai dit que Folle de Joie ne tiendrait jamais la distance, elle n'est pas en forme. » Un jour, le très élégant Édouard Bourdet fit sensation en arrivant à une de ces « réunions » en habit de propriétaire, avec le haut-de-forme et les jumelles. Achard adorait les blagues. Sa vie avait d'ailleurs commencé par une facétie : il était né le 31 décembre 1899, dernier jour du XIXe siècle. Ce plaisantin professionnel sut toutefois se montrer courageux, quand l'heure était grave : il eut l'audace de braver le gouvernement de Vichy, en s'insurgeant au grand jour contre l'ordre moral imposé par la censure. Je crois même qu'il a couvert quelques réfugiés en délicatesse avec l'occupant, ce qui était fort dangereux.

Les soirées que nous passions autour de ce petit homme chez qui tout était rond, même les lunettes, restent un des souvenirs les plus attachants de l'Occupation. Jacqueline et moi, nous repartions ensuite sur nos vélos, le cœur en fête, dans cette ville déserte dont nous aurions pu avoir l'illusion qu'elle nous appartenait, si les patrouilles allemandes n'avaient pas été là pour nous ramener à la réalité. Sur le chemin de Neuilly, nous étions bien contrôlés deux ou trois fois. Nous roulions côte à côte, en nous tenant la main. Avec un petit pincement de cœur chaque fois qu'une silhouette casquée surgissait dans la pénombre : on a beau être en règle... Jacqueline dut bientôt aborder ces expéditions de nuit avec prudence puis y renoncer tout à fait. Nous attendions un deuxième enfant qui est né en 1943 : Jean-Pierre.

Certains soirs, au gré des crises d'autorité de l'occupant, le couvre-feu commençait dès la nuit tombée. Dans ces cas-là, pas de cinéma, pas de restaurant, pas de théâtre. Nous nous retrouvions coincés loin de chez nous, dans le centre de Paris. Impossible de sortir sans se faire arrêter ou même se faire tirer dessus. Si un officier avait été abattu par la résistance, les Allemands cherchaient des otages pour exercer des représailles. Marcel Herrand nous offrait alors une généreuse hospitalité aux Mathurins. Dans son théâtre nous passions la nuit à bavarder, à boire et à rire. On a un peu oublié Marcel Herrand. C'était un homme exceptionnel auquel je voudrais rendre hommage. Fils de pompier, il avait l'air d'un prince. Dans le milieu théâtral, sa position était assez marginale. Au moment où j'ai fait sa connaissance, il dirigeait avec Jean Marchat, la Compagnie du Rideau Gris et s'apprêtait à être le merveilleux et inquiétant Lacenaire des *Enfants du Paradis* de Marcel Carné. Marcel Herrand était un homme d'une quarantaine d'années, assez mondain, et d'une parfaite élégance. Familier de Marie-Laure de Noailles, il était un des fleurons de sa cour d'artistes. Très beau, il préférait les garçons ; quelques femmes jouèrent cependant un grand rôle dans sa vie.

Il était ainsi très attiré par Arletty : grand amateur de mascarades, il lui avait envoyé une missive assez extravagante qu'il m'a montrée. La lettre était signée d'un « artiste qui aimerait bien vous tenir au bout de son pinceau ». Ce n'était pas d'une extrême finesse, mais Arletty a ri tout de même ; et, au bout de deux jours, elle connaissait l'auteur de cette déclaration enflammée...

S'il se défendait bien dans le faux en écriture, Herrand avait aussi un don certain pour les blagues téléphoniques. Durant les longues nuits où les circonstances nous enfermaient dans son théâtre, nous nous en donnions à cœur joie. Un soir, sa victime fut Henri Jeanson, qui sortait tout juste de prison. Au début de l'Occupation, ce chroniqueur avait accepté quelques responsabilités dans un journal, avant de s'apercevoir que cet organe se compromettait jusqu'au cou dans la collaboration. Courageusement, Jeanson avait alors quitté son poste avec pertes et fracas, ce qui devait attirer sur sa tête quelques haines solides. Il avait été emprisonné au Cherche-Midi, pour quatre bons mois.

Marion, l'épouse d'Henri Jeanson, était une comédienne et une femme charmante. Elle avait un défaut véniel, mais bien connu des moins charitables de ses collègues : elle était d'une rafraîchissante naïveté. Une nuit, à une heure indue, l'appel de Marcel Herrand la tira du lit :

— Marion, Henri est là ?

— Oui, mais il dort.

— Réveille-le. Ça recommence.

— Quoi, ça recommence ? dit-elle, paniquée...

— L'exode.

— L'exode ?

— Oui, oui. On est tous là avec François, Michel Auclair et toute la bande. On part demain à l'aube. On a un gazogène jusqu'à Saint-Quentin, et là-bas un ami de François nous passe des vélos.

— Ah bon, des vélos, c'est bien... Mais pourquoi Saint-Quentin ?

— Mais oui, tu n'es pas au courant ? Ce coup-ci, c'est l'exode à l'envers. On part tous vers le Nord...

Il y eut un très long silence, pendant lequel nous supposions qu'elle était allée réveiller Henri pour lui répéter la conversation. Pendus à l'écouteur, nous avions du mal à contenir notre hilarité. Puis nous avons entendu une manière de remue-ménage. Sans même savoir qui était à l'autre bout du fil, Jeanson a rugi dans l'appareil : « Bande de salauds, elle est en train de vider l'armoire ! »

Nous pouvions quelquefois être assez cruels : Michel Auclair avait un grand don d'imitation. Je l'ai vu téléphoner longuement à un acteur homosexuel en contrefaisant la voix du petit ami qui venait de le plaquer... Bernard Blier était plus difficile à coincer. Nous avons en vain essayé de lui faire croire que l'on allait livrer chez lui deux tonnes de sciure de bois. Sa réaction a été immédiate : « Vous direz juste à M. Périer que c'est un con. » Et il a raccroché.

Dans la journée, je courais les studios de cinéma où l'activité avait aussi repris, non sans difficulté. Mais là encore, la demande du public était très forte. D'autant plus forte que la production anglo-saxonne était proscrite, tout comme les films tournés à l'époque du Front populaire et les œuvres où apparaissaient des comédiens juifs, tel Marcel Dalio. On a d'ailleurs vu des producteurs aux abois faire retourner les scènes de cet acteur par un cabot de seconde zone dont le seul talent était d'être « aryen » ; ainsi pouvaient-ils sortir leur film et rentrer dans leurs frais...

En 1942, j'ai retrouvé Julien Carette sur le plateau de *Lettres d'amour* de Claude Autant-Lara. Il était devenu alcoolique, malgré la surveillance appliquée d'une épouse qui le suivait partout pour l'empêcher de boire. Le vice donne de l'ingéniosité : Carette s'était donc trouvé des complices qui cachaient pour lui des bouteilles de pastis de contrebande dans les toilettes des studios. Toutes les deux heures, il allait faire le plein. Sa sourcilleuse compagne finit tout de même par découvrir le pot aux roses. « Et ça, c'est pour Bonhomme, hein ! C'est pour Bonhomme, ça ! », mugissait-elle en brandissant la bouteille entamée sur laquelle elle était malencontreusement tombée. « Bonhomme » ne s'est pas démonté : « Tais-toi donc, ne fais pas de pétard, c'est pour Autant-Lara. Il ne faut pas que le producteur sache qu'il picole... » Carette a eu une fin atroce. Paralysé par l'alcool, il végétait dans un fauteuil roulant que poussait sa femme. Elle allumait les cigarettes que « Bonhomme » grillait encore, une après l'autre. Un mégot a mis le feu à ses vêtements. Il est mort brûlé vif.

Sous l'Occupation, il avait encore tous ses esprits. Le soir, il allait participer à une de ces revues de chansonniers dont le public était alors friand. On pouvait y glisser des allusions à l'Occupation, dont la subtilité échappait parfois à la censure. Ainsi, Jacques Grello chantait-il une innocente et bucolique chanson qui déchaînait l'hilarité du public : « C'est le printemps à Paris... Tout est vert ! » Avec son personnage d'Ademaï, Noël-Noël allait encore plus loin. Ademaï avait reçu une caisse de « musique légère » sur la tête, et le choc l'avait rendu amnésique. Après l'exode, il se retrouvait dans une cave, sous les bombardements, avec plusieurs officiers allemands, qu'il prenait pour des soldats polonais. On nageait dans le burlesque... J'ai oublié la trame de la revue dont Carette était un des protagonistes : il interprétait le témoin d'un procès, dans un dialogue qui devait donner à peu près ceci :

— Mais il y a un autre témoin, monsieur le président. Un abbé...

— L'abbé comment ?

Et là, chaque soir, Carette faisait un de ses jeux de mots de potaches que nous connaissions tous : « L'abbé Canne, l'abbé Tise, l'abbé Rézina », etc. Au grand désespoir de l'auteur, qui tenait beaucoup à son texte. Et chaque matin, en arrivant au studio, j'attendais avec impatience le récit de cette facétie toujours recommencée. Au bout de deux semaines, j'avais très envie de voir ce gag en direct. A l'annonce de ma venue, Carette s'est fait solennel : « Ah ! Si tu viens voir le spectacle, j'ai un calembour de réserve qui devrait te plaire... » Le jour convenu, je suis donc dans la salle, impatient de connaître la surprise que m'a réservée mon talentueux aîné. Je vois arriver la scène de la confrontation. L'auteur, qui était également comédien, avait l'air inquiet : « Qu'est-ce qu'il va encore m'inventer », semblait dire ce personnage. Le dialogue arrive : « Il y a aussi un abbé, monsieur le président » « L'abbé comment ? » Carette a laissé passer un instant et a lâché le plus bel à-peu-près que je connaisse... « L'abbé BICI. » A cette évocation inattendue des ondes anglaises, un frisson a parcouru l'assistance. Puis ce fut un tonnerre d'applaudissements. Seul l'auteur est devenu blême, craignant qu'on ne lui attribuât la paternité de l'audace. On ne plaisantait pas avec les mots à cette époque : au cinéma, les actualités étaient projetées dans des salles semi-éclairées afin que des perturbateurs ne profitent pas de l'obscurité pour faire de désobligeants commentaires. Alors, sous les projecteurs et devant cinq cents personnes...

J'ai fini par rencontrer l'idole de mes quinze ans. Là, aucune déception possible : Jules Berry cultivait le même personnage distingué et grandiloquent, à la scène comme à la ville. Il traversait la vie en trombe, tout en affectant un air nonchalant : en vérité, il ne pouvait s'accorder aucun répit, dans sa course à la recherche de lui-même. Pour se perdre, il avait trouvé le grisant vertige des casinos. Toujours en avance d'un cachet dans ses bancos, il jetait sur les tapis verts les sommes qu'il n'avait pas encore gagnées, ce qui l'obligeait à tourner n'importe quel film. Il ne tenait de toute façon qu'un rôle : le sien. Je l'ai connu en 1942, sur le tournage d'un film assez extravagant, *Le Camion blanc*, qui avait pour cadre l'univers gitan. Après sa mort, le roi des gitans devait refaire dans son cercueil tous les voyages de sa vie, afin que son principal héritier puisse à son tour être sacré « roi ». On mettait donc la roulotte du monarque défunt dans un camion blanc et en route pour le grand périple initiatique ! Jules Berry interprétait un homme d'affaires véreux qui commanditait l'opération. Je conduisais le camion, en alternance avec Jean Parédès, et la veuve avait les traits de la caricaturale Marguerite Moreno. Bref, cette étude des mœurs gitanes n'était pas marquée du sceau du naturalisme. Acide avec les femmes, autoritaire avec les hommes, Marguerite Moreno était presque aussi impressionnante que Jouvet. Elle avait connu Sarah Bernhardt, et lui avait posé la rituelle question du trac : « Si j'ai le trac...

On verra bien si vous ne l'aurez pas, le jour où vous aurez du talent. » Jules Berry avait le trac comme tout le monde. Mais il était surtout connu pour son irrespect du texte, qui faisait le cauchemar des auteurs. Les uns prétendaient qu'il ne prenait pas toujours le temps de lire sa brochure, les autres que de véritables « trous » l'obligeaient à réinventer son texte. Je crois surtout qu'il possédait une capacité d'improvisation peu commune.

Il ne pouvait s'empêcher de mêler à l'interprétation de son rôle des traits, des mimiques ou des phrases entières de son cru. Jules Berry est le type même de ce que j'appelle l'« acteur », par opposition au « comédien ». Je tiens cette distinction de mon maître de conservatoire, André Brunot : le comédien disparaît derrière le rôle, alors que l'acteur laisse toujours transparaître sa personnalité. Toutes les grandes stars sont des acteurs et non des comédiens : quand Gabin interprète un personnage, impossible de perdre de vue l'homme derrière Maigret ou Jean Valjean... Jules Berry était de cette race-là. S'il lui arrivait de broder sur son texte, c'est qu'il n'était pas dupe de la médiocrité des rôles que sa vie effrénée l'obligeait à accepter.

Un jour, il m'offrit un fantastique « coup de théâtre », un de ces moments où cette expression trouve son application la plus littérale. Nous avions déjà tourné ensemble, et je le connaissais assez bien. J'avais appris qu'il terminait la saison du théâtre Marigny, dans une pièce d'Alfred Savoir, un de ses auteurs de prédilection. Le titre, *Banco*, lui allait évidemment comme un gant. J'ignore ce qui me poussa à passer le saluer avant la représentation. Je m'imaginais peut-être qu'il ferait un peu plus attention à son jeu en me sachant là : il savait que je l'aimais bien.

Son accueil fut plutôt bourru :

— Qu'est-ce que tu fous là ?

— Je viens vous voir, bien sûr...

— Écoute, tu ne vas pas voir ça, c'est une fin de tournée.

J'ai signé ce contrat parce que j'ai besoin d'argent. Je t'en prie, ne me fais pas ça.

— J'aime vous voir en scène et je n'ai pas souvent l'occasion de vous applaudir. Je reste.

— Tu la connais, la pièce ?

— Si je la connais ! J'ai joué dedans, lors d'une tournée minable.

— Mais qu'est-ce que tu as joué ?

— Dalou, le petit rôle du premier acte. Je débutais et j'étais bien content d'avoir trouvé ça...

J'allai m'installer dans la salle, laissant Berry passer son inévitable tenue de soirée. Enfin, ce sont les trois coups.

Le rideau se lève. Berry joue aux cartes. Il improvise, c'est évident, même pour quelqu'un qui ne connaît pas le texte aussi bien que moi. On sent qu'il change les répliques selon la carte qu'il retourne. Il est éblouissant. Arrive la scène de Dalou, celle que j'avais jouée dans ma jeunesse. On frappe. Au lieu de crier « Entrez ! », il va ouvrir. On découvre un Dalou effaré : ce n'était pas prévu dans la brochure. Après quelques secondes d'hésitation, le comédien entre tout de même. Alors Berry se lance et lui dit : « Qu'est-ce que tu viens faire ici ? » Pour Dalou, c'est le second coup de Trafalgar de la soirée. Il écarquille les yeux, ouvre la bouche. Berry le coupe : « Je vais te le dire, moi, ce que tu viens faire, tu viens uniquement pour me dire [...] » et, devant l'acteur médusé, il dit la réplique à sa place ; puis il continue : « ... Et moi, je vais te répondre [...] » — Berry dit sa propre réplique — « Alors tu vas me dire [...] et je vais te répondre... » Il ne lui laisse pas placer un mot.

Il a joué toute la scène à lui seul, en faisant hurler de rire le public. Quant au camarade, il était blême de rage : se faire souffler son rôle est vraiment la frustration la plus insupportable qui puisse exister pour un acteur. Berry « achève » la scène, prend par l'épaule le comédien écœuré, et le conduit vers la sortie. Il referme la porte, se tourne vers moi, assis dans la salle, et fait d'une voix forte : « T'appelle ça un rôle, toi ? » Puis il enchaîne. Je ne crois pas avoir souvent vu un tel numéro de virtuosité. Je le retrouvai après la représentation. Il était enchanté de son tour : « Tu m'as dit que tu avais joué Dalou, ça m'a amusé de te montrer à quel point c'était nul, car tu l'avais sans doute oublié. Et puis on dit que je n'ai pas de mémoire. Tu vois, c'est faux. Je savais même le texte de ce pauvre Dalou. »

Depuis cette soirée, je n'ai plus accordé aucun crédit aux rumeurs qui couraient sur ses « oublis ». Quand Jules Berry escamotait une réplique, c'était sa volonté. On continua pourtant de prétendre qu'il ne savait pas retenir un texte. Et à son enterrement, Yves Mirande a pu faire un dernier mot sur le sujet : « Pauvre Jules... On va enfin pouvoir honorer sa mémoire... »

Jules Berry avait aussi une énergie extraordinaire. Son planning était époustouflant. Nous tournions *Le Camion blanc* de nuit sur la Côte d'Azur. Au petit matin, aux studios niçois de La Victorine, il enchaînait *Les Visiteurs du soir*. Il ne dormait que deux heures pour être à l'heure sur le plateau de Marcel Carné. Et le soir, il prenait tout juste le temps de se changer avant d'aller au casino où on l'attendait à bras ouverts. Non seulement il perdait chaque soir des sommes importantes, mais sa présence animait les parties. Dès qu'il était à une table, cela jouait plus fort. Je revois ses longues mains qui faisaient voler les cartes en d'imprudents bancos... Puis il retrouvait l'équipe du *Camion blanc* pour une nouvelle nuit sans sommeil. Dans *Les Visiteurs du soir*, il incarnait le diable. Ce fut son meilleur rôle car il y avait vraiment du Méphisto dans cet homme du monde avantageux et désespéré. Il avait aussi été Dieu dans une pièce d'Alfred Savoir. Comme je lui demandais quel effet cela pouvait faire d'alterner des personnages aussi opposés, il m'a répondu : « Oh, tu sais... C'est le même rôle... ! »

Dans ma vie, il y a eu trois « millièmes ». Entendez par là que j'ai joué trois pièces plus de mille fois. La première s'appelait *Les J3* et, avec elle, j'ai traversé l'Occupation, la Libération. Ce n'était pas une œuvre inoubliable, mais elle a pourtant marqué les hommes et les femmes de ma génération, ceux qui, comme moi, avaient eu vingt ans autour de 1940. Ils m'en parlent encore. Mille représentations, cela fait beaucoup : sept cent mille spectateurs. Trois ou quatre années, à répéter le même texte, en sachant très bien à quel endroit précis la houle du rire va envahir la salle. Il y a des soirs où, malgré l'effet de routine, on retrouve le goût du théâtre. D'autres, où l'on en a rigoureusement assez : ces jours-là, on s'écoute et on se regarde jouer, comme s'il s'agissait d'un autre. Inutile de dire que ces représentations où l'on met le pilotage automatique ne sont pas les meilleures. Le jeu s'érode, on n'est plus à son rôle. Ainsi la neuf cent cinquantième paraît-elle infiniment plus difficile à assurer qu'une deuxième ou une vingtième : à ce moment-là, tout n'est pas rodé et la pièce, au contact du public, réserve encore quelques surprises. Après trois ans, il ne reste qu'une infinie lassitude, même s'il est plus facile de « tenir » une comédie qu'une pièce sérieuse.

Dans *Les J3*, j'avais un motif de satisfaction qui m'a permis de résister un peu plus longtemps aux sirènes de l'ennui. Pour la première fois, j'étais tête d'affiche. En quelques années, j'étais passé du bas des placards à leur sommet, et je dois avouer que je tirais quelque fierté de cette rapide ascension. Il est toujours agréable, quand on passe devant un théâtre ou une colonne Morris, de pouvoir lire son nom de loin sans être obligé de traverser la rue pour le déchiffrer. C'est reposant pour les yeux et salutaire pour l'amour-propre. Évidemment, je peux dire quarante ans après que ces questions de préséance ne me font plus ni chaud ni froid : je serais peut-être moins détaché si j'avais eu à descendre de mon piédestal. C'est une épreuve que je n'ai pas eu à subir : depuis *Les J3*, j'ai toujours eu ma place « en haut »... Le rôle m'avait été proposé par l'indispensable et efficace Willemetz. Écrite par Roger Ferdinand, la pièce s'appelait au départ *Mademoiselle Amour*. L'intrigue était plutôt sommaire mais l'idée de départ excellente : dans cette époque de « démerde » et de marché noir que nous vivions tous, des jeunes adolescents entraient à leur tour dans la danse. Ils commençaient par se procurer des cigarettes et engageaient des tractations avec leurs pères pour les écouler. Ainsi, les spectateurs retrouvaient à travers une classe de lycée les combines grâce auxquelles ils réussissaient à survivre : le décalage était assez irrésistible. Je jouais le meneur, un combinard assez malfaisant qui ne trouvait sa rédemption qu'en tombant amoureux de sa maîtresse d'école. Entré en scène avec une âme de gangster, j'en ressortais deux heures plus tard drapé dans les linges blancs de la droiture et de l'honnêteté...

Cela n'allait pas chercher très loin, on en conviendra. Le texte de Ferdinand était amusant, les personnages d'adolescents bien croqués mais la pièce n'avait rien d'une étude sociologique sur la jeunesse de l'Occupation. Le public en a redemandé, heureux de cette manière légère de montrer une vie quotidienne qui n'était pas toujours aussi gaie. Pour ma part, j'en ai gardé le plaisir d'avoir donné la réplique à Jacqueline Porel, ma femme. Moins juvénile que moi — à vingt-cinq ans, je pouvais passer pour un gamin qui n'en avait que seize — elle incarnait cette institutrice miracle qui me ramenait dans le droit chemin. C'était un paradoxe à un moment, où, de toute évidence, elle prenait la tangente. Moi, j'étais toujours épris, mais à la ville il n'y avait plus de happy-end pour achever nos scènes, de plus en plus fréquentes. Nous avons peut-être connu nos derniers instants de bonheur par la procuration du théâtre, grâce aux *J3*.

Ce titre a été trouvé par Willemetz, qui n'aimait pas *Mademoiselle Amour*: au spectateur qui entrait dans la salle, on avait déjà vendu la mèche. Et les *J3*, à l'époque, tout le monde connaissait. Le terme désignait une classe d'âge sur les cartes de rationnement. Les vieillards de plus de soixante-dix ans recevaient des cartes marquées d'un *V*, les adultes d'un *A*. Les bambins étaient *J1*, les enfants jusqu'à treize ans *J2*. Les jeunes, de treize à vingt et un ans, étaient *J3*. A ces codes correspondaient des régimes alimentaires plus ou moins adaptés.

C'était un excellent titre puisqu'il est passé dans le langage courant pour désigner les adolescents. Après la guerre, alors que les cartes de rationnement étaient remisées depuis longtemps au magasin des accessoires, les journaux continuaient à titrer sur les *J3* : le sommet fut atteint avec le procès d'une équipe de blousons dorés qui s'était livrée aux délices de l'assassinat. Durant des semaines, le procès des *J3* a fait la manchette des journaux.

Nous avons commencé les représentations en 1943, aux Bouffes-Parisiens, alors qu'il fallait se dépêcher pour attraper le dernier métro. Puis vint le temps des alertes. De plus en plus souvent, le hurlement des sirènes nous coupait en plein milieu d'une scène ou d'un monologue. Sans panique, le public se levait alors en bon ordre, et gagnait en courant les abris : en ces moments troublés, on achetait à la fois sa place à l'orchestre, et à la cave. Le théâtre devait donc prévoir un refuge pour chaque spectateur. On se répartissait dans les caves du quartier, l'ouvreuse guidant consciencieusement vers l'abri ceux qu'elle venait d'installer dans leur fauteuil.

Tout allait très vite. L'alerte finie, on ressortait en vitesse pour rejoindre son siège et suivre la fin du spectacle. En général, ces entractes forcés duraient entre vingt minutes et une demi-heure. Les acteurs, maquillés et en costume, avaient aussi leur place à la cave, au milieu de leur public.

Au Conservatoire, nos professeurs nous avaient mis en garde contre tout rapprochement intempestif. Il ne fallait pas abolir, nous disait-on, la distance qui sied aux acteurs de théâtre, sous peine de briser la magie... Dans l'atmosphère électrique de ces alertes, il était tout de même difficile de rester ainsi sur son quant-à-soi. Nous blaguions avec les spectateurs sur la pièce ou les difficultés de l'heure. Ou nous leur racontions des histoires, apportant une note plutôt music-hall à ces intermèdes de sécurité civile. Parfois, dans la suite du spectacle, nous improvisions une allusion à notre petit numéro de la cave. Un quart de la salle éclatait de rire, sous l'œil étonné du reste du public : ceux qui étaient descendus dans un autre abri et qui se demandaient ce qu'il pouvait bien y avoir de si drôle.

A la sirène de fin d'alerte, nous remontions sur scène en courant, sans même prendre le temps de souffler, puis nous enchaînions la pièce, pas toujours à l'endroit où nous l'avions laissée. Couvre-feu oblige, nous devions nous organiser afin de ne pas dépasser la durée prévue pour le spectacle. Nous avions fini par inventer une pièce à géométrie variable, en ménageant dans le texte des coupures adaptées, réparties dans les trois actes. Sur la fin de l'Occupation, les raids aériens des Alliés s'intensifiant, nous avions des versions pour une alerte, pour deux alertes... Au-delà, c'était un vrai massacre : trois alertes d'une demi-heure chacune, sur une pièce de deux heures et demie, il ne restait plus qu'une heure en scène.

Dans ces cas-là, je m'improvisais récitant : seul en scène,

je résumais un acte entier en deux minutes, avant d'attaquer le suivant. Le public était très compréhensif : je n'ai jamais entendu quiconque élever la moindre protestation.

A mesure que la Libération approchait, les conditions dans lesquelles nous jouions se firent de plus en plus insensées. Les coupures de courant devinrent fréquentes : on se retrouvait dans le noir. Bientôt il fallut se passer d'électricité. Nous ne donnions plus que des matinées. Notre théâtre avait le privilège, bien rare dans Paris, de pouvoir bénéficier de la lumière du jour : les verrières du plafond avaient été soigneusement nettoyées pour que le soleil pénétrât sur scène. Afin de compléter cette lumière naturelle, nous étions pourvus de quelques petits projecteurs, alimentés par une batterie de dynamos : de solides gaillards pédalaient en cadence dans les coulisses. On multipliait aussi les bougies et les lampes à huile. Et, quoi qu'il arrivât, coupure ou alerte, on jouait, devant une salle pleine.

Au bord de l'insurrection, *Les J3* faisaient encore recette. Il a fallu que les chars de Leclerc entrent dans Paris pour que les représentations cessent pendant deux ou trois jours. Cette fois, on ne se battait plus au guichet, mais dans la rue.

Le premier blindé allié que j'ai vu n'appartenait pas à la 2e DB, il portait les couleurs américaines et traversait la place de l'Opéra, proche des Bouffes-Parisiens. En cinquante ans de théâtre, je n'ai jamais vu un tel triomphe : les badauds étaient heureux jusqu'à la folie. Certains en sont morts. Le char a filé vers la Kommandantur, par la rue de la Paix. Un obus a été tiré, puis un drapeau blanc est apparu. Le public était encore nombreux malgré la mitraille : on a applaudi. Les quelques fantassins qui suivaient se chargèrent de la reddition des Allemands postés là. Des Américains, et aussi des soldats de la Division Leclerc qui les accompagnaient, demandèrent de l'aide aux passants pour assurer la protection des prisonniers, comme le prescrivaient la loi et l'honneur de la guerre. Les Allemands avançaient, mains sur la tête. Au moment où ils passaient, une femme s'approcha et cracha au visage de l'un d'eux. Un soldat français, qui avait failli être touché par cette patriote de la 25e heure, lui braqua sa mitraillette sur le ventre en lui disant calmement : « C'est hier qu'il fallait faire ça ! » Venus du cœur de l'Afrique pour libérer Paris, les garçons de Leclerc auraient préféré davantage de dignité. On les comprend.

Le lendemain fut assez inoubliable. Noyé dans la foule de ces Parisiens qui se découvraient — tardivement — une fibre gaulliste, le Général a descendu les Champs-Élysées. Nous étions installés à un balcon de la rue de Rivoli, chez la productrice Denise Tual, ce qui nous permettait de suivre en même temps l'événement à la radio, décrit en direct par Pierre Crenesse.

L'homme du 18 Juin marchait à grandes enjambées, en saluant mécaniquement mais avec un sourire de triomphe qu'on ne lui a peut-être jamais revu. Il était précédé de quelques blindés, d'un groupe de soldats, de plusieurs motards et d'un huisser à chaîne. Derrière, il y avait le peuple de Paris. Délirante kermesse... Les filles s'agglutinaient autour des soldats pour tenter de les embrasser. Sur les toits, quelques soldats perdus de la milice jouaient les trouble-fête. Que pouvaient-ils à dix contre un million ? Place de la Concorde, de Gaulle est monté en voiture, au milieu d'une marée humaine. Et il est passé sous les fenêtres où nous pavoisions, en route vers Notre-Dame. Là, nous avons touché au sublime grâce à la radio. Dans la cathédrale bondée mais obscure, les cloches sonnaient à toute volée, quand — épisode célèbre — des coups de feu claquèrent. Tout le monde s'est couché, même le cardinal : seul de Gaulle est resté debout. Cet immense acteur n'avait pas peur de mourir en scène... Avec son accent des faubourgs, Carette me disait toujours : « Oh, de Gaulle, il laisse toujours ses phrases en l'air, alors un jour ou l'autre, elles lui retomberont sur la gueule. » Le jugement était juste : le Général ne savait pas poser sa voix. Mais précisément, cette inimitable façon qu'il avait de dire « La Franceee... », son sens puissant du rythme et de la phrase le rendaient incomparable. A Notre-Dame, il nous a éblouis : « Paris ! / Paris outragé ! / Paris brisé ! / Paris martyrisé ! / Mais Paris libéré ! » C'était génial. Dans sa bouche, la répétition devenait poétique, incantatoire, et bouleversante. D'une grandiloquence qui aurait pu le handicaper, de Gaulle avait su faire un atout. Comme Jouvet.

Dans notre petit monde du spectacle, la Libération fut l'occasion d'un peu de prison et de beaucoup de bons mots. Arletty répondait à ceux qui s'inquiétaient de sa santé : « Je ne me sens pas très résistante » et, comme on l'interrogeait sur ses amitiés germaniques, Cécile Sorel rétorquait le célèbre : « Il ne fallait pas les laisser entrer. » Sacha Guitry ne pouvait évidemment pas être en reste. Alors qu'on le traînait dans la salle des mariages d'une mairie d'arrondissement pour un nouvel interrogatoire, il s'exclama : « Cette fois, va-t-on me marier de force ? », réplique assez cocasse dans la bouche d'un homme dont la principale activité, en dehors du théâtre, était le voyage de noces. Ses relations mondaines avec les Allemands n'ont jamais paru indignes au très snob Sacha Guitry : ne lui avaient-elles pas permis de sauver Tristan Bernard ? Il s'est davantage offusqué des excès de l'épuration : les comptes qu'il a dû rendre l'ont marqué jusqu'à sa mort. Je ne le jugerai pas car il était ailleurs... Si je n'ai pas partagé les malheurs de ces camarades mis à l'index, je n'ai pas non plus été très à la fête en ces temps-là. Alors que la France sortait des années noires, j'avais plutôt tendance à y entrer. Après sept ans d'une passion chaotique, j'étais abandonné par Jacqueline. Elle a commencé par quitter notre maison de Neuilly en emportant ses meubles, mais c'est le soir où elle n'est pas montée sur la scène des Bouffes-Parisiens que j'ai vraiment compris. Sa doublure dans *Les J3* la remplaçait. Dans ces cas-là, le théâtre offre des commodités que l'on ne trouve pas dans la vie. Elle me laissait avec trois enfants dont Anne-Marie, qui venait de naître, neuf mois après les folles journées de la Libération de Paris. Ma mère, heureusement, était là...

Je n'ai aucun regret de notre échec même s'il m'a fait beaucoup souffrir. Et je n'ai aucune animosité à l'égard de Jacqueline qui a dû ensuite, face à la vie, faire preuve d'autant de courage qu'elle avait pu montrer de légèreté dans notre couple. Le destin ne l'a guère épargnée. Deux de ses enfants sont morts de la drogue : notre fils cadet, Jean-Pierre, et Marc, son dernier garçon. Après ces terribles épreuves, elle a voulu témoigner pour éviter de tels drames à d'autres parents. Je me souviens de son appel ; il était très émouvant. Je suis d'autant moins enclin à en vouloir à Jacqueline que la vraie bêtise, nous l'avons faite tous les deux, croyant que deux comédiens peuvent construire leur vie ensemble. Rien n'est plus faux, car le théâtre empoisonne alors l'existence. Il y a rivalité. On vit mal les succès de l'autre. Les triomphes font de l'ombre, et les demi-succès alimentent les polémiques. Les scènes de ménage deviennent de mauvais morceaux d'anthologie. Cela ne m'a pas empêché de refaire le même parcours quelques années plus tard avec Marie Daems. Nous partagions tout, y compris l'affiche de la Michodière, pour *Le Ciel de lit.* Avec le temps, il commençait à être chargé de nuages... Dans cette pièce, il y avait une engueulade de couple très réussie. Nous nous sommes aperçus qu'elle avait fini par influer sur notre comportement. Arrivés au théâtre en pleine brouille, nous en repartions réconciliés, mais si nous montions sur scène très amoureux, une querelle suivait inévitablement la chute du rideau.

J'étais donc fort malheureux, dans la maison désertée de Neuilly. Un soir, Jouvet vint dîner. Au restaurant, avec lui, il était impossible de régler l'addition. Si on se gendarmait, il ne cédait pas, mais promettait : « Un de ces jours, j'irai dîner chez toi. » Je m'étais arrangé pour le forcer à tenir sa promesse. En entrant, il a regardé autour de lui, ce décor désertique et peu conventionnel, et m'a jeté : « Eh bien, de quoi tu te plains, t'as de la place ! »

Jouvet n'était pas seulement le personnage austère qu'il s'appliquait à montrer : sous la carapace, l'homme avait vécu des passions dont les traces étaient parfois visibles. Quoique très attaché à sa famille — une discrète Mme Jouvet lui avait donné deux filles et un fils — il était coutumier des coups de foudre. Il avait été très amoureux d'une danseuse, Lisa Duncan, la sœur d'Isadora. La seule vue d'un tutu rouvrait en son cœur cette vieille blessure. Quand nous avons tourné *Un revenant* en 1946, j'ai pu m'en apercevoir : Jouvet jouait un maître de ballet ! Je trouvais ravissant ces tableaux à la Degas que le plateau nous offrait chaque jour. Lui beaucoup moins. « C'est joli, m'a-t-il concédé, mais de loin... »

En dehors de cet aveu, je ne l'ai guère entendu me faire de confidences. Ce n'était pas son style. Je savais tout de même qu'au cours de son périple sud-américain de la guerre il avait eu une vie sentimentale agitée. En quelques mois, il s'était épris de Madeleine Ozeray, puis de Monique Mélinand, qui devait rester sa compagne jusqu'à sa mort. Madeleine l'avait quitté pour un barbu dont la postérité n'a pas retenu le nom ; mais pour Jouvet qui en avait beaucoup souffert, c'était « le temps de son barbu ».

Après le dîner, nous sommes demeurés longtemps à parler dans le salon vide, qui ouvrait sur un petit jardin. De théâtre, pas de nos infortunes de cœur. Fatiguée, Monique Mélinand, qui l'accompagnait, finit par aller se coucher. Jouvet resta. Tout à coup, il m'a dit : « Quelle heure est-il ? Mais, dis donc, il doit faire jour. » Il a ouvert les volets. Effectivement, c'était l'aube, il devait être six heures du matin. Il m'a montré le jardin. « Tu vois, là, il y a des arbres. C'est ce qu'il faut que tu te dises. Quand les bonnes femmes nous accaparent complètement, de temps en temps, il faut ouvrir la fenêtre et se dire : “Mais enfin, il y a les arbres”... »

Ironie du sort, c’est à cette époque que Marcel L’Herbier m’a engagé dans un film intitulé : *Au petit bonheur*. Ce n’était pas son meilleur film, tant s’en faut, mais il était illuminé par la présence de Danielle Darrieux, une autre grande passionnée. Son petit bonheur, elle le vivait alors très intensément avec le célèbre play-boy Porfirio Rubirosa, dont le charme sportif n’avait d’égal que la munificence. Elle en était folle amoureuse. Un soir, pour me distraire d’un chagrin que je ne songeais même pas à cacher, ils sont venus dîner à Neuilly. Rubirosa est arrivé avec un orchestre de jazz comme on apporte deux bouteilles de vin ou un bouquet de fleurs... Il transportait ainsi la fête avec lui.

Un revenant de Christian-Jaque m’a plongé dans une tout autre ambiance, plus en accord avec ma morosité du moment. Nous tournions à Lyon l’adaptation d’un fait divers authentique qui s’y était déroulé des années plus tôt : une figure de la grande bourgeoisie lyonnaise avait fait tuer son jeune amant, en apprenant qu’il avait aussi couché avec sa fille. Le film remuait des cendres que l’on aurait préféré voir emporter au vent de l’oubli. Le tournage s’effectua dans une atmosphère lourde et la première, qui devait avoir lieu à Lyon, fut annulée sous la pression discrète des potentats locaux. Tant pis pour les « mutilés de la face » qui devaient recevoir les bénéfices de ce gala ! Heureusement, Jouvet s’est montré exquis et Gaby Morlay, comme à son habitude, d’une gaieté que rien ne pouvait entamer. Elle entretenait cette bonne humeur au champagne, à toute heure du jour, mais n’était pas de ceux qui boivent en secret. Sa loge était toujours en fête, et je m’y retrouvais souvent pour soigner mon persistant cafard. Gaby riait tout le temps, ce qui ne l’empêchait pas, trente secondes plus tard, de pleurer sur commande dans une scène de désespoir. Elle n’avait besoin d’aucune préparation pour passer du sourire aux larmes, au point que les journalistes avaient fini par le lui reprocher. dans notre métier, trop de facilité peut nuire.

Cette même année 1946, j'ai aussi été un des interprètes du *Silence est d'or* de René Clair, dont la vedette était Maurice Chevalier. Encore un flm que j'ai traversé un peu comme un zombie, tout transi par mes états d'âme. Chevalier n'était pas de ces stars qui terrorisent tout un plateau avec leurs caprices ou leurs coups de gueule. Cette vedette mondiale faisait même preuve d'une véritable humilité : il savait que ses talents de comédien n'étaient pas à la hauteur de son génie pour le music-hall. Attentif, discret et appliqué, il travaillait donc chaque scène avec une ferveur de débutant. C'était un vrai pro qui savait aussi négocier au mieux tous ses contrats. Il me racontait qu'à l'époque de sa gloire américaine on lui avait proposé de chanter au Salon de l'Auto, à San Francisco. Intéressé, Maurice se renseigne et apprend que l'année précédente le grand orchestre de Paul Whiteman avait obtenu un certain cachet. Il décide de réclamer le même. Les Américains sont interloqués car la somme est plus que confortable. « C'est ce qu'a obtenu Whiteman », fait remarquer Chevalier. « Sans doute, mais il a vingt-cinq musiciens. » Et Momo a répondu : « Oh, mais ne vous inquiétez pas, je viendrai avec mon chapeau de paille. » Ses rapports avec l'argent étaient l'objet de tous les ragots. On le disait fort pingre. Un jour que je lui proposais de partager le prix d'un taxi, comme nous étions rentrés ensemble des studios de Joinville, il a pris la mouche : « Toujours ces histoires sur ma radinerie... Écoute, c'est vrai, j'ai peur de manquer. J'ai cette angoisse que tout d'un coup ce succès un peu miraculeux ne s'arrête. Je crois que c'est pareil pour tous les pauvres qui ont réussi comme moi. La fortune, on n'y croit jamais vraiment ! »

Je dois cependant dire que ce jour-là, il a payé l'intégralité de la course...

Et puis, le temps a passé et ma peine s'est atténuée. Las

de me voir afficher une mine de carême, mes amis inventaient d'ailleurs de multiples stratagèmes. Je soupçonne ainsi Marcel Herrand d'avoir donné le coup de pouce qui m'a rapproché de Marie Daems. Je ne peux que lui en savoir gré. Grâce à lui, je suis sorti du tunnel et j'ai pu téléphoner à Jouvet, quelques mois après notre conversation nocturne : « Patron, c'est François... Je viens d'ouvrir ma fenêtre... Il y a des arbres. — Ah ! Je savais bien que tu finirais par t'en apercevoir. » J'ai commencé ma vie avec ma deuxième femme par une ruse de théâtre. Pour être ensemble, nous sommes partis en tournée avec *Une jeune fille savait*, la gentille pièce d'André Haguet que j'avais jouée cinq ans plus tôt. Les tournées ne conduisent pas nécessairement dans les contrées les plus grisantes. Marie et moi n'en avions cure en ce mois de février 1947. De ville en ville, c'est sur un petit nuage que nous traversions la France.

J'allais avoir vingt-huit ans. Je pouvais déjà faire le bilan d'une assez jolie carrière. En moins de dix ans, j'étais devenu mieux qu'une vedette, un comédien confirmé. Et je continuais d'aimer mon métier par-dessus tout. J'avais eu deux pères : un pour la ville, Henri Pillu, et l'autre pour la scène, Louis Jouvet. Un troisième allait bouleverser ma vie, en lui donnant un peu plus de gravité : il se nommait Jean-Paul Sartre.

V

OÙ L'ON RÉVEILLE JEAN-PAUL SARTRE EN PLEINE NUIT POUR LUI LIRE LES MAINS SALES

Je rentrais du théâtre, un soir d'avril 1980. Mon répondeur téléphonique affichait trente-trois messages : la totalité de ce qu'il pouvait contenir. Sans écouter, j'ai compris : « Sartre est mort. » Je savais qu'il était hospitalisé depuis quelques semaines. J'ai branché la ligne. L'appareil n'a pas tardé à sonner. Guy Dumur, du *Nouvel Observateur*, m'avait déjà appelé au théâtre, où l'on ne m'avait naturellement rien dit — c'est la règle. Au bout du fil, il était aussi mal à l'aise que moi, tant il était difficile de parler de cette chose prévisible et pourtant inconcevable, la mort de Sartre. Mon interlocuteur était un professionnel : il attendait de moi une déclaration. J'en étais incapable. Le lendemain, il a bien fallu réagir. Nous avons tous parlé. Tous, même ceux qui détestaient le personnage, savaient que l'homme qui venait de mourir avait marqué toute une époque. Nous étions en 1980. Pourtant, ce soir-là, j'ai eu l'intuition que le siècle touchait à sa fin.

Il fallait encore aller à l'hôpital. Là-bas, Simone de Beauvoir était l'image même du malheur. Cette femme respectée, crainte, qui impressionnait par la maîtrise de son personnage, était ce soir-là complètement décomposée. On lisait sur ses traits le vide total que ressent quelqu'un qui voit la vie qu'il a construite pierre à pierre s'écrouler d'un coup. Même s'ils éprouvent un chagrin profond et sincère, la plupart des gens se composent un visage conforme à l'image qu'ils se croient obligés de donner d'eux-mêmes.

Elle était au-delà de ça. Elle était nue. Jusqu'à ce qu'on l'écarte pour refermer la bière, elle lui a tenu les mains, comme on prend celles d'un malade. Dans tout cela, nulle pose : elle ne voyait personne, ne sentait rien de la pression de l'extérieur. Elle ne voyait pas les photographes qui essayaient par tous les moyens de trouver un coin de fenêtre pour voler ce dernier moment où elle pouvait encore le regarder. Ce moment où lui, le mort, elle, la vivante, étaient encore face à face. Quand le cercueil fut clos, on l'emmena, perdue. Cet air d'absence ne l'avait pas quittée quand je l'ai revue, trois jours plus tard au cimetière, comme posée sur un fauteuil devant la tombe : ses jambes ne la portaient plus. Elle ne savait que faire de la rose qu'elle tenait à la main. Une photo a figé cet instant où sa sœur Hélène lui avance doucement le bras pour qu'elle jette la fleur dans le caveau.

Au cimetière du Montparnasse, derrière Simone de Beauvoir, ce samedi-là, nous étions des dizaines de milliers. Une foule désordonnée, parfois brutale. Il y eut des bousculades, de pénibles incidents : un homme projeté par la cohue glissa dans la tombe. Nous vivions une dernière marche, une manifestation comme Sartre en avait tant fait. A cet instant, j'ai senti que cet homme continuerait à vivre au-delà de la mort.

Pas seulement par son œuvre : je suis convaincu qu'il restera dans les mémoires de nos enfants pour ce qu'il représentait en tant que personne, de son vivant : toujours présent, toujours en route vers l'avenir. Une courte silhouette vendant *La Cause du peuple*, le journal gauchiste interdit, pour voir si on oserait arrêter le symbole qu'il était. « On ne met pas Voltaire en prison », aurait dit Georges Pompidou, alors président de la République. On n'oubliera pas l'homme qui devant Renault, juché sur son bidon, avait inventé cette formule célèbre : « Il ne faut pas désespérer Billancourt ! »

Ce bidon est resté dans notre mémoire collective sous la forme d'un tonneau. Je conçois que c'est idiot, mais cela m'exaspère. Je l'ai déjà dit, je suis un peu maniaque. Vraiment, un tonneau, quelle idée ! Depuis mon enfance aux « Caves du viaduc », je sais à quoi ressemble un tonneau. Et Sartre n'a jamais recommandé de ne pas « désespérer » Bercy...

A l'enterrement, j'ai vu le déferlement de cette foule hétéroclite, et le désordre de ces gens massés pour rendre hommage. Tous avaient le sentiment d'avoir perdu quelqu'un. A un moment, brusquement, peut-être parce que le boulevard s'élargissait, il y a eu un peu plus d'espace. Je me suis aperçu qu'une chaîne — pas un service d'ordre, une simple grappe de gens se tenant par la main — s'était formée autour de la voiture où se tenait Simone de Beauvoir, pour la protéger des photographes qui voulaient s'accaparer son chagrin. Dans ce groupe, il y avait deux ou trois éboueurs noirs, qui avaient gardé leurs vêtements de travail. C'était un hommage magnifique, et la preuve que Sartre avait su se faire entendre dans toute la société française. Une « conscience », avec tout ce que cette notion peut impliquer de faiblesses, d'erreurs peut-être : c'est cela que nous allions porter en terre. Puisse-t-elle ne jamais disparaître !

Quelques jours plus tard, conformément au souhait du défunt, son corps fut incinéré au Père-Lachaise. Nous n'étions que quelques-uns, dont Simone de Beauvoir, épuisée et défaite... J'ai vu partir un des employés des pompes funèbres avec l'urne sous le bras : c'était une sorte de petit cercueil un peu ridicule. Il est monté en voiture, j'ai regagné la mienne. Au cimetière Montparnasse, il n'était pas encore là. Puis j'ai vu arriver le corbillard... Personne d'autre n'est venu. Le croque-mort a déposé l'urne et je suis resté tout seul devant la tombe autour de laquelle on s'était tant bousculé quelques jours plus tôt. J'ai longuement lu et relu la sèche inscription gravée dans la pierre : Jean-Paul Sartre 1905-1980. A cet instant, j'ai vraiment réalisé que nous étions tous orphelins.

Si Jouvet a été mon maître à jouer, Jean-Paul Sartre fut mon maître à vivre. Pourtant, le jour où je l'ai vu pour la première fois, je ne savais pas à qui je parlais. Aujourd'hui, dès qu'on possède la moindre des notoriétés, qu'elle soit locale, éphémère, usurpée, notre image est partout reproduite, dans les journaux et à la télévision. A l'époque de notre rencontre, même un Sartre n'était qu'un nom.

C'était au début mars 1948, devant l'entrée des artistes des Ambassadeurs où je jouais une comédie anglo-saxonne que Henry Bernstein donnait dans son théâtre, *La Route des Indes*. J'arrivai peu de temps avant la représentation : comme bien souvent à cette période frénétique de ma vie, je tournais aussi un film dans la journée. Je jouais avec Sophie Desmarets dans *Une femme sans passé*, une comédie si légère que l'on a perdu sa trace...

Sur le trottoir, je tombai sur Lucien Brulé, l'administrateur du théâtre Antoine. Un inconnu l'accompagnait. Il était petit, il parlait vite, et un peu sèchement. Mais le ton de sa voix ne manquait pas de chaleur. Il allait droit aux choses importantes, sans fioritures. Tout à trac, il me déclara qu'il était embarrassé, et qu'on l'avait assuré que je pouvais peut-être lui être utile. Tout cela restait très vague. Il ne fit aucune allusion au manuscrit que Lucien Brulé tenait en main. Je me penchai en vain pour voir de quoi il s'agissait. Puis je renonçai, afin de porter toute mon attention sur ce mystérieux interlocuteur. Je lui trouvai un regard un peu perdu, doux, presque tendre. Je ressentis immédiatement l'envie d'être son ami, de me placer « de son côté ». Peu d'hommes ont une telle aura...

Enfin, le manuscrit changea de mains. Il m'expliqua qu'il en était l'auteur, que plusieurs comédiens avaient refusé le rôle, et qu'il serait disposé à me le proposer. Il ajouta que le texte était d'un genre assez différent de ceux que j'avais déjà abordés. Plus tard, j'appris qu'il ne m'avait jamais vu sur scène, mais qu'on lui avait parlé de moi. Je sentais instinctivement que j'avais affaire à quelqu'un de très important. J'étais pourtant incapable de savoir qui : à aucun moment il ne m'a dit son nom.

Je répondis que je devais d'abord lire la pièce, mais que depuis un certain temps déjà je souhaitais sortir des emplois dans lesquels le métier semblait vouloir me cantonner. Il me confia son texte, en me demandant quand je donnerais ma réponse. « C'est urgent », ajouta-t-il. De mon côté, il fallait que je me dépêche, sinon le rideau allait se lever sans moi. Je pris l'engagement de lire le manuscrit aussitôt la représentation finie. « Appelez-moi donc demain », conclut-il, en me donnant ses coordonnées. Avant d'être un nom, Sartre aura été pour moi un numéro de téléphone.

Dans les coulisses, j'ouvris la brochure que Brulé m'avait remise. Sur la page de garde, juste un titre : *Les Mains sales.* A cet instant, un comédien me dépassa dans l'escalier qui menait aux loges — il avait dû nous voir bavarder — et me lança : « Dis donc, je ne savais pas que tu connaissais Sartre ! »

Le rideau des Ambassadeurs devait se lever un quart d'heure plus tard. Je me réfugiai dans ma loge, dont je fermai la porte. Le fait était pour moi rarissime : j'ai toujours eu le goût des conversations de troupe, de loge à loge, avant les trois coups.

Si je fermais ma porte ce soir-là, pour ce bref instant de solitude avant l'appel en scène, ce n'était pas avec l'intention de commencer à lire cette pièce que je tenais entre les mains. Je sentais, je savais que je la jouerais de toute façon. Quel que soit le rôle. Mais je devais d'abord jouer vaille que vaille cette *Route des Indes* et ne penser qu'à cela. Faire mon métier de mon mieux et ne pas décevoir ce public, puisqu'il s'était dérangé. J'avais seulement besoin de rester un moment seul, pour prolonger l'impression de cette rencontre.

J'ai joué ; la représentation fut sans histoire. Enfin, je rentrai directement chez moi, et j'attaquai fiévreusement la lecture de la brochure. Pour la première fois de ma vie, je découvrais un texte, une intrigue, un rôle, sans cesser un instant de sentir derrière les mots la présence de l'auteur. Ma rencontre avec Sartre se superposait au texte. J'essayais de me souvenir avec précision de ses mots, de ses intonations.

J'ai lu la pièce à une vitesse incroyable en me laissant aller à des pensées qu'en d'autres circonstances j'aurais probablement réprimées, par modestie ou par superstition d'acteur. Je voyais déjà la représentation. Je savais qu'elle serait un succès. Bien plus : un événement.

Il était deux heures du matin lorsque j'eus fini. Je ne comptais plus dormir cette nuit. Je ne pourrais trouver le sommeil sans lui avoir dit que j'acceptais le rôle, tout de suite. Cette pièce me donnait une chance unique de m'essayer à un registre nouveau, de me sortir de l'ornière où — je le sentais confusément — ma carrière risquait de s'enfoncer. Mais j'avais aussi envie de revoir cet homme, vite. La surprise de notre première rencontre m'avait laissé une impression trop floue.

Que faisait-il à cet instant-là ? J'essayais de me l'imaginer. Il travaillait, sans doute. A moins qu'il ne dormît... Non, sûrement pas. Il avait la réputation d'être un homme de la nuit. Je me souvins qu'il m'avait donné son numéro de téléphone. J'avais envie de l'appeler sur-le-champ. Au diable les convenances !

Je composai son numéro, prêt à couper si la sonnerie s'éternisait. Il répondit immédiatement. Sa voix me paraissait déjà familière. Je fus presque ému de la retrouver, de la réentendre.

Je lui parlai bien maladroitement. A dire vrai, j'ai oublié la teneur de mon entrée en matière. Des banalités à propos de sa pièce, sûrement. J'essayais sans doute de lui faire sentir combien j'avais envie de jouer Hugo, combien je mesurais la chance considérable qui m'était offerte.

Jusqu'alors je n'avais côtoyé — à l'exception de Jouvet — que de beaux esprits parisiens qui faisaient profession de légèreté et, tout à coup, je me trouvais face à un véritable auteur. Toutes ces pièces de boulevard qui avaient fait ma renommée, j'avais le sentiment de leur avoir un peu donné la vie. Rien de tel avec *Les Mains sales.* Devant ce texte, je ne me sentais plus nécessaire ; pas même utile. Avec ou sans moi, cette pièce qui n'avait jamais été donnée existait déjà avec puissance. Le désir de la jouer n'en était que plus fort. J'enchaînai :

— La pièce traite de sujets qui ne me sont pas familiers. Je ne voudrais surtout pas, par mon ignorance, mal traduire votre pensée. J'aimerais, avant de répéter au théâtre, vous lire la pièce telle que je l'ai ressentie.

— Si vous voulez, dit-il, mais quand ? Nous répétons au théâtre cet après-midi et nous sommes déjà en retard à cause des problèmes de distribution.

J'insistai. « Eh bien, voulez-vous tout de suite ? » Il était trois heures du matin.

Je pris quelques instants pour réaliser et pour répondre : « J'arrive. » Il me donna son adresse, rue Bonaparte. Je notai l'étage, la porte. Je pris ma voiture, et roulai vers Saint-Germain-des-Prés, *Les Mains sales* posées sur le siège avant, à côté de moi. Les rues étaient à peu près désertes, sauf aux abords de Saint-Germain-des-Prés. Je ne savais plus très bien où j'en étais.

Cette proposition était absurde. J'étais éreinté, j'avais toutes les chances d'être très mauvais. Comment pourrais-je rendre ce que je venais d'éprouver ? Je sonnai. Sartre m'ouvrit. Il était en robe de chambre, mais portait en dessous son gilet et sa cravate. Nous traversâmes une pièce où j'aperçus un piano et une partition ouverte sur le pupitre. Nous entrâmes dans son bureau : des feuillets entassés un peu partout, des tasses de café vides, un désordre trahissant une intense activité. Il fit de la place sur la table de travail, m'avança un siège. Je m'installai, le manuscrit devant moi. Il me proposa de boire quelque chose, du café : il en avait toujours de prêt. Je déclinai l'offre. « Tout à l'heure peut-être. » Et je commençai.

Lire une pièce est un travail assez délicat, du fait qu'on joue tous les rôles. Il convient de différencier chaque voix, sans perdre de vue le développement général de l'intrigue. Il faut faire simple : on doit éviter de détourner l'attention de l'auditeur par une virtuosité excessive, comme dans une scène d'amour où l'on tient à la fois le rôle de l'homme et celui de la femme. Parvenir à donner aux auditeurs une ébauche de représentation, par le seul jeu de la voix, cela n'est pas évident, mais la performance est quelquefois grisante. J'avais déjà eu l'occasion de faire des lectures théâtrales en public et j'en gardais un souvenir agréable. Cette nuit-là, c'était très différent : le public était l'auteur. Il ne s'agissait plus de faire découvrir une œuvre, mais de prouver que je pouvais être Hugo — et que je voulais l'être.

Cette fameuse nuit, pour lire à Sartre *Les Mains sales*, je mis deux heures. Il écouta avec une attention constante, sans laisser paraître la moindre fatigue ou la plus petite trace d'ennui. A la fin, il n'a posé qu'une question : « Pouvez-vous répéter cet après-midi ? » Par chance, je ne tournais pas ce jour-là. L'aube pointait quand je pris congé. Je m'étendis quelques heures. L'après-midi, frais et dispos, j'allais répéter au théâtre Antoine. L'aventure commençait.

Les Mains sales met en scène un jeune bourgeois qui s'efforce de s'intégrer au parti communiste en dépit de tout ce qui, dans son origine et son passé, semble l'en écarter. En imposant presque à Sartre cette lecture à une heure aussi insolite, j'avais reproduit, sans y faire attention, une situation identique à celle de sa pièce. Je voulais lui prouver sans attendre que le jeune homme frivole des *J3* ou des *Jours heureux* pouvait aussi être employé dans une œuvre grave comme *Les Mains sales*.

On l'aura compris, la rencontre avec Sartre est arrivée juste au bon moment. Je commençais sérieusement à mettre ma carrière en question. Je me sentais pris dans un piège doré et le « feu sacré » montrait quelques signes d'usure : j'étais même un peu déprimé. « On est en train de t'enfermer, me disais-je. Tu vas aller d'*Une femme sans passé* à *La Route des Indes*, d'une comédie à une autre comédie. Bientôt, tu ne pourras plus en sortir. Tu ne peux cependant pas jouer le même rôle toute ta vie. » Autrement dit, même si j'aimais toujours faire rire, j'étais insatisfait.

A la différence de Hugo, qui ne réussit jamais à convaincre Hoederer, l'homme du Parti, qu'il pourrait être un bon militant, je suis donc parvenu à mes fins avec Sartre. Mais la divergence s'arrête là : tout comme Hugo s'aperçoit en définitive qu'il aime Hoederer, j'allais très vite me rendre compte que j'aimais Sartre.

Jusqu'à ce soir de mars 1948, Sartre n'avait été pour moi qu'une réputation. J'avais vu deux de ses pièces. *Les Mouches* et *Huis clos*. *Les Mouches* avaient été montées en pleine Occupation. J'ai lu ici et là que certains reprochent maintenant à son auteur d'avoir laissé jouer cette œuvre dans l'ex-théâtre Sarah-Bernhardt, que les autorités venaient de débaptiser, conséquence de l'antisémitisme vichyssois. Théâtre de la Cité pendant la guerre, il est devenu le Théâtre de la Ville. C'est un procès absurde. A l'époque, le refus de faire jouer *Les Mouches* serait passé totalement inaperçu. Vu la portée symbolique de la pièce — ces mouches qui envahissent la ville d'Argos, comme pour lui reprocher une sorte de crime collectif —, il était beaucoup plus subversif de jouer, quel que fût le nom du théâtre. Ces donneurs de leçons qui se refont une virginité quarante ans après, ou qui se répandent en jugements sur des circonstances qu'ils n'ont pas connues, m'agacent prodigieusement.

J'avais donc été impressionné par *Les Mouches*. On y disait des choses qui, alors, ne s'entendaient jamais au théâtre. Décriée par les journaux de la ligne officielle, soutenue seulement par la presse clandestine, la production n'eut guère de succès. Le public préférait se distraire aux *J3*... Il réserva un meilleur sort à *Huis clos*, dans la remarquable mise en scène de Raymond Rouleau. Comme les critiques, je ferai tout de même une restriction : à la fin de la pièce, tout s'embrasait en rouge, afin que l'on comprît bien que la scène se passait en Enfer... Ce procédé un peu lourd ôtait singulièrement de sa force à la fameuse réplique : « L'Enfer, c'est les autres »... .

C'est en l'approchant que j'ai découvert que Sartre était beaucoup plus qu'un écrivain même engagé, mais une lumière auprès de laquelle on avait envie de se réchauffer. On a dit : une conscience. Le mot est sec, un peu prétentieux, évocateur de débats compliqués. Il n'était pas besoin d'être un grand intellectuel pour être l'ami de Jean-Paul Sartre. Sinon aurait-il adopté le petit autodidacte que j'étais, qui avait quitté le lycée en troisième et dont les lectures se limitaient au répertoire théâtral et aux romans à succès du moment ? Il est vrai que les auteurs de ces best-sellers s'appelaient Camus ou Saint-Exupéry... L'époque était brillante, surtout éclairée par la conversation de Sartre, ce géant modeste. De quoi parlions-nous, en dehors de ce travail dont nous avions la passion ? De politique, souvent. Des femmes, pratiquement jamais. Nous en avions pourtant le goût. J'ai toujours préféré leur compagnie à l'atmosphère des groupes d'hommes. La complicité à demi-mot me convient mieux que les démonstrations exubérantes. Je crois que Sartre entretenait des liens similaires avec le sexe supposé faible. De temps à autre, il mentionnait Simone de Beauvoir — « Castor », comme il la surnommait depuis le temps de leurs études communes. Il pouvait l'évoquer à propos d'un événement politique, ou d'une théorie qu'ils avaient à cœur tous les deux, mais jamais sur un plan intime... La pudeur aura été un de nos traits communs.

La politique. Sartre me l'a fait découvrir. Il a changé mon regard sur le monde. Je lui dois, je crois, plus de générosité ; moins de raideur à juger les hommes et leurs actes et une ouverture sur l'avenir. Certes, je n'étais déjà plus le camelot du roi du lycée Jeanson-de-Sailly qui rêvait d'un monde de carton-pâte : la guerre d'Espagne, puis le choc mondial avaient balayé ces chimères. J'étais passé dans la vaste catégorie des indifférents. Sans Sartre, j'y serais encore : il m'a donné confiance en la réflexion, en l'engagement, en la dynamique de la vie. Par l'exemple.

Chaque fois que je devais prendre une décision importante, je me demandais ce qu'il en penserait. Depuis sa mort, je me pose toujours la question : il n'est jamais étranger à mon comportement vis-à-vis des événements.

Parfois, il me disait en plaisantant :

— Dites donc, Périer, souvent je vois votre nom sur telle ou telle pétition. Vous ne signez tout de même pas parce que je signe ?

— Non, mais ça m'encourage !

Et on riait. Il m'est d'ailleurs arrivé de ne pas signer des textes qu'il avait appuyés. Là, il ne m'en a jamais rien dit, car la qualité première de cet homme que ses adversaires disaient péremptoire, c'était la tolérance... Je venais d'un monde où chacun aurait tué père et mère pour faire un bon mot. Sartre était drôle mais il n'aurait jamais fait de l'humour sur le dos des autres. Les autres, il en avait un infini respect. Ainsi, contrairement à ce qui se faisait dans la plupart des théâtres, il s'est toujours refusé à laisser critiquer les gens qui avaient travaillé avec lui. Un jour, devant lui, je reprochais l'embrasement de la fin de *Huis clos*. Je me fis brutalement rembarrer : « C'est un tout. » Il était absolument généreux. Cette attitude a frappé tous ceux qui l'ont approché. Il n'était jamais mesquin, jamais petit. Cela se sentait quand il parlait, et quand il se taisait. Une grande partie de sa séduction s'exerçait ainsi. Avec lui, on respirait.

Il m'a offert une chance irremplaçable avec *Les Mains sales*. En me donnant un rôle magnifique, bien sûr, mais aussi en ne critiquant pas le théâtre de boulevard où j'avais connu la renommée. A son contact, j'aurais pu vouloir me limiter aux pièces sérieuses, et me priver de cette magie du rire qui a fait mon bonheur et, je l'espère, celui de quelques spectateurs. C'est le contraire qui s'est produit : j'ai toujours gardé le souci de varier ma carrière. Devant Sartre, j'avais pourtant tendance à battre ma coulpe, à m'excuser de jouer autant de broutilles et de comédies légères. Il balayait toujours l'argument : « Faites votre métier, faites "tout" votre métier, croyez-moi. » Il avait raison. Il me connaissait bien et il savait que j'avais besoin de cette diversité, des mille facettes du théâtre. Certains diront : « Périer est un malin ; il campe sur ses positions, à cheval entre deux répertoires. » Cela ne me gêne pas. Je reste persuadé que ma carrière devait être construite sur cette palette de situations, cette gamme de tons la plus diverse possible. Il a fallu que je rencontre un homme comme Sartre pour que j'aie enfin les moyens de me réaliser. Pour la plupart, il est l'auteur de *L'Être et le Néant.* A mes yeux, il est l'homme qui m'a révélé à moi-même.

En parlant de Sartre, j'ai le sentiment de dire des choses définitives et en même temps banales. Mais s'il existe une personne dont je puisse dire en toute honnêteté qu'elle a orienté mon existence, c'est bien lui. Professionnellement, ma référence reste Jouvet. Dans la vie, Sartre. Aussi bizarre, aussi incongru qu'ait pu parfois paraître son comportement, il demeure, sur le plan moral, un exemple. Mon exemple, en tout cas. Si, à brûle-pourpoint, on me demandait : « Sartre, c'était qui, c'était quoi ? », je dirais sans doute : « C'est la seule personne à laquelle je n'ai jamais menti. »

A son propos, j'ai tout de même un regret. Plusieurs fois, j'ai voulu le mettre en contact avec d'autres personnages que je considérais eux aussi comme des « grands ». Cela n'a pas marché. Il y a eu Fellini. Je savais l'admiration de Sartre pour le travail du grand metteur en scène italien. Un jour, à Rome, je les ai réunis à dîner. L'un et l'autre étaient plutôt réticents. Fellini est venu seul. On l'attendait tonitruant et méditerranéen, il resta quasiment muet. Intimidé par Sartre, sans doute. Sartre fit mine d'être satisfait : contrairement à sa réputation parisienne qui en faisait un homme agressif et méchant, Fellini lui était apparu très effacé. En vérité, le courant n'était pas passé entre ces deux mythes. Il n'y a pas toujours de la place pour deux soleils... Plus grave a été pour moi l'impossibilité de rapprocher Sartre et Jouvet. J'aurais aimé que ces deux hommes que je révérais s'admirent eux aussi. Certes, Sartre a toujours respecté Jouvet ou du moins fait semblant. En réalité, leur malentendu fut radical.

Quand Jouvet a monté *Le Diable et le Bon Dieu*, je lui ai demandé pourquoi il avait accepté ce texte d'un athéisme militant qui n'était pas de nature à le séduire, au moment où il était aux prises avec une véritable crise mystique. Il m'a juste répondu, avec son air le plus pincé : « On ne refuse pas une pièce de Sartre », ce qui ne voulait pas dire grand-chose. Sa mise en scène, quoique scrupuleuse, devait d'ailleurs rester à côté de la pièce. Sartre en fut déçu, même s'il ne devait jamais l'admettre. Il attendait de Jouvet, avec sa science du théâtre, quelque chose de plus. Leur rencontre, au fond, n'a jamais eu lieu, car ils n'étaient pas faits l'un pour l'autre. Ils se sont seulement croisés même s'ils ne l'ont jamais avoué. C'est tout juste si, une ou deux fois, j'ai entendu Sartre, dans le feu d'une conversation, lâcher sur un ton peu amène : « Oh... Jouvet, celui-là... » C'était immédiatement suivi d'un : « Pardon, Périer ! »

Je sais que l'admiration est un sentiment passé de mode. Tant pis pour ceux que fait sourire une telle disposition d'esprit. Je les plaindrais plutôt d'ignorer ce qu'elle peut donner de force. Sartre, toutes les fois que j'avais la chance de passer un moment avec lui, me prodiguait un réconfort que personne à part lui n'a su me faire éprouver. Je suis loin d'être le seul dans ce cas, j'en suis sûr.

Au moment le plus dur de ma vie, la mort de mon fils Jean-Pierre, il fut vraiment présent. De Moscou, j'ai reçu de lui un télégramme qui se terminait par « Veux vous voir dès mon retour ». Dans ma détresse, on me lançait comme une bouée. J'ai essayé de me raccrocher à l'idée de cette rencontre. Il fallait que je tienne, dans l'attente de cet homme que je m'étais choisi, non vraiment pour père, même si mon respect avait quelque chose de filial, mais pour exemple. J'étais en train de déraper complètement. Qui a perdu un enfant me comprendra sûrement. Je me souviens de m'en être pris à un jeune homme dans la rue, simplement parce qu'il devait avoir l'âge de Jean-Pierre, et qu'il était là, lui. Je l'ai engueulé, je ne sais plus en quels termes. Tout de suite après, je me suis repris : « Là, tu déraillles. »

Quinze jours ou trois semaines après le drame, Sartre m'a invité à déjeuner. Sa première phrase a été : « Vous l'aimiez ? » Une question que personne n'ose poser en de telles circonstances. Comme je répondais par l'affirmative, il a ajouté : « Alors vous êtes manchot. Vous êtes manchot et il faut faire avec. » Presque une réplique de théâtre ; mais sans rien de théâtral. Directe, sincère. Sartre était quelqu'un qui ne cherchait jamais à enrober, à esquiver les choses. Toute cette conversation l'a prouvé. J'avais besoin qu'on me parlât comme cela. J'avais surtout besoin que ce fût lui qui le fît. D'ailleurs, je ne l'aurais peut-être pas toléré de quelqu'un d'autre...

Au cours de ce déjeuner, après un long silence, il m'a dit : « Ce n'est pas ma faute, vous savez. » J'ai senti qu'il portait en lui une espèce de blessure. Depuis des années, à travers des articles de presse, on le montrait du doigt comme un homme du désespoir, qui aurait poussé des jeunes vers la mort. Et il en souffrait. Alors, j'ai fait un geste que je ne fais jamais.

Parce que je n'avais pas de mots pour le détromper, j'ai seulement posé ma main sur son bras. Je voulais qu'il comprît qu'aucune pensée de cette sorte ne m'avait traversé : je n'étais surtout pas là pour lui dire que des gosses se suicidaient à cause de gens comme lui. Au contraire, et je n'aurais pas pu lui confier cela non plus, c'était bien grâce à lui que j'allais continuer à vivre.

Malgré la mort de mon enfant, depuis des jours, Colette, ma femme, tentait de dissimuler son inquiétude à mon sujet. A mon retour chez moi, je la vis qui me guettait. Elle m'a dit seulement :

— Ça va mieux, toi, non ?

— Oui, ça va mieux.

— Je m'en doutais.

En dehors du travail en commun, je voyais Sartre plusieurs fois par an. De temps à autre, avec ou sans prétexte, je lui téléphonais. Je possédais son numéro et je connaissais le « code » réservé aux familiers. On laissait sonner trois fois ; on raccrochait, puis on rappellait ; il répondait immédiatement. Sinon, il laissait l'appareil sonner sans s'en soucier. Rien ne pouvait le distraire de son manuscrit en cours.

S'il prenait un rendez-vous par téléphone, il le notait dans la marge, à la page sur laquelle il travaillait à ce moment. Je me demande encore comment il s'y retrouvait, car il était toujours exact aux rendez-vous.

Quand je lui rendais visite, j'éprouvais un plaisir presque enfantin à voir ce grand intellectuel noter ainsi des choses sans importance en regard de son texte. Je me figurais, en marge d'un paragraphe qui, plus tard, serait commenté par des générations de chercheurs, des inscriptions comme : « Dîner avec Castor » ou « Passer à la blanchisserie » !

Au fil de nos rencontres, je l'ai vu prendre de l'âge, sinon vieillir. Car Sartre n'a jamais été vieux. Il incarnait un remède contre la vieillesse, tant il se trouvait avec le plus grand naturel du côté des jeunes. Entre les générations, il existe des passerelles : il en a été le symbole le plus vrai. Puis il est devenu aveugle. Dégradé, infirme, il n'était pas vieux pour autant. Quand Simone de Beauvoir l'aidait à couper sa viande, c'était fait avec tant de tact et d'élégance qu'on oubliait la signification poignante de la scène. Envers et contre tout ce qu'on a pu dire sur ce couple, je continuerai d'affirmer qu'il y avait entre eux un immense amour.

Les dernières années ont été pénibles. Il n'est pas utile de revenir ici sur les déchirements, et les remous qui ont agité son entourage. La presse en a déjà trop parlé et les multiples biographes à venir ne manqueront pas de s'étendre sur le sujet, d'interpréter, voire de déformer. Au moins, je ne prétends pas être objectif dans mon incapacité à donner tort à Sartre. Une incapacité dont je me flatte... Il adopta Arlette Elkaïm et en fit son héritière... Il savait ce qu'il avait à faire. Dans *La Cérémonie des adieux*, Simone de Beauvoir a été d'une discrétion remarquable sur tout cela.

Ce livre, injustement décrié, m'a bouleversé. Certes, elle y montre la déchéance de Sartre, et cette évocation aurait pu me choquer. A mes yeux, c'était au contraire une dernière preuve de respect et d'amour, par-delà la douleur, la mort et le chagrin. Je n'ai pas compris qu'on y voie autre chose que l'expression de sa fidélité à cet homme qui avait représenté cinquante ans de sa vie, un dernier hommage à leur pacte de vérité.

C'est au cours des répétitions des *Mains sales* que je l'avais vue pour la première fois. Très discrète, elle était dans un coin de la salle. Je ne l'ai jamais rencontrée qu'avec Sartre, sauf après la mort de ce dernier : alors nous nous sommes revus quelquefois. J'ai toujours éprouvé pour elle un véritable respect. Elle avait une sorte de réserve envers les amis de Sartre, une manière de ne pas s'imposer qui faisait partie de son éthique de vie. Elle tenait à ce que chacun gardât sa totale indépendance.

Parfois, pourtant — elle ne s'en cache pas dans ses mémoires — elle se laissait emporter. Sa nature directe, abrupte, reprenait le dessus. Je me souviens tout particulièrement d'un orageux face-à-face, à Rome, alors que je tournais avec Fellini. Sartre et Beauvoir passaient là leurs vacances, comme tous les étés. Nous déjeunions ensemble en terrasse, sur la piazza Navona, quand s'approcha une religieuse. Machinalement, sans doute parce qu'on reste à jamais le fils de sa mère, je lui donnai cinq cents lires. Beauvoir fulmina : « Comment, vous, Périer, vous donnez cinq cents lires — elle avait l'œil — à cette bonne femme, qui vient comme ça, et ça vous semble tout naturel... Mais pour qui, pour quoi, à quel titre, vous n'en savez rien... C'est seulement à cause de ce costume ! Dès que vous le voyez, vous donnez... C'est simplement grotesque ! »

Je commençais à plier sous le déluge verbal qui me tombait dessus, quand Sartre intervint. J'eus le privilège de surprendre ce que devaient être certains de leurs échanges, totalement complices, bien que peu amènes. Bref, une engueulade. « Dites donc, Castor, vous allez lui foutre la paix, à Périer. Il peut bien donner son argent à toutes les bonnes sœurs et à tous les curés du monde, il fait ce qu'il veut.» Et, me prenant à témoin, il ajouta: «Vous savez, cette femme qui vous fait une scène, c'est elle que j'ai entendue dire un jour d'un ton pincé, alors que je prenais le parti d'un évêque, stigmatisé parce qu'il avait eu, prétendait-on, une petite histoire sentimentale: "Mais tout de même, un prêtre!"

— Mais, qu'est-ce que vous racontez? se défendit Simone, offusquée.

— Bah, laissons cela, reprit Sartre, qui ne voulait pas que la conversation s'envenimât, ce n'est pas grave. De toute façon, nous sommes en Italie. Ce devait être une fausse bonne sœur!»

Après la mort de son compagnon, Simone de Beauvoir a grandi dans mon estime, pour sa tenue, son attitude. Outre le cran qu'elle a eu d'écrire *La Cérémonie des adieux*, sans complaisance ni faux-semblants, elle n'a jamais baissé la garde. Elle était sans doute plus rigoureuse que lui, qui avait toujours tendance à montrer de l'indulgence, et même une certaine gentillesse. Pourquoi le taire: Simone de Beauvoir, elle, n'était pas gentille, ce qui parfois heurtait mon goût de l'harmonie: «Elle n'est pas commerçante», aurait dit ma mère. Certes non. Elle fuyait l'épanchement et l'emphase, avec sa voix un peu raide, sa voix de «maîtresse de piano», comme l'a décrite justement Bertrand Poirot-Delpech dans *Le Monde* au lendemain de sa mort. Elle était un peu sèche. Volontairement. Dans sa façon d'écrire aussi. Dans son cœur, je sais que non.

Elle est morte six ans après Sartre, à un jour près. J'ai eu un choc, beaucoup plus violent que je ne l'imaginais, quand je l'ai vue dans son cercueil. Immédiatement, à cette scène s'est superposée celle que j'avais vue six années plus tôt. Simone de Beauvoir, à côté d'un autre cercueil, celui de Sartre. De ma vie, je ne pourrais oublier cette image, d'une main vivante mêlée à deux mains mortes. J'ai eu soudain un regain de tendresse pour cette femme, qui en éprouvait peut-être pour moi, avec cette pudeur effarante qu'elle cultivait, elle aussi. Devant sa dépouille, je n'ai pourtant pas pleuré. Je ne pleure plus guère depuis la mort de mon fils. J'étais simplement bouleversé.

Le 19 avril 1986, à quatorze heures, six ans — à la minute près — après l'enterrement de Sartre, on l'a portée en terre. Le corbillard de Sartre était parti de la rue Didot, celui de Simone de Beauvoir de la rue Saint-Jacques. Ils habitaient depuis des années en bordure du cimetière, chacun de son côté. Simone de Beauvoir à l'est, rue Schoelcher, Sartre à l'ouest, boulevard Edgar-Quinet. De chacun de leurs immeubles, on apercevait l'autre par-dessus les tombes et tous deux savaient qu'ils s'y rejoindraient un jour.

Pour accompagner Simone de Beauvoir une dernière fois, il y avait évidemment moins de monde que pour Jean-Paul Sartre. Mais tout de même au moins cinq mille personnes. Presque uniquement des femmes. De tous les pays. On avait rarement entendu parler tant de langues dans un cortège funèbre. Certaines étaient venues de très loin : d'Australie, des États-Unis, d'Afrique et de l'Europe entière. Les rares hommes présents, sans regretter d'être là, se sentaient un peu déphasés ; ils se cherchaient du regard. Les inscriptions des couronnes témoignaient de l'influence internationale de cette femme, d'un rayonnement que nous, les hommes, ne soupçonnions pas. Pour ma part, le mouvement féministe m'avait fait un peu sourire. Tout à coup, je découvrais une réalité. Il y avait des femmes de tous les âges, toutes émues, profondément touchées. Je me suis laissé porter par ce cortège très émouvant. J'ai croisé des vieilles dames à chapeaux, des petites jeunes filles un peu punk. Pour tout dire, c'était très beau... Il n'est pas donné à tout le monde de réussir son enterrement.

Durant toute la période où nous avons monté *Les Mains sales*, je n'ai eu qu'une peur : décevoir Sartre. Jusqu'à la dernière, et même s'il n'était pas dans la salle, j'étais hanté par l'idée de le trahir. A la première lecture, j'avais fait devant lui un contresens qui m'a longtemps troublé. D'autant que Sartre ne me l'a pas tout de suite fait remarquer. Il a attendu les répétitions. « Quand vous m'avez lu la pièce, l'autre nuit, m'a-t-il dit, j'ai été frappé par la justesse de votre ton. Quelle conviction ! Mais vous avez commis une petite erreur. Quand Hugo apprend qu'il va mourir, il pousse la porte de sa prison en criant : "Non récupérable." Et vous, vous avez dit : "Non !... récupérable !" » Je voulais tant paraître « récupérable » aux yeux de Sartre que j'en avais modifié son texte. Ça ne lui avait évidemment pas échappé.

Il était assidu aux répétitions, même s'il n'aimait guère jouer les hommes de théâtre. Son intérêt pour la « cuisine » de la mise en scène n'était pas bien vif. Pour lui, la pièce une fois écrite, l'œuvre passait dans d'autres mains. Désormais, son rôle était terminé. En revanche, on pouvait toujours lui demander une modification : il se pliait avec la plus grande bienveillance aux conseils d'autrui. Ainsi *Les Mains sales* comportait à l'origine huit tableaux. Le metteur en scène, Pierre Valde, Simone Berriau, la directrice du théâtre, et même Jean Cau, qui était alors secrétaire de Sartre, tous trouvaient que le début traînait en longueur. Pour ma part, j'évitais de prendre part au débat : le parti « révisionniste » était bien assez fort... Je n'en étais pas moins convaincu. On pouvait condenser une bonne part du début de la pièce sans trop de dommages. Après quelques assauts rhétoriques, « pour l'honneur », Sartre se rangea à l'avis commun : il ne savait pas résister à une bonne argumentation. « Périer, vous savez le texte ? » Je le savais. « Si cela ne vous ennuie pas, on va aller au bistrot d'à côté et vous allez me le dire. En l'entendant, je ferai mieux les coupes. »

Je parlais, lui faisait le chef d'orchestre : il levait le doigt pour m'interrompre, notait une phrase qu'il voulait conserver, levait le doigt de nouveau, et je continuais. De temps à autre, il ponctuait certains passages d'un commentaire : « Oui, cela peut facilement être enlevé. »

A un moment, il m'a coupé et je l'ai vu rajouter dans la bouche d'Olga : « Oui, je me rappelle. » Comme je m'étonnais de le voir insérer dans son texte une intervention aussi anodine, il m'a dit en riant : « Mais si, Périer, c'est cela un dialogue. » Certains prétendent que Sartre n'était pas un grand dramaturge : ils ne savent pas lire. Le sens du théâtre, il l'avait au plus haut point. Il avait senti qu'à ce moment la tirade d'Hugo commençait à devenir un peu longue, et qu'une respiration était nécessaire. D'ailleurs, ses détracteurs, qui refusaient les idées d'avant-garde dont était constitué le fond de ses pièces, lui accordaient souvent quelques circonstances atténuantes en le trouvant, sur le plan de la forme, tout à fait à leur goût... C'est-à-dire conventionnel. Certains ricanaient : « Ça lui nuira ! » D'autres s'en félicitaient. Le spectateur, lui, y gagnait en plaisir.

Henry Bernstein, un homme qui sur tous les plans se situait à mille lieues de Sartre, avait assisté à une représentation, par amitié pour moi. Sa réaction fut vraiment inattendue : « Très fort, ce type, très fort. C'est Victorien Sardou... » Et, sans me laisser le temps de protester, il avait surenchéri : « ... Mais François, c'est très bien, Victorien Sardou. Un formidable homme de théâtre. » Bernstein ne l'était pas moins : en Sartre, tout le reste mis de côté, il reconnaissait un confrère, un auteur qui avait au même degré que lui la science de l'« effet ».

Les Mains sales trouvèrent évidemment un public moins favorable chez les communistes, dont Sartre était à l'époque un « compagnon de route ». Cette interrogation sur la dérive totalitaire et les effets pervers de l'orthodoxie ne pouvait que choquer les militants du « parti des fusillés ». Il faut l'avouer, le scandale polémique a plutôt servi la pièce dans sa marche au succès. Tout avait pourtant bien commencé. Quelques dignitaires du Parti étaient venus à une répétition et avaient jugé la pièce « globalement positive ». Sans aucune arrière-pensée, on avait oublié de leur signaler qu'il manquait le dernier tableau, la fameuse scène où Hugo crie : « Non récupérable ! » Quand leurs camarades ont vu la pièce dans sa totalité, rien n'allait plus : dans leur logique, Sartre avait trahi. Dès lors, ce fut une bataille quotidienne, à laquelle le public bourgeois venait assister, avec délices. Depuis la scène, nous pouvions facilement repérer les coins de la salle où s'étaient regroupés les spectateurs communistes. A certaines répliques, on sentait monter la tension : l'indignation leur coupait le souffle ou leur arrachait des murmures. Au dernier tableau, ils sifflaient systématiquement, ce qui incitait les autres spectateurs à nous applaudir à tout rompre. Et le rideau tombait dans un grand chahut. Nous, les acteurs, étions ravis de cette effervescence, qui nous stimulait.

Tout aussi enchantée était Simone Berriau, la directrice du théâtre Antoine, qui tenait là le succès de la saison. Si les communistes faisaient la promotion par le scandale, elle s'arrangeait pour que le Tout-Paris ne fût pas exclu de la fête. Elle multipliait les réceptions, donnant un côté étrangement champagne aux représentations de ces austères

Mains sales. Nous passions du tribunal d'exception au cocktail mondain avec une stupéfiante dextérité. Seul Sartre se mêlait assez peu aux manifestations chic qu'organisait notre pétulante directrice. Pourtant, le personnage le faisait souvent sourire. Quant à Simone de Beauvoir, elle regardait Simone Berriau comme une « rencontre du troisième type », tombée d'une autre planète. Il devait être bien singulier, pour cette femme d'apparence réservée, d'être confrontée à tant d'exubérance.

Simone Berriau portait toujours un incroyable chapeau qui tenait de la casquette de jockey, avec une jugulaire. Je ne l'ai jamais vue sans ce couvre-chef, même dans son cercueil, il y a quelques années. Elle avait mené une vie très libre. Elle me disait parfois : « Si tu savais, ce théâtre, mon théâtre, tout ce que j'ai dû faire pour l'avoir et pour le garder ! »

Cette petite Bretonne n'avait rien d'une Bécassine. A dix-sept ans, elle s'était embarquée pour le Maroc, déguisée en homme, pour accompagner un lieutenant dont elle était tombée amoureuse. A son arrivée, la supercherie fut découverte. Les autorités militaires envoyèrent un colonel afin de régler la question, c'est-à-dire mettre le lieutenant aux arrêts, pour détournement de mineure, et renvoyer la fille en France. La fille, Simone, est restée : l'officier s'appelait le colonel Berriau.

Ce militaire devait mourir d'une otite foudroyante, alors que Simone attendait un enfant. Elle rentra en France, rencontra le chef d'orchestre Albert Wolff, qui lui découvrit une voix ravissante : la voilà cantatrice. Elle chanta *Carmen, Pelléas et Mélisande*; elle fréquenta Colette et Cocteau. Puis vint le drame... Un drame à sa mesure. Un soir de fête chez Maxim's, un grain de poivre lui resta au travers de la gorge. Ses précieuses cordes vocales s'enflammèrent et sa voix se cassa définitivement.

Plus question de chanter l'opéra. Mais Simone avait un

moral d'acier. Elle avait su ménager ses arrières. Avec dieu sait quel argent, elle acheta le théâtre Antoine, dont personne ne voulait : il était mal situé et n'attirait guère de spectateurs. Avec elle, le succès fut immédiat. Devenue femme d'affaires, elle s'attaqua à tout : elle a fait de la course automobile, elle a monté un restaurant, créé une plage à la mode dans le Midi, produit du vin rosé, collectionné les tableaux... et les amants. A l'époque des *Mains sales*, Simone Berriau était très liée avec le Glaoui de Marrakech. Dans son appartement de la rue Raynouard, cette femme fastueuse nous traitait comme des princes.

Mais si je repense à cette année 1948, ce ne sont pas ces nuits un peu vaines qui me reviennent à l'esprit, mais le bonheur d'être en scène. Le début de la pièce, surtout, m'a toujours enchanté. Je joue Hugo, qui revient auprès de sa femme après sa première entrevue avec Hoederer. Elle sent que j'ai été fort impressionné. N'ayant jamais vu Hoederer, elle demande à quoi il ressemble. Je me moque d'elle en disant qu'il a une balafre, des fausses dents et qu'il boite. Elle juge inutile de me demander une vraie description ; à son avis, je ne serais même pas capable de lui donner la couleur de ses yeux. « Si, si, ils sont gris », dis-je. Elle n'en croit rien et m'interroge sur la couleur de ses propres yeux. « Ce sont deux pavillons de soie, c'est un jardin japonais. — Non, je te demande la couleur. — Bleus. » Elle rit. « T'as regardé. » Cette scène des *Mains sales* me plaît toujours autant...

VI

OÙ L'ON FAIT LE POIRIER PLUS DE MILLE FOIS EN SCÈNE AVANT DE SE FÂCHER AVEC PIERRE FRESNAY

J'aurais aimé connaître la vraie gloire en jouant Sartre. Je l'ai obtenue en faisant le poirier. La pièce s'appelait *Bobosse.* Quarante ans après sa création, elle me colle encore à la peau.

Sacré Bobosse ! Il est né en 1950, mais André Roussin m'en avait déjà parlé douze ans plus tôt, alors qu'il était comédien et que nous passions la fameuse audition des *Jours heureux* : « N'ayez aucune inquiétude, m'avait-il dit. Pour vous, c'est du tout cuit. Mais nous nous retrouverons. Je vous écrirai une pièce. » Ce n'était pas une promesse en l'air : j'ai joué Bobosse plus de mille fois. J'avais cependant bien oublié les fortes paroles de Roussin, quand il m'a accosté à une générale où l'on m'avait traîné. Sans le moindre préambule, il m'a demandé : « Savez-vous faire le poirier ? » Sans être un grand sportif, j'avais ce don. Je lui demandai tout de même ce qui motivait une question aussi incongrue : « J'ai rêvé cette nuit d'une pièce : le rideau s'ouvrait sur un type qui se tenait la tête en bas. C'est drôle, non ? Je n'ai plus qu'à chercher une bonne raison de le mettre dans cette position... » Il l'a trouvée. Bobosse est un dessinateur humoristique qui est tombé sur la tête quand il était petit. Tous les matins, il fait le poirier en comptant jusqu'à cent pour tenter de résorber la bosse, séquelle de son accident.

Au premier acte, Bobosse est en train de faire son exercice quotidien lorsque arrive un journaliste de radio. Pour ce personnage, Roussin s'était inspiré de Roger Blin, un excellent comédien dont l'étonnante caractéristique était d'être bègue dans la vie et parfait en scène. Incapable de commander un demi sans bredouiller, il pouvait devant un public déclamer les plus longues tirades du répertoire. De même, le reporter de *Bobosse* vient « ... ppp ... pou... pour faire u... u... nn ... une émission de rrr ... de ra... de radio ». Mais dès qu'il ouvre le micro, il parle avec fluidité, en grand professionnel. Au cours de l'interview, on apprend que Bobosse vient d'être plaqué par sa femme. Un rôle que je connaissais bien à ceci près que Bobosse, lui, avait prévu le coup, sa bosse lui ayant conféré un curieux pouvoir de divination. Cela faisait un bon début, mais, à partir de là, Roussin calait. Il lui a fallu deux bons mois pour trouver le truc qui allait relancer toute la mécanique. Bobosse n'était plus un « vrai » dessinateur humoristique, mais une figure de théâtre. Et, au deuxième acte, le comédien chargé du rôle découvrait lui aussi que sa femme l'avait plaqué et décidait de ne rien faire comme son personnage... Je n'abuserai pas du cynisme, mais ce rôle relevait du sur-mesure, après mes propres déboires conjugaux.

Bobosse ! Dans les années 50, ce petit surnom était devenu synonyme de bonne humeur et d'esprit parisiens, en France et même dans le monde ! J'ai créé le rôle à Bruxelles, puis à Paris, à la Michodière où je l'ai joué durant des années, si l'on compte les reprises. En tournée, j'ai fait le poirier sous toutes les latitudes : le circuit des troupes itinérantes comprenait alors l'Afrique du Nord et le Maroc. On y remportait d'extraordinaires triomphes. Bobosse est même allé jusqu'à Rio de Janeiro. De passage à Paris, le directeur du Copacabana Palace avait été emballé par la pièce de Roussin. Un de mes partenaires dans la pièce, Jean Hebey, s'improvisa donc avec succès administrateur de la troupe, pour une tournée de vacances. Marie Daems était du voyage. Et quand je dis voyage... Il fallait trente heures d'avion avec des escales à Dakar et Recife. Dans une salle qui avait plutôt l'habitude de voir des girls lever la jambe que des acteurs marcher sur la tête, Bobosse s'est taillé un franc succès. C'était l'article de Paris, comme un parfum ou un foulard. Les Brésiliens adoraient. En alternance, nous donnions aussi *Colinette* de Marcel Achard et *Am Stram Gram*, une autre pièce d'André Roussin.

Que reste-t-il de *Bobosse*? Aux spectateurs d'aujourdui la pièce paraîtrait quelque peu datée. Cette charmante comédie a très bien marché, parce qu'elle recelait une ou deux surprises bien amenées. Outre le lever de rideau, que je faisais donc sur la tête, j'avais au deuxième acte un morceau de bravoure, un interminable monologue. Je rêvais que j'avais tué ma femme et que je passais aux Assises. Je regardais la salle, je repérais parmi le public le président, les jurés, mon avocat et je m'adressais à eux, sur un ton solennel. La tirade durait vingt minutes. Je pourrais la réciter encore.

Dans le souvenir du public, les deux moments, les deux « performances » se sont mêlés. On vient toujours me dire « Ah, *Bobosse*! Quand vous disiez votre tirade et que vous étiez sur la tête. » Durant la tirade, je n'étais certainement pas sur la tête. Certains ajoutent même : « Vingt minutes sur la tête, chapeau ! » Menteur dans l'âme, je ne vais tout de même pas les détromper !

On m'accordera cependant le bénéfice de quelques exploits. Le jour de Noël, par exemple, j'avais évidemment joué *Bobosse*. Et deux fois, s'il vous plaît : en matinée, puis en soirée. Ensuite, j'avais couru à un gala... Il le fallait bien, c'était pour une œuvre de bienfaisance. On m'a demandé le monologue de *Bobosse*. Enfin, sur le coup de trois heures du matin, j'ai rejoint des amis pour profiter d'une fin de réveillon. Ils avaient bien bu, et je fus accueilli à bras ouverts : on comptait sur moi pour animer la soirée avec la tirade de

Bobosse. Comment refuser ? J'étais déjà très heureux que l'on ne me demandât pas de faire le poirier...

Une autre fois, je me suis foulé le poignet, au cours de cet exercice, justement. On a voulu me dissuader de venir en scène le lendemain. Pas question d'abandonner le rôle à ma doublure. Soit dit en passant, et sans vouloir m'inscrire au livre des records, je crois n'avoir été porté absent qu'une seule fois, en un demi-siècle de théâtre. C'était au début des *J3* et une méchante scarlatine — maladie qui collait assez bien avec mon rôle de potache — m'a interdit de monter sur scène pendant un mois. J'aurais contaminé toute la troupe... A dire vrai, je crois que nous, les comédiens, nous sentons tellement propriétaires du rôle que nous jouons, que l'idée de le céder un seul soir à un remplaçant fait figure d'antibiotique. Je me souviens d'un camarade dont j'avais trouvé, en lui serrant la main en scène, la paume brûlante. Il avait au moins 39°. A l'entracte, je m'inquiétais de son état. Son diagnostic a été brutal. « Il vaut mieux que je joue : ma fièvre monterait à 40, si je savais que l'autre gros con qui me double joue ma place... » Mais revenons à *Bobosse.* Je refusai donc, malgré ma foulure, de prendre du repos, et même d'amputer la fameuse scène du poirier. Le public, mis au courant, venait pour me voir la tête en bas. On n'aurait pas compris que je me trouve à l'endroit. J'ai demandé à un médecin de me faire une piqûre de novocaïne juste avant d'entrer en scène, pour pouvoir tenir sur mon poignet foulé. Je me mets en place, tout va bien ; je me sens un peu brumeux, mais je n'ai pas mal. Au deuxième acte, quand vient le moment d'entamer le grand monologue, c'est le vide, le trou de mémoire brutal. Les secondes, alors, semblent durer des heures.

Quelques centaines de personnes vous regardent, un peu interloquées. La situation devient rapidement assez désagréable. Le public « sent » que quelque chose cloche... Au sein de mon brouillard médicamenteux, je me suis souvenu de Jouvet. Un soir qu'il jouait *Dom Juan*, il avait lui aussi perdu le fil. Sans se démonter, il s'était tourné vers la salle et avec son autorité coutumière, il avait simplement dit : « Excusez-moi. » Filant vers les coulisses, il avait arraché la brochure des mains du souffleur, relu son passage, pour revenir sur scène quelques secondes plus tard, et reprendre... Je décidai de faire pareil. Debout, face au public, j'ai murmuré : « Excusez-moi... », mais aussitôt j'ai enchaîné automatiquement par : « Messieurs les jurés... », et le reste du monologue a suivi tout seul. Ce curieux détour par Jouvet m'avait fait retomber exactement au début de la tirade !

Heureusement, ce cauchemar ne m'est arrivé qu'une seule fois dans toute ma carrière. La chance m'a donné cet atout fondamental dans notre métier : une bonne mémoire. De plus, à jouer très longtemps les mêmes pièces, je n'ai pas eu à exercer de manière trop fréquente ma petite mécanique. Les difficultés commencent vraiment dans les textes sans points de repère : les auteurs nous concoctent parfois de ces redoutables tirades, qui se répètent et se déroulent sans ordre apparent, avec des retours en arrière, des cassures, des répétitions. L'effet théâtral est excellent, mais quelle épreuve pour le comédien ! Le monologue de *L'âge de Monsieur est avancé*, de Pierre Étaix, était de ce style : c'est l'exercice le plus éprouvant que j'aie eu à surmonter sur une scène. Certains soirs, j'aurais préféré recommencer les acrobaties de *Bobosse* : en faisant les pieds au mur, pour changer...

En 1951 j'ai accepté, à la demande de Pierre Fresnay et d'Yvonne Printemps, de codiriger la Michodière. Las d'assurer l'affiche de leur théâtre, ils avaient beaucoup apprécié que *Bobosse* s'y maintînt longtemps et souhaitaient renouveler l'expérience. Ils me proposèrent donc un contrat qui prévoyait que je leur réserverais l'exclusivité de mon activité théâtrale. Nous sommes convenus que je jouerais une saison et eux la suivante.

Le succès a voulu que ce système d'alternance ne fût pas tout à fait respecté. *Le Ciel de lit* puis *Gog et Magog* ont très largement dépassé les cinq cents représentations et, à plusieurs reprises, Fresnay a dû aller jouer ailleurs... Il aurait été absurde de retirer de l'affiche des pièces qui remplissaient la salle des semaines à l'avance. Mes associés ne s'en plaignaient d'ailleurs pas ; ils faisaient même une excellente affaire puisque je ne touchais qu'un cachet — confortable, c'est sûr — mais aucune part sur des bénéfices. Je suis resté quatorze ans à la Michodière, avec ce couple si étrange que j'ai encore quelquefois du mal à comprendre qu'il ait pu tenir. On ne voit pas souvent un lieutenant de cavalerie et un rossignol partager le même nid...

J'éprouvais pour Pierre Fresnay une admiration totale. Jamais depuis je n'ai entendu mieux dire des textes. Il aimait intensément la littérature, et portait à son point de perfection l'art de la restituer par la voix. Bossuet, Racine, Musset, Valéry, Diderot... Dans toutes les grandes pages, il atteignait au sublime, avec cette voix légèrement suave que l'on reconnaissait à la première intonation. Voilà pour le comédien. L'homme n'était pas moins légendaire dans le monde du théâtre. Monacal, rigoureux jusqu'au délire, raide d'aspect et de sentiment, il en imposait depuis le jour où il avait claqué avec éclat la porte de la Comédie-Française. Ainsi que cela se faisait beaucoup à l'époque, on avait élevé à la dignité de sociétaire une comédienne sans grand talent, protégée d'un ministre. Comme il n'avait pu s'opposer à cette promotion qu'il jugeait indigne, Fresnay avait donné sa démission. Révélé par cet incident, son côté glacial et rigoriste avait quelque chose d'intimidant. Gabin me l'a fort bien résumé : « Pierre Fresnay, c'est un grand acteur, mais chaque fois que je suis devant lui j'ai l'impression de me tromper de fourchette. »

Si Pierre Fresnay incarnait si bien le capitaine de Boeldieu dans *La Grande Illusion*, le chef-d'œuvre de Renoir, c'est parce qu'il était un capitaine de Boeldieu dans la vie quotidienne. Tout comme Jules Berry dans ses rôles n'était jamais autre chose que lui-même, mais dans un tout autre registre.

Comment donc ce protestant austère pouvait-il être le mari d'Yvonne Printemps, cette image presque caricaturale de la féminité ? Et pourquoi ces deux êtres qui pouvaient se comparer au feu et à la glace ne se sont-ils pas anéantis l'un l'autre ? Ce profond mystère agaçait aussi Sacha Guitry, qui avait été le mari d'Yvonne et ne l'avait jamais oubliée. « Comment va la dame ? » me demandait-il sans jamais la nommer. « Et l'acteur Fresssnay ? » Cette prononciation bizarre était la seule vengeance qu'il se permettait à l'endroit de son rival.

Mon admiration allait à Fresnay, mais mon affection à Yvonne Printemps, qui m'envoyait sans cesse des petits mots pour m'offrir son cœur. Qu'on se rassure, elle le faisait pour beaucoup de monde. Cette diva pratiquait avec le même entrain souriant l'exigence imprévisible et la générosité. Si tout lui était dû, elle maniait le caprice avec virtuosité et dispensait du charme vingt-quatre heures par jour. Entourée d'une aura de sensualité capiteuse, elle vivait hors de la réalité, dans le parfum, la soie, le satin, et les bijoux. Le temps semblait glisser sur elle comme une caresse.

Je me souviens du jour où cette femme que je croyais obsédée par le maintien de sa beauté, de sa grâce et de sa distinction, m'emmena faire un tour dans la rue du Faubourg-Montmartre, non loin de la Michodière. Elle entra dans une charcuterie où le patron la reçut à grands frais. « Oh, madame Printemps, quelle joie ! Comme d'habitude ? » Interloqué, je l'ai entendue répondre : « Oui, et pour mon petit ami aussi. » Et j'ai vu le commerçant fabriquer d'énormes sandwiches au salami d'une demi-baguette ! C'était excellent mais de telles nourritures étaient aux antipodes de ce qu'on pouvait imaginer dans la jolie bouche d'Yvonne Printemps. Là était son vrai talent : caviar ou sandwich, cette élégante mangeait toujours avec grâce...

Yvonne était inattendue, surtout lorsqu'un bon vin la mettait en humeur, ce qui n'était pas rare... Un jour que nous fêtions mon anniversaire dans leur hôtel particulier de Neuilly, Yvonne avait multiplié les toasts. Bref, elle était complètement « partie ». Au dessert, elle voulut chanter l'incontournable *Happy Birthday to You.* Dans les brumes où l'alcool l'avait plongée, elle nous a gratifiés d'un *Ce n'est qu'un au revoir mes frères* de belle facture. Pierre Fresnay ne se départait jamais de son masque d'homme sévère, même dans ces circonstances joyeuses. Je le revois gronder son épouse avec toute la condescendance dont il était capable : « Allons, Mouret, je crois que vous vous trompez. » Ce diminutif de Mouret, qui, dans sa conversation, faisait l'effet d'une danseuse du Crazy Horse en Conseil des ministres était la seule privauté publique que s'autorisait cet homme, si avare de ses sentiments. Une ombre de tendresse passait alors dans les yeux d'Yvonne Printemps.

Je dois bien l'avouer: mes années de travail commun avec le couple Fresnay-Printemps n'ont guère été à la hauteur de mes espoirs. Peut-être parce que j'attendais trop de Pierre Fresnay, que je plaçais quasiment aussi haut que Jouvet. Fresnay ne montra jamais pour moi l'affection que j'en attendais. Il n'était pas cet aîné, cette sorte de père symbolique que j'avais envie de retrouver. Il était Monsieur Pierre Fresnay. Sévère, mais juste, devait-il penser. Mais la dureté donne souvent de petits côtés. On m'avait un peu prévenu contre lui. Les gens dignes d'intérêt ayant nécessairement des ennemis, je n'avais pas écouté.

Maurice Escande m'avait particulièrement mis en garde. Cet homme délicieux, qui fut administrateur de la Comédie-Française, s'il ne cachait pas sa préférence pour les hommes, avait eu de multiples aventures féminines, dont une, je crois, avec Yvonne Printemps. « Tu as pris ta décision, donc ce que je dis ne servira plus à rien, m'avait-il un jour glissé, ... Mais je te le dis tout de même. Elle, elle est extrêmement gentille. Mais méfie-toi de lui. »

Je n'avais aucune envie de me méfier. Je préférais plutôt rêver à la chance que j'avais de travailler avec un homme que j'admirais profondément. Si je suis allé de déception en déception, j'y suis pour quelque chose. J'aurais dû éviter de m'aveugler et prendre conscience que pour cet acteur je n'étais qu'un petit garçon qui n'atteindrait jamais ses hauteurs. Je me suis mépris. J'ai foncé dans cette histoire sans comprendre qu'elle était limitée aux arrangements et aux commodités du métier. Je me suis approché trop près, et je me suis un peu brûlé les ailes.

A la Michodière ou à Neuilly, où nous habitions tous les deux, nous nous sommes vus très souvent, Fresnay et moi : je lisais beaucoup de manuscrits pour le théâtre, et je lui soumettais mes conclusions. Nous ne parlions que de cela.

Ces rencontres restaient assez compassées. Il disait de moi que nous n'avions rien en commun comme comédiens — ce qui était juste — mais qu'il me trouvait doué, qu'il appréciait ma présence scénique. D'ailleurs, durant toute cette expérience commune de la Michodière, nous n'avons jamais joué ensemble et il ne m'a jamais dirigé dans une mise en scène.

Toutes les facettes de mon personnage devaient l'irriter : mon côté Bobosse, léger, enjoué et parisien, était à des encablures de ses préoccupations. Quant à ma fidélité à Jean-Paul Sartre, elle ne me rachetait sûrement pas aux yeux de cet homme d'ordre qui s'avouait de droite à l'extrême. Ces malentendus ne m'ont pas empêché de signer à deux reprises le contrat qui me liait à la Michodière. Je me demande quelquefois pourquoi. D'autres théâtres auraient volontiers accueilli mes exercices de poirier ou mes chamailleries avec Jacqueline Maillan. Mais, avec le recul du temps, je me rends compte à quel point la situation était paradoxale : quatorze ans de succès mais aussi malaise...

En quatorze ans, on prend ses habitudes... Je les revois, ces couloirs de la Michodière, décorés avec les anciennes affiches, le bureau directorial que je partageais avec Fresnay et les coulisses qui résonnent encore des bravos enfuis. Ce théâtre était devenu ma deuxième maison. J'y passais mes soirées en scène mais aussi une partie de mes journées à auditionner des comédiens ou à recevoir des auteurs. Je n'en étais pas à faire les comptes, mais tout juste : les gènes boutiquiers de la famille Pillu ne m'y avaient-ils pas préparé ? De toute façon, je n'ai pas eu beaucoup d'embûches à surmonter. Nous enchaînions les succès, et, dans ce cas de figure, la gestion d'un théâtre n'est pas une affaire bien compliquée. C'est quand la salle est vide que les choses deviennent difficiles : il faut assurer aux acteurs le cachet de trente représentations même si le rideau s'est baissé définitivement au bout d'une semaine. A ce jeu-là, on dépense en quelques jours tous les bénéfices accumulés durant des mois de succès. Et quand il n'y a pas eu de succès...

Heureusement, à la Michodière, nous n'avions pas à affronter de telles situations : mon rôle de codirecteur ne m'a pas donné d'insomnies. J'en ai même plutôt de bons souvenirs. Bien sûr, il fallait affronter les raseurs. Les auteurs amateurs qui sont persuadés que leur maladroite histoire de cocu est la pièce la plus importante depuis Shakespeare. Pour écarter ces importuns, j'avais trouvé une parade : « Cher monsieur, vous n'êtes pas sans savoir que

Gog et Magog est en route pour une millième. Notre théâtre ne sera pas libre avant longtemps. Ce serait une folie d'immobiliser votre manuscrit. » Et notre génie méconnu repartait avec sa pièce, convaincu de son époustouflante originalité. Dans ces cas-là, il n'est pas inutile de savoir jouer la comédie... Il y avait au contraire les auteurs de renommée dont nous souhaitions la collaboration : il fallait aller les solliciter. Après *Bobosse*, nous devions monter *Le Ciel de lit* : c'était une charmante comédie, qui montrait l'évolution d'un couple à travers les âges de la vie. L'auteur, Jan De Hartog, n'était pas très connu. Pour donner du piment à l'affiche, on a donc eu l'idée de demander l'adaptation à Colette. Déjà très âgée, elle n'en était plus vraiment capable. Nous savions tous que c'était Goudeket, son dernier mari, qui faisait tout. Et ce n'était qu'un juste retour des choses : elle avait servi de « nègre » à son premier époux, Willy, durant des années... J'allais chez elle pour des visites de travail dans son appartement-musée du Palais-Royal. Personne n'était dupe mais nous jouions le jeu, à commencer par elle. Elle me demandait d'arriver tôt le matin, au moment où sa gouvernante revenait du marché et déposait fruits et légumes sur son lit. C'était un grand numéro. Colette passait en revue le panier de sa domestique et trouvait pour chaque produit une petite phrase juste sur les couleurs, la forme, ou la consistance. Aux portes de la mort, elle savait encore découvrir, et de façon charmante, la poésie d'une pomme ou d'un chou-fleur. A son enterrement, j'ai vu un détachement militaire lui rendre les honneurs en hommage à son grade dans la légion d'honneur. C'était déplacé. Il aurait mieux valu lui offrir un défilé de marchandes des quatre-saisons. Engoncé dans ses châles, son fantôme aurait préféré entendre le chant des oiseaux que les trompettes d'un régiment. Après la cérémonie des fruits et légumes, elle me tendait d'une main tremblante des liasses de feuillets dactylographiés. « Voilà, c'est prêt. J'ai fait taper les scènes à la machine. Je crois que tu vas être content... »

Cette situation était un peu pathétique. Un jour, tout de même, je réussis à la sortir de la semi-léthargie où la plongeait son grand âge, en évoquant une des jolies scènes de la pièce. C'est le tableau où les deux protagonistes marient leur fille : une occasion pour la mère d'évoquer les regrets de sa propre vie. Là, Colette s'est réveillée. Avec sa voix rocailleuse et son accent bourguignon, elle s'est mise à imaginer la scène et à en improviser les dialogues. « Oui, il y a comme une odeur de gardénia... » Tout son talent d'écrivain revenait, c'était magnifique. Mais je ne pouvais pas prendre note sous son nez. En sortant de chez elle, je me suis précipité dans le premier café, et j'ai tenté de reconstituer tous ces mots, dans l'ordre où elle me les avait offerts. Ce fut peut-être son dernier cadeau à la vie et nous avions, Marie Daems et moi, un secret plaisir à jouer.

Nous partagions une autre tâche : les auditions. Fresnay affirmait avoir le respect des comédiens : cela ne l'empêchait pas d'être extraordinairement sec avec ceux qui venaient se présenter à la Michodière. Je sais bien que c'est la règle du genre, mais Fresnay la poussait à une telle extrémité que les candidats devaient avoir l'impression de passer devant la haute cour. Je m'efforçais de tempérer cette impression tout en restant neutre, ne serait-ce que pour ne pas être trop détesté par les refusés. Rien n'est plus pénible, en fait, que ces auditions : on se met à dos tous ceux qui ne décrochent pas le rôle, surtout ces chevaux de retour qui, malgré les échecs, continuent d'y croire, comme au premier jour. Quand tombe la phrase fatidique, « nous sommes désolés, ce n'est pas pour vous », ils repartent en ressassant leur rancœur contre cette mafia de directeurs, de comédiens, de metteurs en scène, qui, depuis vingt ans, leur barre la route du succès. Nous nous arrangions pour garder les auditions secrètes, en ne convoquant que les quatre ou cinq comédiens que nous pressentions capables de tenir le rôle. Mais le théâtre est un petit monde. Une fuite, et c'était cent personnes qui se présentaient au rendez-vous, avec en tête les éternels rescapés du troisième rôle, certains de décrocher enfin la timbale. Et il fallait bien les écouter tous, sous peine de passer pour d'odieux négriers. Les rôles de la Michodière étaient d'autant plus recherchés que, en général, ils assuraient l'ordinaire durant plusieurs saisons. Dans une profession où le chômage est chronique, ce n'était pas un mince attrait. Cette longévité n'avait cependant pas que des avantages. J'ai dû souvent faire le gendarme pour conserver à la Michodière des comédiens qui voulaient se libérer un moment pour tourner un film, ou participer à un autre spectacle. Il fallait être ferme jusqu'à un certain point. Ce n'est pas non plus très bon pour une pièce d'être interprétée par des comédiens qui montent sur scène à contrecœur...

Cela n'est pas arrivé souvent, dieu merci, et de ces années-Michodière, j'ai davantage le souvenir d'éclats de rire que de coups de gueule. Il y a même eu quelques soirées inoubliables, au moment de *Gog et Magog*. En l'occurrence, je ne pense pas aux générales. Ces représentations destinées au Tout-Paris sont, au contraire, ce que je déteste le plus au théâtre. Rien n'est pire que ces assemblées de personnages blasés qui n'ont pas fait l'effort de payer leur place mais s'érigent néanmoins en critiques. C'est le public le plus froid, le plus inamical, le plus difficile qui soit. Et le moins enthousiasmant : je ne connais pas un seul artiste qui, ce jour-là, soit aussi bon que d'habitude. Face au Tout-Paris, on se sent jeté au milieu de la fosse aux lions. Quel bonheur de retrouver, dès le lendemain, le vrai public qui a, lui, véritablement envie de vous applaudir... Dans les premières, l'important n'est d'ailleurs pas de réussir la pièce, mais de ne pas rater la salle. Il faut des trésors de diplomatie pour mélanger sans heurt les gens en vogue, les critiques importants, les amis des uns et des autres, et ces divas de la vie parisienne qui sont toujours fâchées avec tel ou tel. Parfaitement au courant des dernières querelles de cette société, le fils d'Albert Willemetz, administrateur du théâtre, excellait dans cette besogne. Et le soir venu, tout le monde était à sa place, mondains patentés, stars confirmées et vedettes d'un jour, sans que l'on ait oublié personne. Il savait aussi canaliser les protestataires en tout genre : un jour que l'on « vendait les marches » au même prix que les fauteuils, je l'ai entendu répondre à un spectateur : « Mais, monsieur, il y a du tapis. » Grâce à ce Machiavel du plan de salle, les générales n'étaient donc plus que des demi-cauchemars. Mais je leur ai toujours préféré les centièmes, ces soirées où l'on fête entre comédiens le succès d'une pièce.

Ainsi, je ne risque pas d'oublier la trois centième représentation de *Gog et Magog*, où je partageais la scène avec Roger Carel et Jacqueline Maillan. Je reparlerai de cette pièce qui me permettait de me dédoubler. A la centième, j'avais offert à souper ; à la deux centième, la troupe avait organisé la soirée ; à la trois centième, c'était de nouveau mon tour.

La fin de la saison théâtrale approchait et Fresnay était parti en vacances. Cela tombait au mieux... J'avais appris que l'on pouvait louer un autobus parisien, avec son chauffeur. Ce jour-là, nous avions joué en matinée et il n'y avait pas de soirée. L'autobus est venu nous chercher à la Michodière. Nous avons offert un spectacle assez inattendu : la troupe savait que j'aimais bien, à la belle saison, user et abuser du gag de l'arroseur. Prudemment, tout le monde avait revêtu un ciré jaune de marin, ce qui donnait un air de port breton à notre tranquille petite rue du quartier de l'Opéra.

Tous mes copains étaient au rendez-vous. Le receveur n'était autre que Maurice Biraud. L'administrateur du théâtre était assis à côté du chauffeur, qui resta avec nous toute la nuit. Associé à nos agapes, il fut bien incapable de reprendre le volant à la fin de la fête. Tout commença par un circuit à travers le Paris des théâtres. A chaque arrêt, nous chargions de nouveaux invités. Je crois me souvenir que nous avons remonté la rue de Richelieu en sens interdit, sous les injures des automobilistes. Sur la plate-forme, José Artur, déguisé en curé, trouvait spirituel d'embrasser à pleine bouche Françoise Soulié, la femme de Maurice Biraud, elle-même costumée en religieuse... A cette vision d'horreur, un chauffeur de taxi a freiné à fond et a hurlé « Salauds ». Nous avons frôlé l'émeute. A Saint-Augustin, nous avons ramassé Nicole Courcel et Michel Piccoli : elle était travestie en putain, lui en pompier. Nous retombions tous en enfance. Quelle soirée ! Au bar de la Michodière, où nous attendait un souper après ce délirant périple, tout le monde a vite compris qu'il allait y avoir du grabuge. Le barman avait la bobine modérément engageante de Bernard Blier et Jean Carmet, son assistant, se donnait l'air de préparer quelque mauvais coup. Ces deux vicieux avaient prévu une bataille de tartes à la crème qui devait débuter bien avant le dessert. Dans cette discipline qui exige un certain savoir-faire, Carmet avait une méthode imparable pour ne jamais rater sa cible. « Si tu menaces quelqu'un avec une tarte, expliquait-il doctement, il se lève d'instinct et se protège le visage. A ce moment-là, tu glisses une seconde tarte sur son siège. Il se rassoit, considère le désastre, et là, tchac ! Tu lui balances la première en pleine poire... » C'était en effet très efficace. Toute la nuit, nous avons bu, ri, dansé, hurlé, et pataugé dans la crème. Le lendemain, la concierge avec laquelle j'entretenais une certaine complicité, a convoqué le chargé de l'entretien. Il ne fallait pas que Fresnay retrouvât son théâtre dans un tel état, saccagé par des barbares loufoques. L'homme est entré dans le foyer, a considéré l'étendue du désastre et nous a gratifiés d'un historique : « Ah non... Pas ça ! » On ne l'a jamais revu.

J'aurais pu me limiter à la double activité que constituaient la codirection de la Michodière et la représentation du soir. Cela faisait déjà un bel emploi du temps. Boulimique de travail, je n'ai pas su m'en contenter. Il me fallait jouer, jouer, et jouer encore, du matin au soir, sans m'arrêter jamais. Cette course folle a duré quinze ans au cours desquels j'ai voulu assouvir jusqu'à l'ivresse ma passion du théâtre. J'accumulais les rôles, entre la radio, le cinéma et la scène : en une seule journée, je pouvais bien changer trois ou quatre fois d'identité, ce qui me paraissait alors la seule façon d'être moi-même. Je me demande aujourd'hui si je n'essayais pas plutôt de me fuir. L'« affaire » Jacqueline avait laissé en moi des blessures qui ne voulaient pas se refermer et cette frénésie constituait l'exutoire que je ne trouvais pas dans ma vie. A défaut d'être un homme tout à fait heureux je m'étais métamorphosé en trombe. Le matin, je fonçais à la radio, pour laquelle j'avais une véritable prédilection. J'adorais son pouvoir magique d'évoquer des scènes, des paysages, des atmosphères ou des drames, par le seul pouvoir de la voix. Malgré l'absence physique du public, je découvrais dans la mise en scène — plutôt la mise en ondes — d'une émission radiophonique des séductions puissantes : je les sentais à l'autre bout de l'espace, mes auditeurs. Un micro devant le nez, je connaissais là une qualité de trac et d'excitation comparable à mes plus chères expériences théâtrales... Quand la lampe rouge s'allume, quand les micros sont ouverts et qu'il ne faut pas même lâcher un souffle, quand l'horloge murale égrène les quelques interminables secondes qui vous séparent de la plongée dans l'arène... Ces moments suspendus gardent dans mon souvenir la saveur de la jouissance.

La radio m'offrait aussi la possibilité de jouer des rôles que mon physique m'aurait interdits sur une scène. Il faut bien le reconnaître, je n'ai jamais eu la gueule de l'emploi pour jouer Britannicus, Néron, Dom Juan ou Lorenzaccio. J'ai pourtant eu la joie d'interpréter ces grands rôles, grâce au théâtre radiodiffusé. Aussi n'ai-je jamais considéré comme secondaire cette activité. Bien au contraire, et, comme tous les comédiens, je m'y suis donné à fond. A la radio, on peut faire des gammes, en se concentrant uniquement sur le son de sa voix, grâce au « retour » du casque. Mieux que sur scène où d'autres détails vous absorbent, on peut moduler son phrasé, parfaire un détail, préparer avec soin un passage périlleux. C'est à la radio que j'ai campé mon premier flic, avant que le cinéma ne m'offrît une place à l'année au Quai des Orfèvres.

On ne peut pas toujours être Britannicus : j'ai donc endossé l'imperméable imaginaire du commissaire François, un policier intelligent, séducteur, et décidé, qui posait chaque semaine des énigmes aux auditeurs d'Europe N° 1. Maurice Siégel, mon comparse de Janson-de-Sailly devenu directeur de cette station, avait eu l'idée de pimenter l'émis sion avec un concours doté de lots assez alléchants. Très vite, l'affaire devint d'importance nationale. Le public d'Europe N° 1 ne voyait plus en moi le comédien Périer mais le commissaire François et j'ai reçu des lettres de félicitations le jour où, après des années de bons et loyaux services, le scénariste Louis Rognoni m'a fait passer au grade de divisionnaire. Nous enregistrions plusieurs émissions d'avance et je connaissais donc la clef des mystères avant leur diffusion sur Europe N° 1. Un soir de relâche, je dînais chez des amis : la maîtresse de maison manifestait une certaine irritation. Impossible d'arracher la soubrette à l'écoute de son émission favorite, « L'Inspecteur François ». On imagine la suite : la stupeur de cette jeune femme découvrant que j'étais là, les autographes, etc. Pour finir, je lui dévoilais le pot aux roses. Ce soir-là, l'énigme devait être un peu plus corsée. Elle a été la toute première à « trouver » la solution. On a donc annoncé son nom à la radio. Elle était aussi ravie que j'étais embêté. Quand j'ai quitté mes amis, après le dîner, la concierge qui m'avait vu arriver me guettait depuis sa loge, oiseau de très mauvais augure. A mon bonsoir elle ne répliqua que par un menaçant : « Évidemment, comme ça, c'est facile... ». Elle avait sûrement écouté l'émission et fait le lien de cause à effet entre ma visite et la jugeote subite de la domestique. De plus en plus troublé par cette affaire, je décidai d'en parler à Maurice Siégel, dès que j'aurais l'occasion de le voir. Ce fut le surlendemain. « Ne me fatigue pas à me raconter ton histoire !, m'a-t-il dit en rigolant, j'ai déjà reçu la lettre. » L'exquise bignole nous avait froidement dénoncés...

Si je quittais les studios de la radio, ce n'était que pour me précipiter dans ceux du cinéma, à Saint-Maurice, à Billancourt. Ou à Épinay. Qui se souvient de *Capitaine pantoufle*, de *Que les hommes sont bêtes*, d'*Un trésor de femme* ou de *La Bigorne*. Et de *L'Amour, madame*, si ce n'est Françoise Giroud, qui en était la scénariste ? Dans ma boulimie, je n'ai pas toujours choisi mes films avec assez de discernement pour en arriver à la formule d'Arletty : « Deux conneries, un bon truc. » On ne s'ennuyait d'ailleurs pas sur ces tournages des années 50, qui faisaient vivoter un petit monde sans envergure et assuraient au public ses rires du samedi soir. Heureusement, j'ai eu quelques rencontres d'un niveau plus relevé. Sans avoir fait au cinéma la plus exaltante des carrières, j'y ai quelques grands souvenirs. J'y reviendrai. En revanche, ces films de commande, enchaînés à la va-vite, se mêlent dans ma mémoire en un étrange tourbillon de visages : parmi eux, Martine Carol et Jean Seberg, ces femmes dont les sourires masquaient si bien qu'elles marchaient vers des destins tragiques. Au cinéma, on passe souvent auprès des gens sans les voir. De cette course, il me reste l'image déchirante d'un petit animal. Petit n'est d'ailleurs pas tout à fait exact. « Chérie » devait peser cent cinquante kilos. Je partageais avec elle la vedette d'une pochade intitulée *Mon phoque et elles.* On l'aura compris, c'était une otarie. J'ai dû lui prodiguer une tendresse que je n'avais pas toujours pour mes partenaires. Pour les besoins du dressage, chaque matin, j'allais moi-même lui apporter un petit déjeuner — des poissons — au studio de Levallois où elle villégiaturait. Les enfants m'accompagnaient, enchantés de connaître cette vedette aussi aquatique qu'inattendue. Nous la couvions d'autant plus qu'au cours du tournage, à la suite d'une fausse manœuvre, elle avait bien failli tomber à la mer. Si « Chérie » s'était échappée, c'était la fin du film. Bienveillante à l'égard des producteurs, elle était restée et nourrissait à mon égard une passion grandissante. Quand je m'allongeais dans un coin du studio, elle attendait que je somnole et venait se blottir contre moi. A la fin du tournage, on envisagea de l'adopter. Malgré la passion des enfants, je reculai devant les difficultés de l'entreprise et j'oubliai « Chérie ». Je l'ai retrouvée un an plus tard au Gala de l'Union des artistes. Ou plutôt, elle m'a retrouvé, dans la cohue qui envahissait les coulisses du Cirque d'hiver. « Chérie » se retournait bruyamment dans sa cage, poussant des cris d'amour déchirants. J'en ai eu le cœur si serré que je n'ai jamais raconté ces retrouvailles à mes enfants. Tous les comédiens ne se reconnaissent pas ainsi, après des mois...

Il n'y a guère que les tournées qui nous rapprochent vraiment, nous les saltimbanques. Pendant quinze jours ou trois mois, on est ensemble, vingt-quatre heures sur vingt-quatre. Avec ce bonheur bizarre de tenir son rôle jusqu'au bout. On l'a déjà joué à Paris, dans les grands théâtres de province, en Suisse, en Belgique. On n'a pas envie pour autant de « rater » la sous-préfecture où l'on échoue un soir d'hiver après un voyage de trois cents kilomètres. Il n'y a pas de petit public. Tous mes succès, je les ai emmenés moi-même en tournée, sans aucune défaillance : *Les Mains sales*, *Bobosse*, *Le Ciel de lit*, *Gog et Magog*, etc. J'aime cette atmosphère de troupe : il y a des personnages que l'on retrouve chaque fois. La comédienne toujours en retard, le râleur jamais satisfait du choix des hôtels ou des restaurants, le taciturne, l'administrateur vétilleux qui a aussi un petit rôle dans la pièce, les joueurs de cartes, le bavard qui ressasse mille fois la même anecdote. « Je ne t'ai jamais raconté le jour où... » et chacun réécoute avec plaisir l'histoire qu'il connaît par cœur. Depuis le Capitaine Fracasse, le car Pullmann a remplacé les chariots. On s'y amuse beaucoup et, même si on me propose une voiture plus confortable pour gagner l'étape, je préfère rester au milieu de mes camarades. Pour rien au monde, je ne manquerais les blagues de potache qui se montent presque chaque jour, surtout si la pièce est gaie. Il vaut toujours mieux « partir » avec une comédie : les journées aussi sont plus joyeuses.

Cette détente m'était d'autant plus indispensable que, durant ces quinze années de délire, les tournées m'ont tenu lieu de vacances, avec mes films en Italie. L'été, la Michodière faisait relâche, les radios diffusaient de la musique de plage, et le cinéma français découvrait Saint-Tropez : j'aurais pu en profiter pour me reposer, moi aussi. D'autant que je ne déméritais pas. Impossible de résister à l'appel des studios de Rome. Fellini, Pietrangeli, Damiani, Monicelli : j'entamais une carrière supplémentaire à Cinecittà. Ce qui m'étonne le plus, quand je repense à cette époque de frénésie, c'est d'avoir été aussi organisé. Car il fallait avoir une rigueur de manager pour sauter ainsi de *Lorenzaccio* à *Mon phoque et elles* et de *Bobosse* à *Cabiria*. Pour m'aider à relever ce défi, j'avais engagé un secrétaire plutôt extravagant, en la personne de José Artur.

L'histoire mérite d'être contée. Au départ, nous retrouvons mon illustre tante Alice. Celle-là même qui avait présidé à mes débuts dans une nativité à l'âge de trois ans. Cette militante d'Action française portait une affectueuse admiration au commandant Artur, un officier de marine de son bord politique, dont le titre de gloire était d'avoir maté les fameux mutins de la mer Noire. D'origine bretonne, il avait harangué les marins dans leur patois : « Mais que penseront de vous vos femmes, vos prêtres et vos enfants, quand vous reviendrez enchaînés, entre vos officiers ? » Fait étrange pour une famille aussi bourgeoise que conservatrice, les parents Artur ne voyaient pas d'inconvénient à ce que leur fils fût tenté par les planches. Mieux, ils le poussèrent dans la voie du théâtre. Tante Alice, qui s'était retirée dans un couvent où elle avait quasiment pris la place de la mère supérieure, continuait de mener de front sa double passion pour le ciel et pour le théâtre. Elle m'a donc convoqué dans sa retraite pour me présenter le jeune homme. Un fils d'officier de marine bien sous tous les rapports, avec un père glorieux et une excellente éducation, ce n'est pas en principe de la bonne graine pour le théâtre. Je m'attendais donc au pire.

Je rencontrai un gamin souriant et peu timide. Il devait avoir une quinzaine d'années. Alice « réquisitionna » la chapelle, et José m'y donna un morceau du *Misanthrope* : je le trouvais assez drôle, sinon tout à fait *Misanthrope*... Que faire : lui conseiller un cours ? Il n'avait guère d'argent. Je lui expliquai que le théâtre n'était pas un métier comme les autres : on ne pouvait l'apprendre, sinon par contagion. En fin de compte, le seul moyen pour lui de débuter au théâtre était d'en fréquenter le milieu. Dans mon cas, le Cours-

Simon m'avait servi de marchepied. Je lui suggérai de m'imiter.

Quand il vint me revoir à Neuilly, il avait pris un nombre impressionnant de rendez-vous, sans grand résultat. « Au fond, me dit-il, vous me conseillez de fréquenter les gens de théâtre, mais pourquoi je ne vous fréquenterais pas, vous ? » C'était une idée ! Mes papiers et mes livres se trouvaient alors dans un grand désordre. Je lui proposai de m'aider à les classer, moyennant salaire. Voilà comment José Artur est devenu mon secrétaire. Le terme était un peu pompeux, d'autant qu'il n'a jamais voulu accepter le moindre émolument. Il venait tous les jours chez moi à Neuilly, à bicyclette. Ses fonctions n'étaient pas clairement définies. Comme il le révèle dans son livre *Micro de nuit*, il a même donné le bain à ma fille, Anne-Marie. Mais il a aussi atteint son but : connaître l'univers du théâtre. Tout le monde l'adopta, à commencer par Simone Signoret et Yves Montand.

Un soir, je l'invitai à dîner, avec Pierre Fresnay et Yvonne Printemps. Je le sentis particulièrement heureux et impressionné. En fin de soirée, Fresnay lui proposa de le raccompagner dans son auto ; José arbora un visage complètement ravi. Je savais ce qui l'attendait : au volant, Fresnay était un danger public et c'est un miracle qu'il ne soit pas mort dans un accident. Il conduisait très vite, en parlant à ses voisins et sans bien regarder devant lui. Le lendemain, quand José revint « travailler », je l'interrogeai sur la terreur qu'il avait dû éprouver. « Oh ! Ce n'était pas grave. Je me suis seulement dit que j'allais mourir célèbre, que les journaux titreraient en gros caractères : "Pierre Fresnay et Yvonne Printemps se tuent en voiture". Ils ajouteraient en plus petit qu'"il y avait un troisième corps, celui d'un jeune garçon apprenti comédien, nommé José Artur". » Il finit par s'inscrire au cours de Raymond Rouleau que la tante Alice jugeait plus « sérieux » que celui de René Simon. Il débuta dans *Le Voleur d'enfant* de Supervielle, avec un certain succès, mais très vite, il fut saisi d'un trac épouvantable qui le paralysa complètement.

A la reprise de *Bobosse* en 1957, j'eus la plus grande peine du monde à le convaincre d'accepter le rôle du journaliste bègue. L'expérience fut pourtant décisive. Il découvrit à cette occasion qu'avec un micro entre les mains il surmontait son angoisse. C'était assez curieux, puisque cet accessoire n'était évidemment branché sur rien. « Peut-être, disait-il, mais c'est mon alambic, je n'ai plus peur. » Ainsi est sans doute née la vraie vocation de ce bavard impénitent qui, dans le théâtre, aimait surtout approcher ceux qui avaient réussi. Il n'a pas été un secrétaire d'une fantastique efficacité mais j'ai eu le bonheur de profiter en privé, pendant des années, de l'humour et de l'insolence dont José Artur allait ensuite régaler ses auditeurs. J'adorais son esprit, plein de repartie et qui ne s'épargnait pas lui-même : « J'ai raté mes deux mariages, disait-il. Ma première femme est partie. La seconde est restée. » Je n'ai pas le souvenir qu'il ait jamais répondu à une lettre ou classé un papier important mais ce secrétaire très particulier mettait de la gaieté dans ma turbulente existence. Il y est passé comme un courant d'air, qui chassait le temps gris et remettait le ciel au bleu. Cela ne résolvait cependant pas mes problèmes d'ordre. A tel point qu'un matin José m'a dit assez solennellement : « Ça ne peut pas continuer comme ça, il faut que nous prenions une secrétaire. »

Ma vie de famille, on s'en doute, était quelque peu réduite par tant d'activité. Souvent parti de Neuilly à huit heures du matin, je n'y retournais qu'en pleine nuit, après le souper qui suit la représentation. Ainsi certains jours, le contact avec mes trois enfants se limitait-il aux visites furtives que je leur rendais alors qu'ils s'étaient endormis ou au coup de téléphone que, par tradition, je passais à la maison depuis ma loge, avant d'entrer en scène. C'est ma mère qui répondait et me donnait des nouvelles de ma petite tribu en les édulcorant pour ne pas troubler ma concentration. A l'entendre, tout allait toujours bien. Une fois, tout de même, elle ne put me cacher que les deux garçons n'étaient pas encore rentrés. Avaient-ils trouvé eux aussi un Désiré Mestiféri pour leur tenir compagnie dans les rues de Neuilly ? Mon naturel bilieux trouvait là du grain à moudre... Quelques minutes plus tard, je rappelai la maison : ouf, les lascars avaient réintégré le logis. A chacun, j'ai fait répéter plusieurs fois « Je suis un con », au téléphone. Leur sœur Anne-Marie en frémit encore. C'était peut-être une étrange méthode d'éducation mais, sur le moment, c'est le seul moyen que j'ai trouvé pour leur communiquer ma fureur et qu'ils s'en souviennent.

A défaut d'être le plus présent des pères, je faisais en sorte que l'on m'entendît...

A Neuilly, la vraie maîtresse de maison restait ma mère. Venue pour me dépanner au moment du départ de Jacqueline, elle est restée douze ans. Douze années pendant lesquelles elle aura réussi à donner un semblant de cap à cet hôtel particulier qui, suivant les jours, s'apparentait au bateau ivre ou à la maison du bonheur. N'ayant jamais eu qui que ce soit à son service, Hélène Pillu ne s'habituait pas à l'idée que l'on pouvait retaper son lit à sa place... Même dans cette vaste résidence que j'avais fini par acheter, elle restait la dame des « Caves du viaduc ». Le petit monde de Neuilly se divisait en fait en deux univers très distincts. Il y avait d'un côté l'étage de Marie et de François, et au-dessus la tanière des enfants. Au fil des mois, Marie Daems avait quelque peu remplumé mon intérieur en le transformant en une assez gracieuse bonbonnière.

L'étage des enfants ne manquait pas de fantaisie. Parmi les personnages qui tenaient un rôle, Mlle Dumont, dite « Miss Dudu », n'était pas la moins extravagante. Répétitrice de son état, cette vieille fille au maintien austère faisait l'école à Anne-Marie qu'un caractère farouche ne prédisposait pas — avions-nous décrété — à la fréquentation des petites classes. Elle n'en a eu que plus de mal à s'acclimater par la suite. Parangon de toutes les vertus, Miss Dudu était la cible favorite des débordements scatologiques des jeunes frères Pillu. A force de prendre une mine pincée, elle avait l'air de s'être définitivement coincée dans une porte. L'atmosphère un peu baroque de la maison devait tout de même déteindre sur elle : les soirs où elle ne se sentait pas l'envie de rentrer à Versailles, elle dormait par terre dans la lingerie. La scène la plus surréaliste jamais donnée dans notre théâtre de Neuilly reste cependant la communion d'Anne-Marie. A l'époque, Marie Daems passait ses soirées dans une boîte nègre très à la mode, « Keur Samba ». Pour pimenter une fête de famille qui lui paraissait un peu trop classique, elle n'a rien trouvé de mieux que de convoquer tout l'orchestre. Ces messieurs ont donné une note hautement exotique à la cérémonie. Quant à moi, je n'ai pu qu'envoyer des fleurs depuis Madagascar, où je tournais un film...

Pour les enfants d'acteurs, les souvenirs de jeunesse sont déjà des souvenirs de spectacle. Leurs terrains de jeux sont les coulisses des théâtres et la promenade du jeudi aboutit à des plateaux de cinéma. Quant aux amis de la famille, ce sont des têtes d'affiche. La première fois que Jean-Marie est venu me voir au théâtre, il devait avoir trois ans. Il n'a suivi qu'une scène ou deux puis je l'ai retrouvé dans ma loge : « Oh ! Papa ! Tu es habillé comme le monsieur... ». En y repensant, je trouve que c'est une assez bonne définition du théâtre.

Le soir de Noël, les parents sont de service. On ne travaille jamais autant que pendant la période des fêtes. Et, de toute façon, on a déjà fait semblant de se réunir autour de l'arbre, trois semaines plus tôt, pour le photographe d'un hebdomadaire. A cette école-là, on apprend très vite l'art du trompe-l'œil... Je les revois tous les trois, fous de joie sur le tournage de *Cadet-Rousselle*. Ou bien intimidés par Louis Jouvet. Il était passé me chercher pour aller voir un spectacle :

— Tes gosses sont là ?

— Oui.

— Ah !... On peut les voir ?

— Ils sont en train de dîner.

— Mais voyons, c'est très bien, des enfants qui dînent.

Il a lentement tourné autour de la table, en caressant doucement la tête de chacun. Puis il s'est arrêté devant Jean-Marie, lui a tapoté la joue et, en prenant son air le plus grave, le plus péremptoire, le plus laconique : « Ton père veut que tu fasses du latin... Il a raison. » A cinquante ans, Jean-Marie entend toujours le conseil de ce Jupiter tonnant : ça ne l'a d'ailleurs pas empêché de faire tout le contraire...

Au ténébreux Jouvet ils préféraient Yvonne Printemps

que son penchant pour la dive bouteille rendait d'une compagnie très joyeuse. Elle finissait pas dire un peu n'importe quoi... Ce trait n'avait pas échappé à ma descendance et, un jour que nous fêtions au caviar je ne sais quel succès, on put entendre un chœur saluer le premier toast à la vodka : « Allez, Yvonne, c'est parti ! » Elle eut la gentillesse de ne pas s'en formaliser. Toutes les vedettes des années 50 sont passées un soir ou l'autre par la maison de Neuilly. Et même des stars d'Hollywood. Alors que je jouais *Bobosse*, Gérard Oury m'a amené Humphrey Bogart et Lauren Bacall : après le spectacle auquel ils n'ont dû strictement rien comprendre, nous nous sommes retrouvés chez moi pour souper. Tandis que « Bogey » s'attaquait avec une grande ardeur à mes réserves de whisky, sa compagne voulut à tout prix aller contempler ma progéniture endormie. A pas de loup, nous avons fait le tour des chambres pour ne pas troubler leur sommeil. « Comme ils sont mignons », s'exclamait Miss Bacall, à voix basse, entre deux portes. Notre remue-ménage a tout de même réveillé Jean-Marie. « Bonjour, Jean-Marie », a murmuré la star, avec un terrible accent. Le gosse était un peu éberlué. Je restai quelques instants auprès de lui, le temps qu'il refermât les yeux. « Alors, mon pauvre coco, nous t'avons réveillé. — Oui, papa, mais ça valait la peine... » Ces conciliabules nocturnes avaient leur charme, mais ce n'est pas ainsi que l'on voit grandir ses enfants.

Dès que je le pouvais, j'emmenais l'un ou l'autre avec moi, dans mes pérégrinations. A Autheuil, dans la maison d'Yves Montand et Simone Signoret, la bande des habitués s'écartait pour faire une petite place aux enfants. L'ambiance de cette villégiature ne devait d'ailleurs pas être dépaysante pour des gamins : avec Roger Pigaut, Henri Crolla, José Artur et quelques autres, nous passions notre temps à raconter ce qu'il faut bien appeler des conneries. Et le jour où les Montand se sont offert une piscine, nous nous sommes tous éclaboussés comme des gosses. Autheuil était une colonie de vacances, à ceci près qu'on y avait introduit le scotch, les jeux de cartes et qu'on ne s'y couchait que rarement avant l'aube... On y passait des week-ends à rebours. Arrivés après la représentation du dimanche soir, nous repartions le mardi midi, avec la perspective de rejouer le soir : je me souviens que le trac commençait à revenir au moment précis où j'actionnais le démarreur de la voiture. Pour les enfants, ce n'est pas drôle... C'est dans ces moments-là que les engueulades pleuvent, pas toujours justifiées.

Jean-Marie, mon fils aîné, restait assez indifférent à mes colères : en tout cas, elles ne modifiaient en rien son comportement scolaire. Renvoyé d'une quantité astronomique de collèges, il en était à tripler sa troisième quand je l'embarquai avec moi à Rome, sur le tournage des *Nuits de Cabiria*. Je m'entends lui répéter la phrase clef de ce genre de situation : « Qu'est-ce qu'on va pouvoir faire de toi ? » La réponse est venue de Benno Grazziani, un reporter qui faisait un reportage sur Federico Fellini : « Quand on ne sait pas quoi faire de son fils, on le met à *Paris-Match* ! » C'était le bon sens même, à l'époque. Un jeune photographe de la maison réclamait justement un assistant. Il s'appelait Daniel Filipacchi. C'était en 1956. Cinq ans plus tard, l'entreprenant Daniel lançait sur le marché un magazine dont aucun groupe de presse n'avait voulu : *Salut les Copains* ! Jean-Marie prit alors congé de *Paris-Match* où l'on se montra assez narquois : « Rappelez-nous quand votre canard tirera à un million d'exemplaires. » Trois mois plus tard, ça y était. Jean-Marie le cancre était devenu le photographe officiel des idoles, et leur ami ; et tous les potaches de France l'enviaient.

Ainsi, il a été le premier à quitter la maison, à l'âge où moi aussi je m'étais lancé dans la vie. De nos années à Neuilly, il conserve une image assez étrange : de temps à autre, durant sa traversée du désert, le général de Gaulle utilisait le jardin de Mme Volterra, notre voisine, pour réunir ses partisans. Ces soirs-là, ma mère, qui assimilait le chef de la France libre à un suppôt du communisme, fermait toutes les écoutilles et rassemblait les enfants au cœur du navire. Évidemment, les fanatiques du R.P.F. n'ont jamais eu l'idée saugrenue d'aller prendre d'assaut la maison voisine. Hélène Pillu n'en continuait pas moins de déclencher l'alerte aussitôt que l'on annonçait Charles de Gaulle dans le voisinage. Ces deux forts caractères devaient être irréconciliables... Elle aura tout juste vu son retour aux affaires. En 1959, maman est morte au moment où nous abandonnions Neuilly pour nous installer Faubourg Saint-Honoré. Tout basculait alors dans mon existence.

Je quittais Marie Daems pour Colette, dont je partage encore la vie. Grâce à elle, j'ai pris, cet été-là, mes premières vraies vacances depuis 1940. En dix-neuf ans, je n'avais jamais arrêté de travailler plus de trois jours ! Je l'ai rejointe à New York où elle montait l'antenne américaine du célèbre salon de coiffure des sœurs Carita. Nous sommes partis en Floride. A l'aéroport de Miami, on louait des voitures. Je trouvais cela extraordinaire : il y en avait un parking entier, de toutes les marques et de toutes les couleurs. Un rêve d'enfant. « Vous prenez celle que vous voulez. » Nous sommes partis dans une Chevrolet Corvette décapotable. Avec Jacqueline, nous avions vécu notre lune de miel à bicyclette, sur les routes du Limousin. Au côté de Colette, je découvrais l'Amérique, au volant d'une magnifique automobile. Les temps avaient changé.

A Paris, Jean-Marie a annoncé la nouvelle à son frère et à sa sœur en improvisant une comédie musicale : il s'est mis au piano et leur a fredonné : « Ha, mes amis ! Jamais vous ne devinerez ! Papa a une nouvelle fiancée !... Qui c'est ? Jamais vous ne devinerez... »

L'hiver suivant, j'ai revu une dernière fois la maison de

Neuilly que j'avais vendue. Je tournais avec Annie Girardot, dans un studio voisin. Soudain, par une fenêtre, j'ai réalisé que j'étais devant chez moi. On était en train de tout démolir. Il n'y avait plus qu'un mur debout et on distinguait tout juste les papiers peints qui avaient décoré les chambres des enfants. Une énorme boule est venue casser cet ultime vestige de mon passé. J'ai eu l'impression que ma propre vie partait en lambeaux. Un bel immeuble se dresse désormais à la place de mes souvenirs. Mais si j'en crois Jean-Marie, ce n'est qu'une boîte et notre maison est toujours rangée à l'intérieur...

Après les *J3* et *Bobosse*, *Gog et Magog* fut ma troisième « millième ». Je l'ai très exactement joué mille cinquante fois. Heureusement, le spectacle a évolué au fil du temps. Entre 1959 et 1963, il s'est bien allongé de vingt minutes. Tout a commencé le jour où Gabriel Arout m'a parlé d'une pièce anglaise, intitulée *Double image* qui faisait les beaux soirs d'un théâtre londonien. A l'entendre, c'était le chef-d'œuvre du siècle. Le résumé qu'il m'en fit, avec son accent d'Europe centrale, n'était qu'à moitié convaincant. Un homme était écrasé par ses proches : son oncle et sa belle-mère le considéraient comme un raté et sa femme se détachait de lui. Alors il ressuscitait son jumeau mort-né, pour piéger son entourage. Évidemment, il interprétait lui-même ce frère miraculeusement réapparu. L'idée était assez abracadabrante. Je me suis laissé traîner jusqu'à Londres. La pièce, adaptée d'une nouvelle de Roy Vickers, était d'une facture psychanalytique pesante : j'ai passé une soirée sinistre. Furieux après Arout, j'ai vite compris que cet astucieux personnage avait déjà échafaudé tout un plan : « Ne te fâche pas, François ! Bien sûr que la pièce est mortelle... Mais imagine qu'on lui donne un ressort comique. Il faut que le public soit mis rapidement dans la confidence et comprenne que les deux frères ne font qu'un... »

Effectivement, un des défauts de la pièce anglaise était qu'on ne découvrait le pot aux roses que très tard. Arout s'est mis au travail et cela a donné *Gog et Magog*. Avec un assez joli morceau de bravoure : le monologue où je dévoilais la supercherie. Le texte en était assez réussi mais posait un problème : où que nous le mettions dans la pièce, il paraissait bancal. Interprète principal mais aussi metteur en scène, j'essayai toutes les combinaisons. Arout voulait le placer d'entrée. Cela me semblait être une erreur. Au fil des répétitions, l'affaire tournait au cauchemar. Je possédais déjà par cœur cette longue réplique alors que nous ne savions toujours pas où la placer. Je commençais à en rêver la nuit quand Yvonne Printemps, qui suivait notre travail, a eu l'illumination. Elle a trouvé l'endroit exact où le monologue faisait rebondir la pièce. C'était évident. Nous ne l'avions pas vu. Ainsi, au théâtre, il faut parfois des jours et des semaines pour que les choses se mettent en place, que la pièce soit bien « calée ». C'est au moment où l'on n'y croit plus que vient le « déclic ». Il arrive aussi qu'il ne vienne jamais...

Il restait à attribuer le rôle de la belle-mère qui, elle aussi, tombe amoureuse du nouveau venu. Fresnay voulait Denise Grey. Contre son avis, je proposai l'affaire à Jacqueline Maillan qui n'avait pas tout à fait l'âge de l'emploi mais une verve inépuisable. Je l'avais remarquée dans l'*Ornifble* de Jean Anouilh, où elle tenait un rôle dramatique : c'est cependant au Cabaret qu'elle m'avait surtout épaté. Elle passait à l'Amiral, rue Arsène-Houssaye, une petite scène où se succédaient Roger Pierre, Jean-Marc Thibault, Darry Cowl, et un pianiste nommé Louis de Funès. Elle se laissa facilement convaincre de m'avoir pour gendre et elle a eu bien raison, car nous avons formé un couple idéal. Très vite, le texte d'Arout ne nous a plus suffi en particulier la scène de séduction entre la belle-mère et son vrai-faux beau-fils. Nous avons donc commencé à l'improviser. Jacqueline inventait une réplique un soir, je lui répondais le lendemain. Et, ainsi de suite, jusqu'à ce que la scène qui faisait quatre minutes au départ dure cinq fois plus longtemps

C'était de la pure complicité. Nous aurions pu nous faire des vacheries. A ce petit jeu, il est assez facile de « planter » l'autre. Il n'en a rien été. Nous avons toujours eu l'improvisation courtoise, ce qui ne nous empêchait pas de faire du mauvais esprit, aussitôt sortis de scène..

Notre seule crainte était que Gabriel Arout ne finît par prendre ombrage de ces transformations perpétuelles. Il fut assez malin et modeste pour voir que sa pièce y gagnait : c'est lui-même qui nous a demandé de maintenir nos ajouts, lorsqu'elle a été enregistrée sur disque. Chaque pièce est vivante. Aucune représentation n'est tout à fait la même et, au fil des remplacements, des saisons, de l'humeur générale, sa tonalité peut changer, imperceptiblement. Avec *Gog et Magog*, nous étions passés à la vitesse supérieure : c'était du théâtre évolutif. Cela n'empêcha pas la lassitude de s'installer, comme toujours lorsqu'on joue la même chose plusieurs centaines de fois. Afin de tromper cet ennui, j'ai eu l'idée de monter une autre pièce, pour les jours de relâche : *Johnnie Cœur* de Romain Gary. Ce fut le seul vrai bide de toute ma carrière : onze représentations. Un vrai four, cela marque. Je me souviens de toute l'aventure avec des détails que je ne pourrais pas vous donner concernant mes plus grands succès... Et, pour tout avouer, cette expérience unique est un merveilleux souvenir...

Gaston Gallimard, que je voyais de temps à autre, m'avait signalé cette pièce qui reprenait le thème d'un roman de Romain Gary, *Tulipe*. Le ton était trop cynique pour l'époque : peut-être ferait-il merveille aujourd'hui ? L'intrigue tournait autour d'une affaire d'escroquerie et de grève de la faim. L'idée maîtresse était que les grévistes de la faim ne meurent jamais. Les événements d'Irlande n'avaient pas encore apporté leur pathétique démenti.

J'ai fait l'erreur de prendre le rôle principal, au lieu de me contenter de la mise en scène. Le personnage était un escroc profond, un type vraiment dégueulasse. Depuis vingt ans, je jouais les braves types et le public ne voulait pas me voir autrement qu'en honnête homme. Avec l'âge, je pourrais commencer à jouer les pourris, surtout au cinéma. En 1962, j'étais encore un peu frais... Dès la première, j'ai su que ça ne marchait pas. Une salle dont l'attention se relâche, on l'entend : les sièges grincent, les gens toussent, et il n'y a pas cette vibration qui vous fait sentir que les spectateurs sont suspendus à vos lèvres. Quand une pièce fonctionne, on a vite des repères : on sait qu'à tel endroit un « oh ! » d'étonnement va accueillir la réplique. Avec *Johnnie Cœur*, j'avais pour la première fois le sentiment déroutant de jouer dans le vide. Les mots tombaient dans un trou noir et les rares spectateurs, rameutés à coups de billets de faveur, s'éclipsaient à l'entracte. Cette débâcle semblait d'autant plus irréelle que le lendemain, la même salle allait crouler sous les rires et les bravos, avec l'inusable *Gog et Magog*. Très vite, il a fallu arrêter les frais. Gary n'a pas paru en prendre ombrage. Il était davantage préoccupé par sa carrière littéraire que par cette expérience théâtrale.

Un matin, durant la période des répétitions, je lui ai téléphoné. Je venais d'entendre à la radio que le secrétaire général des Nations unies, Dag Hammerskjold, s'était tué dans un accident d'hélicoptère. Or, dans la pièce, il y avait un personnage qui se nommait Hammerstod. L'allusion était vraiment transparente et surtout la comparaison peu aimable : le modèle en prenait pour son grade. Gary prit soudain un air affolé. « Il faut absolument que je rattrape le coup avant que le texte de la pièce ne parte à l'impression chez l'éditeur. » J'étais assez surpris car, malgré mes demandes répétées, il avait obstinément refusé de changer ce nom. L'après-midi, il me rappelait : « Ouf ! Je suis arrivé juste à temps, à deux heures près, c'était impossible à changer. Sans vous, la correction n'était pas faite, et le Nobel me passait sous le nez ! » Romain Gary n'a jamais eu le Nobel, mais deux fois le Goncourt. Et il n'a pas récidivé au théâtre après l'echec de *Johnnie Cœur.* Je revois pourtant ce bel homme au profil d'aigle et au regard bleu s'amuser comme un enfant en regardant vivre sur scène les personnages qu'il avait inventés. Le théâtre l'avait arraché à ses noires chimères.

Cet échec aurait pu envenimer mes relations avec Pierre Fresnay. Au contraire, dans cette malheureuse affaire, il s'est montré très fair-play. Les comédiens ont été payés rubis sur l'ongle, et nous avons toujours évité de reparler de *Johnnie Cœur.* Il est vrai que mes succès compensaient très largement ce flop... Entre nous, le malentendu est justement venu de ce que je souhaitais en partager les fruits. Après treize ans de bons et loyaux services, j'ai voulu mettre les choses à plat.

J'avais dans la société un nombre de parts tout à fait symbolique, alors que je faisais beaucoup pour le succès du théâtre. Nul ne pouvait le contester. Sans beaucoup de diplomatie, je l'avoue, j'évoquai donc devant Fresnay l'éventualité d'une sorte de succession : personne n'étant éternel, je pensais ainsi assurer l'avenir de la maison. Fresnay convint de tout. Il me promit de s'occuper de l'affaire aussitôt que possible. Quelques jours plus tard, nous dénoncions mon contrat qui était encore valable pour deux ans : c'était indispensable, disait-il, pour partir sur de nouvelles bases. Était-il de bonne foi à ce moment-là ? Je ne le saurai jamais. En toute confiance, j'ai donné ma démission... Il n'y a jamais eu de nouveau contrat.

Dans son orgueil, Pierre Fresnay n'aura sans doute pas supporté l'idée de passer la main : il s'est cependant bien gardé de consommer la rupture.

J'ai donc continué à jouer *La Preuve par quatre* de Félicien Marceau, en simple comédien extérieur. Jusqu'à la dernière. Les dernières ont souvent un caractère assez déchirant : on voit la pièce défiler, les mots qui s'envolent pour une ultime fois, les répliques que l'on ne prononcera plus.

Ce soir-là, ce fut pire encore. Je savais que c'était une longue page de ma vie qui se tournait sous les projecteurs. 1951-1966 : un sacré bail. J'ai quitté la scène les larmes aux yeux, pour regagner une ultime fois la loge où j'avais passé tant d'heures à calmer mon trac ou à savourer les bravos. Une dernière fois, je contemplai les photos de mes enfants, mes rayonnages pleins de manuscrits, mon fauteuil, mon miroir, et mon téléphone. Avant moi, ce lieu avait été occupé par Victor Boucher. D'autres allaient m'y succéder. A la sortie de ce qui ne serait plus jamais « ma » loge, je tombai sur Pierre Fresnay et Yvonne Printemps. Elle pleurait, lui avait son air gris des mauvais jours. J'ai embrassé Yvonne, Fresnay m'a tendu la main. Je l'ai ignorée. « Vous ne me serrez pas la main ? — Non. » Et je suis parti sans me retourner, le cœur gros. Mais oublions les petitesses dont était capable cet homme d'honneur. Je préfère me rappeler l'image d'un grand serviteur du théâtre et le souvenir émouvant d'un amoureux transi dont le cœur a toujours battu pour Yvonne Printemps.

Dix années plus tard, j'allai à l'Hôpital américain où ma fille Anne-Marie venait de mettre au monde son deuxième garçon. Dans le hall, je trouvai Yvonne Printemps. Elle avait l'air éperdu. « Oh ! François ! Comme c'est merveilleux d'être venu. » Je n'osai pas la détromper. Fresnay agonisait en salle de réanimation. Derrière une vitre, j'ai vu une dernière fois ce grand comédien : il n'était plus que son propre masque, dans un désordre de tuyaux. Il était déjà loin de nous, même si ces machines attestaient qu'un fil le raccrochait à la vie. Je ne pense pas qu'il m'ait vu au bras d'Yvonne, et c'est sans doute mieux ainsi. A l'enterrement, j'étais encore à son côté. Sur les marches de l'église, nous avons croisé Berthe Bovy, la première femme de Fresnay. Du regard, elle a foudroyé Yvonne. Nous avons fait un détour. Depuis le jour où Fresnay l'avait quittée, Berthe Bovy était entrée dans une transe quasiment morbide : chaque soir, elle faisait dresser le couvert de l'absent. Deux ans plus tard, c'est Yvonne Printemps que l'on enterrait : le chagrin et l'alcool l'avaient emportée... Berthe Bovy était là, à la même place, appuyée sur sa canne, mais cette fois, un air de triomphe illuminait son visage.

VII

OÙ L'ON SE DEMANDE COMMENT SIMONE SIGNORET A PU DEVINER LA VÉRITÉ AU SUJET D'UNE MONTRE

Toute sa vie, Pierre Fresnay m'avait donc refusé son amitié. C'est une chose dont j'ai souffert. J'ai besoin, peut-être plus qu'un autre, de cette chaleur affective qui protège de soi-même et donne l'illusion que l'on n'est pas seul au monde. Si on en était plutôt avare au théâtre de la Michodière, il y avait fort heureusement la tribu Montand, dont la seule et unique règle était l'amitié. Là, durant des années, j'ai trouvé le réconfort dans les moments difficiles, grâce à Simone Signoret.

Simone. Depuis qu'elle nous a abandonnés, je ne sais plus trop à qui confier mes désarrois. Je ne connais personne qui sache écouter comme elle le faisait. Cette capacité d'attention, doublée d'une inépuisable générosité, ne lui a jamais fait défaut. Quelles que fussent les circonstances, ses propres préoccupations, le problème qu'on lui soumettait devenait toujours primordial pour elle. Il lui arrivait bien parfois de dire : « Écoute, tu tombes mal, je suis en plein travail, je ne peux pas te répondre en ce moment. » Mais le soir même, elle rappelait : « Dis, tu semblais embêté, tout à l'heure. Maintenant que je suis un peu plus au calme, parlons-en. De quoi s'agit-il ? » On découvrait alors que, malgré les apparences, elle avait entendu le signal de détresse.

Elle resta jusqu'à son dernier souffle cette femme sur laquelle on pouvait toujours compter. Dans les semaines qui ont précédé sa mort, en octobre 1985, elle ne bougeait plus de sa maison d'Autheuil. On n'osait plus lui téléphoner, car certains jours elle était hors d'état de parler. Mais elle se tenait au courant de ce qui arrivait à ses amis. Quand elle se sentait mieux, elle appelait.

Son dernier coup de téléphone chez moi arriva un mercredi, quatre jours avant sa mort. J'étais dans la plus grande confusion. La pièce que je répétais, *L'âge de Monsieur est avancé*, m'apparaissait trop complexe, pour ne pas dire inextricable. Je lui ai fait part de mes doutes et c'est cette femme devenue aveugle, que la maladie assiégeait, qui m'a remonté le moral. « Ne t'en fais pas. Tu vas t'en sortir, ça va être formidable. » Ce sont les derniers mots que je l'ai entendue prononcer. Elle était à bout de forces.

Simone Signoret était un personnage d'exception. Aujourd'hui, elle nous manque, à nous ses amis, qu'elle a guidés, aidés, consolés et combattus parfois car l'exigence en faisait aussi la moins commode des femmes. Mais chez elle, rien n'était feint. Quand elle donnait son amitié, Simone ne faisait pas semblant.

Elle avait un côté Pygmalion. Chef de bande, elle aimait exercer une douce dictature sur les hommes de son entourage. A commencer par Yves Montand, l'amour de toute sa vie, qui ne me démentira pas si j'écris que sans elle il n'aurait peut-être pas fait la même carrière éblouissante. Mais il y a bien d'autres exemples, de Chris Marker à Costa-Gavras. Simone avait le don de faire exprimer aux autres le meilleur d'eux-mêmes ; elle les obligeait à découvrir le talent qu'elle sentait confusément en eux, ce qu'ils n'osaient pas voir en face, affronter. Elle n'hésitait pas non plus à les engueuler quand elle trouvait qu'ils avaient mal agi. On voyait alors ces messieurs d'importance, que saluaient les journaux, baisser la tête comme des enfants pris en faute. Tout juste si, de temps à autre, l'un d'eux se rebellait : « Simone, tu exagères. » Nous savions bien qu'elle avait raison. Simone, très sensible à la beauté masculine, aimait s'entourer de beaux hommes. Dans le petit groupe d'acteurs, d'écrivains, de cinéastes, qu'elle régentait, je faisais un peu figure de canard boiteux. C'était un inépuisable sujet de plaisanterie. « Dis-moi, Simone, je dois avoir une place privilégiée dans ta vie, parce que je suis vraiment le type le moins séduisant de ton entourage. » Elle riait.

Sur le plan politique aussi, je tranchais un peu avec le reste de sa bande. Même si Sartre était mon ami, je n'en avais pas pour autant l'étiquette « homme de gauche » épinglée sur le front. Dans un environnement où l'on se devait d'être engagé vingt-quatre heures sur vingt-quatre, cela faisait un peu désordre. La plupart avaient été des compagnons de route du parti communiste et ils reniaient leurs anciennes croyances avec la fougue que mettent les défroqués à brûler leurs idoles. Je partageais leur point de vue sur le PC, mais n'ayant pas à me dédouaner d'un passé militant, je ne voyais pas la nécessité d'en parler des nuits entières. J'avoue que je préférais les soirs où la conversation roulait sur des sujets plus futiles ou ceux où nous sortions les cartes pour des parties de poker, amicales mais acharnées. A cette époque, Yves Montand avait davantage le goût du jeu que celui de la politique. Que de nuits avons-nous ainsi passées avec Serge Reggiani, Roger Pigaut, José Artur et quelques autres, le nez rivé sur les cartes... Au petit jour, la partie s'arrêtait mais nous continuions à chahuter. Simone considérait ces débordements d'un œil plutôt condescendant. Un peu puritaine, elle n'aimait pas que la conversation dérapât sur des sujets légers. Un jour où elle devait se rendre en Pologne afin d'aller soutenir Solidarité, elle a demandé à Roman Polanski si elle pouvait apporter quelque chose pour son père, qui vivait à Varsovie. « Des capotes », lui a répondu Roman, du tac au tac. C'était le genre de blagues qu'elle détestait et elle a dû en vouloir à Polanski pendant des semaines. Mais cette maîtresse femme savait aussi que son « homme », Yves Montand, ne pouvait pas se passer de cette atmosphère de régiment, où l'on rit toujours des mêmes plaisanteries entre copains. Alors, quand nos discussions prenaient un tour qui lui déplaisait, elle se resservait un whisky et se donnait l'air de ne pas entendre nos inepties. Dans le code de la bande, j'étais catalogué comme le bon chrétien. Dans leur esprit, cela devait avoir une connotation assez exotique sinon un peu nunuche. En réalité, mes préoccupations existentielles ne me faisaient plus prendre le chemin de l'église depuis le temps du catéchisme mais cette image devait plaire à tous ces athées professionnels.

En 1956, ce fut la crise. En pleine guerre froide, alors que Moscou commençait à sentir le soufre, Yves, avec courage, refusa d'annuler une tournée en Union soviétique. Le scandale fit son écume jusqu'à la Une des journaux. Le jour de leur départ, nous n'étions qu'une poignée à accompagner le couple Montand à l'aéroport. L'atmosphère était glaciale, les journalistes hostiles. Simone m'a embrassé : « Toi, tu peux me faire ce que tu veux dans la vie, je n'oublierai jamais que tu étais là. » Je n'ai pas non plus oublié ce jour-là. Quand l'avion est parti, aucun des reporters ne m'a adressé la parole. Il m'est plus difficile de retrouver le souvenir de notre première rencontre. Simone, j'ai l'impression de t'avoir toujours connue... Tu as beaucoup compté dans ma vie mais je ne parviens pas à situer le jour où nous nous sommes croisés. Une grande tablée au café de Flore, peut-être ? L'image se perd dans la nuit de ma mémoire. Je te vois beaucoup mieux en 1949, à Cannes. C'était l'été et on donnait une de ces grandes fêtes un peu vaines où notre corporation vient s'auto-congratuler. La soirée portait un joli nom : « La nuit bleue. » Je ne t'ai jamais sentie très friande de ces mondanités, mais, ce soir-là, tu avais l'air aussi resplendissante qu'heureuse. En vérité, tu n'étais pas au milieu de ces vraies et fausses vedettes endimanchées qui te jetaient des sourires de connivence. Tu avais la tête ailleurs. Depuis quelques jours, ton cœur battait pour Yves Montand, qui était resté à La Colombe d'Or. Ton visage reflétait l'innocence car ta vie commençait. Le lendemain, nous nous sommes retrouvés dans le Train Bleu où tu as partagé le wagon-lit de Marie Daems. J'ai deviné que tu étais partie précipitamment, à la suite d'une dispute. A Marseille, tu avais le remords de t'être enfuie. Tu as envoyé un long télégramme à Saint-Paul-de-Vence. Ce jour-là, c'est toi qui étais désemparée mais tu n'en as rien dit. Merveilleuse Simone ! Ton inoubliable regard vert, tout le monde l'a vu et admiré. Pour moi, quand tout basculait, il représentait une ultime bouée de sauvetage, un moyen de se raccrocher, de reprendre pied sur terre. Un mot, un encouragement, une réflexion adroite comme tu savais les faire, avec ta voix forte, volontaire, sans la moindre sécheresse, en gardant sur la langue le subtil cheveu d'une prononciation d'enfant... Et je voyais bien que tout allait s'arranger. Tu avais même réussi à séduire ma mère. Femme de droite jusqu'à la moelle des os, Hélène Pillu ne supportait pas que l'on dît un mot contre toi. Si j'avançais tes opinions d'avant-garde, maman me coupait : « Simone, c'est pas pareil. »

C'était vrai. Simone, ce n'était pas pareil. Passionnée, têtue, possessive, ce cœur d'or était prêt à se battre bec et ongles pour ceux qu'elle aimait. Quand Yves a acheté leur maison d'Autheuil, elle a convoqué tous les copains. La décision était prise mais elle a voulu nous y associer. Ce serait notre maison : effectivement, chacun y eut sa chambre, à laquelle il accédait en toute liberté, même si les propriétaires n'étaient pas là. Elle y est morte. Autheuil concrétisait le rêve que tout le monde fait mais ne réalise jamais : avoir une maison ouverte à tous, où la gaieté règne en permanence.

Simone avait réussi à tisser cette atmosphère de connivence magique qui fait la force d'un groupe. Autre chose était de s'en écarter. Maîtresse d'un clan dont la devise aurait pu être « fidélité », elle supportait mal qu'on lui fît défaut, ne serait-ce qu'un moment. Des années plus tard, quand avec Colette nous avons à notre tour acheté une maison de campagne, Simone l'a pris comme une désertion...

Quand les Montand n'étaient pas installés à Autheuil ou dans l'appartement parisien de la place Dauphine, baptisé « La roulotte », ils prenaient leurs aises à La Colombe d'Or à Saint-Paul-de-Vence. C'est toujours le quartier général d'Yves, qui a autant fait pour la réputation du village que les peintres et autres artisans que le site est supposé inspirer. Là-bas, Mister Montand est la principale curiosité touristique, surtout lorsqu'il joue aux boules ou tape le carton avec ses copains.

Quant aux sorties de son bébé, elles attirent la même foule qu'un grand pardon en Bretagne. Je fais de l'ironie et pourtant, ce ne sont pas vraiment des souvenirs de joie qu'évoque pour moi La Colombe d'Or. C'est là, une nuit de mai 1966, que le destin a choisi de me foudroyer. Le 23, pour être précis. Ce soir-là, je m'étais couché tôt. La tournée de *La Preuve par quatre* faisait relâche et je goûtais mes premières semaines loin de la Michodière, après la rupture avec Pierre Fresnay.

Colette, mon épouse, était restée avec Simone, Françoise Arnoul, et la dame qui la nuit veillait sur l'hôtel et ses prestigieux clients. Les quatre femmes bavardaient dans le petit réduit qui, à La Colombe, tient à la fois lieu de standard, de bureau d'accueil et de refuge pour les insomniaques. Quand le téléphone a sonné, c'est Simone qui a décroché.

— Ici, *France-Soir*. Nous voudrions parler d'urgence à François Périer.

— Vous êtes fou ! Il est deux heures du matin.

— C'est très important. Si vous ne le réveillez pas, il va vous engueuler.

— Calmez-vous un peu ! C'est Simone Signoret à l'appareil.

— Excusez-moi... Voilà. Son fils Jean-Pierre... Il s'est jeté par la fenêtre.

Après un long silence, Simone a demandé à joindre Pierre Lazareff. Réveillé en sursaut, alors qu'il n'était au courant de rien, le tout-puissant patron de *France-Soir* s'est fait houspiller comme un stagiaire.

— Toi, fais attention. Ton canard ne va pas faire un papier à sensation, hein ! Sinon je peux te dire que moi, je ne te raterai pas.

Puis elle a décidé qu'on ne m'apprendrait la nouvelle qu'au petit matin, au moment d'aller prendre le premier avion à l'aéroport de Nice. Et elles ont veillé toute la nuit, à mille kilomètres de distance, le corps disloqué de mon enfant. J'ai souvent pensé avec émotion à cette scène. Dans l'hôtel assoupi, ces quatre femmes qui attendent en silence que les heures s'écoulent pour venir me dire l'épouvantable vérité. A six heures, Simone m'a tiré du sommeil avec les précautions que l'on prend pour un condamné à mort. « François, il faut que tu rentres tout de suite... » J'ai deviné en un éclair. « C'est Jean-Pierre ? » « Oui. »

Sans que je sache comment, Colette et moi sommes arrivés à l'aéroport de Nice. C'était la fin du week-end de la Pentecôte. L'avion était complet. Une hôtesse a lancé un appel : « M. François Périer a besoin de deux places. Quelqu'un serait-il prêt à les lui céder ? » La radio avait dû diffuser la nouvelle. Un couple s'est aussitôt proposé. Un geste que je n'oublierai jamais. La mort d'un enfant, c'est le plus terrible des malheurs. Je savais depuis des années que Jean-Pierre filait un mauvais coton. Il avait pris le large et naviguait en solitaire sur la mer du désespoir. Par trois fois, il nous avait lancé des appels au secours sous la forme de tentatives de suicide manquées. Personne n'avait su y répondre. Renfermé, écorché vif, rongé par le mal de vivre, Jean-Pierre prenait comme des agressions les mains qu'on lui tendait. Le monde lui semblait injuste. L'éclatant succès de son frère Jean-Marie à *Salut les copains* ne faisait qu'accroître sa difficulté à se trouver une vocation. Assistant d'Anatole Litvak, il essayait de percer dans le cinéma. Après un premier amour contrarié, un mariage catastrophique l'avait plongé dans l'univers de la drogue. A l'époque, le L.S.D. commençait à faire ses ravages. Cette saloperie pouvait donner l'illusion d'être un oiseau. A-t-il voulu voler, sous l'empire de la drogue, ou simplement en finir ? On ne l'a jamais déterminé. Ce que je sais, c'est qu'en nous claquant la porte au nez ce gosse de vingt-trois ans a brisé ma vie. « Ce n'est pas ta faute », m'a répété mille fois Simone, quand je lui parlais de ce drame. Aujourd'hui encore, je n'arrive pas à m'en convaincre. En courant de scène en scène, de studio en studio, n'ai-je pas trop négligé ce petit bonhomme fragile et intelligent, dont la sensibilité s'exacerbait au fil des désillusions ? Il y a sûrement des mots, des gestes que j'aurais dû trouver pour arracher ce fils perdu à ses chimères. Je les cherche toujours. C'est ma déchirure. Jean-Pierre... Au seul énoncé de son nom, ma gorge se serre. Il y a quinze ans, j'ai tourné un film policier avec Simone Signoret, *Police Python 357*. J'y campais un assez beau salaud. Alain Corneau, qui est un metteur en scène méticuleux, voulait que je porte une jolie montre de mon trousseau personnel... Il a choisi parmi plusieurs montres que je possédais celle que Jean-Pierre portait lorsqu'il est mort. Je ne lui ai rien dit, souscrivant tout simplement à son choix. J'ai donc porté cette montre durant tout le tournage. Simone était un peu sorcière. Je la revois, assise sur son lit pour les besoins de la scène, moi en face d'elle, attendant la fin du réglage des lumières. Tout à coup, elle m'a dit : « Qu'est-ce que c'est que cette montre ? » J'ai dû rougir comme un enfant pris en faute. Elle a alors ajouté : « C'est celle de Jean-Pierre, hein ! » J'ai simplement conclu : « Oui, elle ne s'est jamais arrêtée. »

Quelques jours après la tragédie, je suis remonté sur scène. Comme c'est étrange de jouer la comédie lorsqu'on est miné par le chagrin. Les rires du public vous arrivent dans un brouillard. Durant des mois, j'ai eu une terreur : qu'un spectateur se lève, au milieu de la représentation, et m'apostrophe : « Comment osez-vous jouer au théâtre, et nous amuser, après ce qui est arrivé à votre fils ! » Cette scène absurde ne s'est jamais produite, on s'en doute. Aucun spectateur n'est venu me faire la morale. Des années plus tard, certains se sont juste étonnés de me voir abandonner peu à peu ce répertoire léger qui avait fait mon succès. Ce tournant dans ma carrière, c'est la disparition de mon fils qui me l'a fait amorcer. Soudain, ces comédies charmantes, ces vaudevilles à rebondissements, me sont apparus comme de vains divertissements. Et je n'ai jamais retrouvé tout à fait cette gaieté insouciante qui était mon image. Des fidèles me la prêtent encore. Ils ignorent que, par une nuit de mai 1966, on a tué Bobosse.

Le théâtre avait peut-être été, en m'absorbant trop, un des germes du drame. Je m'y rejetai tout de même à corps perdu pour échapper à moi-même. Félicien Marceau dont je venais de jouer *La Preuve par quatre* me fit l'amitié de me proposer *Un jour j'ai rencontré la Vérité.* Un rôle sur mesure. J'ai compris toute l'affection dont était capable cet homme froid d'apparence, peu disert, et qui portait de secrètes blessures. Il sut me montrer qu'il était un véritable ami. J'allai aussi vers Sartre. J'ai déjà raconté le réconfort qu'il a su m'apporter dans cette épreuve. J'aurais également voulu qu'il me fît cadeau d'une nouvelle pièce. Ce n'était pas prévu à son programme. L'année passée, sur sa suggestion, je m'étais attaqué à la mise en scène des *Séquestrés d'Altona.* J'avais déjà effectué ce travail à la Michodière pour *Le Ciel de lit, Le Séducteur, Gog et Magog* et *Johnnie Cœur*: j'en connaissais donc les ficelles, mais *Les Séquestrés* représentait un défi d'une autre dimension : la pièce était une mécanique un peu lourde, touffue, foisonnante, complexe.

L'action se déroule dans une vieille demeure de la banlieue de Hambourg, treize ans après la fin de la Seconde Guerre mondiale. Cette maison, qui appartient à une famille de grands industriels allemands, recèle un secret : Franz, le fils préféré du chef de famille, se séquestre lui-même dans un pavillon de chasse au fond du parc. Depuis treize ans, il ne reçoit personne, sauf sa sœur cadette et ressasse dans son esprit un terrible remords : son passé de tortionnaire.

Les Séquestrés d'Altona avait été jouée pour la première fois en pleine guerre d'Algérie. Elle avait alors une haute portée symbolique. Le temps avait passé et avec Sartre, nous n'avons pas voulu reprendre la production initiale de façon identique, ce qui aurait réduit la pièce à son interprétation d'origine. Je cherchais au contraire à la détacher de l'actualité qui l'avait fait naître. Dans cette optique, je me suis délibérément éloigné de tout réalisme, dans la mise en scène comme dans le choix des décors.

Ce parti pris faillit d'ailleurs me jouer un fort mauvais tour. Pour figurer la chambre où s'est enfermé Franz, le décorateur avait imaginé une sorte de structure composée d'un système d'arêtes, qui donnaient l'impression d'un ciel immense. Mettre en scène une séquestration en plein air, l'exercice devenait fort périlleux. Dans l'impossibilité de refaire ce décor en catastrophe, nous nous en sommes sortis en jouant avec les lumières. C'est l'ultime artifice dans les cas désespérés... On a d'autant moins prêté attention à ce curieux environnement que la distribution était assez éblouissante : Évelyne Rey, une amie de Sartre, Claude Dauphin et surtout Serge Reggiani, dans le rôle de Franz qu'il avait déjà tenu à la création.

Serge représente pour moi le don à l'état pur. Avec lui, on a toujours le sentiment que les indications de mise en scène deviennent totalement superflues. Il est le comédien qui, de ma vie, m'a le plus fortement impressionné, avec Robert De Niro et Gian Maria Volonte. Et le seul dont j'ai parfois été jaloux.

Si j'avais été content de retrouver le climat sartrien, vingt ans après *Les Mains sales*, je n'en étais pas moins frustré ; la mise en scène est une discipline passionnante pour un menteur professionnel, mais elle laisse le comédien sur sa faim. On tire les ficelles depuis la coulisse alors que l'on voudrait être sur scène, au cœur de la pièce, sur ce fil ténu où chaque soir, l'acteur se lance au-dessus du public. Après la mort de Jean-Pierre, je suis donc reparti à la charge pour que Sartre m'écrivît une pièce dont je tiendrais le grand rôle, un personnage comme le Hugo des *Mains sales.* Un jour, comme je revenais sur le sujet pour la quinzième fois, il a fini par s'énerver : « Écoutez, Périer, ça suffit, ne m'emmerdez plus avec ça. Des pièces, je n'en écrirai plus. Ni pour vous, ni pour personne. Mais si vous tenez vraiment à me jouer, vous n'avez qu'à prendre la pièce que vous voulez. Je vous la donne... »

Je me retirai donc à la campagne avec l'intégrale de son théâtre et je m'attelai à relire le tout. A mon retour, je lui fis part de mes conclusions : « Il y a deux pièces qui ne sont pas des œuvres de circonstance : *Huis clos* et *Le Diable et le Bon Dieu.* » Le jugement était sévère et la mine de Sartre m'a fait comprendre que ce n'était pas tout à fait son opinion. On peut être un géant et avoir son amour-propre. Je crois néanmoins que je n'avais pas complètement tort. A ces deux pièces il conviendrait juste d'ajouter *Les Mains sales* dont la réflexion sur le totalitarisme n'est pas datée dans le temps... *Huis clos* ayant déjà bénéficié de plusieurs reprises, nous avons finalement choisi *Le Diable et le Bon Dieu.* En cinq minutes, l'affaire était réglée. Il restait juste à trouver un théâtre.

Je fis sans succès le tour de Paris. Les « privés » jugeaient le risque trop important : certains m'estimaient inconscient de vouloir reprendre le rôle créé par Brasseur. Aurais-je les épaules assez larges ? Finalement, c'est Georges Wilson qui nous accueillit au TNP. Il assura la mise en scène. Et avec le soutien de Sartre qui répondait à mes interrogations : « Les gens qui doutent que vous puissiez être Goetz ont tort... C'est un personnage double : Brasseur était parti à fond dans le côté Diable, vous, Périer, vous allez souligner le côté Bon Dieu... »

Pour le Diable, en effet, je me suis arrangé comme j'ai pu, mais en travaillant le rôle j'ai découvert qu'en fait il y avait bien des passerelles et des points communs entre les deux personnages. Ainsi que Simone Signoret, Sartre me voyait comme un « chrétien » et s'inquiétait de mes réactions. Je lui avais parlé quelquefois de maman, qui était, elle, profondément croyante. « Qu'est-ce qu'elle dirait, votre mère, me demandait Sartre. Si elle pouvait vous entendre dire une réplique comme "je n'ai pas peur, avec ce ciel vide au-dessus de ma tête" ? C'est une véritable déclaration d'athéisme mais vous dites ces mots exactement comme je les ai pensés... » Tout cela aurait peut-être froissé les convictions d'Hélène Pillu : les miennes étaient taillées dans une argile beaucoup plus friable.

Je ne croyais plus en Dieu depuis longtemps. La messe de mon enfance m'avait plu pour de fausses raisons. J'avais surtout retenu le spectacle, les amples gestes du prêtre, la rhétorique du sermon, la griserie de me costumer en enfant de chœur et la délicieuse odeur de l'encens. Et si je continuais volontiers à passer pour un catholique assez fervent, c'était dans des cercles de gauche progressiste où cela était considéré au mieux comme une bizarrerie. Mon goût du contre-pied, pour ne pas dire mon esprit de contradiction trouvait là de petites satisfactions qui n'avaient rien de spirituelles. Aujourd'hui, la religion a retrouvé un certain crédit chez les intellectuels. Il y a vingt ans, tout ce qui ne relevait pas de la vulgate marxiste était assimilé à l'homme de Cro-Magnon par le Tout-Saint-Germain-des-Prés. Les esprits tolérants comme Jean-Paul Sartre et Simone Signoret n'étaient pas légion...

Nous répétions *Le Diable et le Bon Dieu* quand arriva Mai 68. La fête m'amusa doublement, en dehors des excès de violence qu'elle a pu générer. D'abord, je ne succombai pas à la peur de la révolution mais trouvai fort sympathique cette folle bouffée de jeunesse qui s'était emparée de la

France. Il planait sur Paris une atmosphère joyeuse qui ne pouvait que plaire à un saltimbanque. Ensuite, je me réjouissais fort au spectacle des convertis de fraîche date qui espéraient trouver une seconde jeunesse en sautant en marche dans le train de la contestation. Ces démagogues ne trompèrent, sur le coup, personne, à commencer par les « jeunes » eux-mêmes qui voyaient bien l'hypocrisie de leur douteux renfort. J'en ai vu quelques-uns se faire rembarrer au cours de ces meetings qui agitaient en permanence la Sorbonne ou l'Odéon : un spectacle assez réjouissant.

Jean-Paul Sartre sut, au contraire, tirer son épingle du jeu, en restant tout simplement fidèle à lui-même. Un après-midi que la guérilla urbaine observait une pause au Quartier latin, je l'accompagnai dans une Sorbonne qui tenait du camp retranché, de la fête à Neu-Neu, et du Soviet en folie. Notre arrivée fit sensation. Enfin, celle de Sartre qui était le prototype de l'idole en cours de déboulonnage. Pour ma part, je n'avais rien à craindre. J'avais sans doute joué devant les parents de tous ces jeunes bourgeois saisis par la révolte, mais eux ne connaissaient rien au théâtre de boulevard. Le genre était d'ailleurs abhorré au même titre que de Gaulle, la télé, la bagnole et tout le reste. Personne ne m'a donc reconnu. Au contraire de Sartre qui devint tout de suite le centre d'intérêt d'un amphithéâtre chauffé à blanc.

« Dis donc, Jean-Paul... », a lancé un étudiant, histoire de montrer qu'il n'était pas du genre à être impressionné par un philosophe existentialiste. « Cela ne me gêne pas que vous m'appeliez Jean-Paul. Mais tout le monde m'appelle Sartre et si vous ne le faites pas, je ne saurai pas vraiment à qui vous vous adressez. » Après cette mise au point, la discussion a démarré, assez délirante de par la violence de certains propos. Sartre ne se laissait guère troubler : la rhétorique était son affaire et ces joutes verbales l'amusaient plus que tout.

Le complot ourdi par le grand capital contre les étudiants, la répression « sauvage » de la police, la nature « fasciste » du pouvoir gaulliste étaient les antiennes qui alimentaient le discours estudiantin. Sans aller à contre-courant de tout ce folklore, Sartre essayait d'en limiter les excès. Loin d'exciter l'auditoire contre lui, j'ai senti qu'il déclenchait une certaine admiration. Ce petit homme ne se mettait pas dans le sillage de la jeunesse : il était jeune de cœur comme ceux qui l'écoutaient. A l'automne, quand les représentations du *Diable et le Bon Dieu* ont commencé au TNP, des étudiants sont souvent venus me voir après le spectacle. « C'est formidable. Mais le vieux a changé des passages, non ? » Bien sûr, il n'en était rien. Dans leur passion de 1968, ces jeunes innocents interprétaient tout à la lumière de ce qu'ils venaient de vivre et de découvrir. Ils pensaient en toute bonne foi que Sartre avait modifié son texte en fonction des événements. J'avais le plus grand mal à les détromper...

L'année suivante, nous avons présenté la pièce à Avignon, dans la mise en scène de Georges Wilson. Créateur et patron du festival, Jean Vilar avait été, au contraire de Sartre, balayé par Mai 68 : les contestataires ne s'étaient pas rendu compte à quel point tout son itinéraire, du TNP à Avignon, contenait en puissance l'esprit de leur révolte et ils ont saboté jusqu'à l'absurde ce festival 68. Je rencontrai un homme brisé, incapable de comprendre que l'on ait pu s'attaquer à l'œuvre de son existence. Cela aurait dû lui apparaître comme une péripétie. Il en est mort, deux ans après. Ce destin exceptionnel s'est achevé sur une immense injustice...

Je le revois dans la cour du palais des Papes, tandis que je répétais : attentif, tendu, passionné. C'était la première fois que je jouais en plein air, et j'ignorais encore les règles qu'il faut suivre dans ce genre de prestation. Comme il se doit, le traditionnel mistral du festival ne m'a guère épargné. A la fin d'une des répétitions, Vilar m'a simplement indiqué, en montrant l'espace d'un geste ample : « N'oubliez pas. Ici, vous ne devez pas simplement déclamer. Il faut encore distribuer... C'est comme à l'opéra. Il faut qu'il y en ait pour tout le monde. »

Cette année-là, à Avignon, il y en a eu pour tout le monde. Pour la première fois de ma carrière, j'ai eu droit à ces applaudissements cadencés qui vous laissent un souvenir inoubliable. La salle debout tapant dans ses mains à l'unisson, c'est pour le comédien une joie égale à celle du torero lorsqu'il obtient les deux oreilles et la queue... Et pourtant, chaque fois que l'on évoque les grandes heures du festival d'Avignon, je ne trouve jamais la trace de ce *Diable et le Bon Dieu* qui a pourtant marqué ceux qui y assistèrent. Est-ce parce que Sartre est un auteur aujourd'hui démodé aux yeux de certains ou parce que l'on veut oublier cet ultime triomphe de Jean Vilar ?

On se souvient qu'au lendemain de Mai 68 nous sommes entrés dans une période d'agitation larvée qui a duré plusieurs années. Si je n'ai pas été vendre *La Cause du Peuple* avec Sartre et Beauvoir, j'ai été souvent embarqué par Simone Signoret dans la défense des bonnes causes. Toujours très préoccupé du sort des laissés-pour-compte, elle s'est mise à cette époque à enfourcher des chevaux de bataille avec une passion croissante. Il était impossible de lui résister. En alerte vingt-quatre heures sur vingt-quatre, elle était devenue le centre névralgique dont dépendait, suivant la saison, le sort des Noirs d'Afrique du Sud, des enfants du Viêt-nam, des torturés de la CIA et des premiers dissidents soviétiques. Dès qu'on lui signalait une nouvelle injustice, elle repartait comme un soldat, décrochait son téléphone et battait le rappel des amis. Suivant le degré de gravité, on était invité à signer une pétition ou à aller faire le tour de l'ambassade incriminée, devant dix CRS et deux caméras de télévision.

L'enthousiasme de Simone ne s'émoussait jamais. Quelquefois, on pouvait avoir l'impression de revivre un éternel feuilleton : je lisais un peu de lassitude dans le regard d'Yves Montand. « Ah ! François ! Tu es venu, c'est gentil ! », me disait-il avant que nous allions défiler devant le consulat d'une dictature détestée.

De toute façon, sauf cas de force majeure, tous ceux que Simone avait convoqués étaient là. Je l'entends d'ici dresser ses listes de protestation, comme une maîtresse de maison fait son plan de table pour un dîner : « Merde, j'allais oublier François ! » Et une fois de plus, j'en étais. Au fil des ans, les thèmes se transformèrent. On défendit bientôt les boat-people rescapés du Viêt-nam rouge avec la même ardeur qu'on avait soutenu les victimes de l'impérialisme américain.

On n'en était pas là lorsque nous avons tourné *Z*. Écrit par Jorge Semprun, d'après le roman de Vassilikos, le film produit par Jacques Perrin racontait la résistance au régime des colonels grecs. Tout le monde était là : Montand, Irène Papas, Jean Bouise, Charles Denner, Bernard Fresson, et même José Artur. Toute la troupe baignait dans les bons sentiments tiers-mondistes : Comme il était hors de question de tourner en Grèce, le réalisateur Costa-Gavras s'était rabattu sur l'Algérie. Ce n'était pas la plus démocratique des contrées mais à l'époque on n'entrait pas dans de telles subtilités. Dans nos cauchemars, la CIA n'avait pas encore été remplacée par Pol Pot et Jaruzelski. Pour les scènes de rue, la production avait embauché des étudiants. Les uns habillés en policiers, les autres en manifestants, ils se flanquaient des peignées considérables. Mieux équipés, les premiers avaient évidemment le dessus sur les seconds. « Mais ne t'inquiète pas, me disait Costa-Gavras, demain ils échangent leurs costumes. » N'allez pas croire que je renie tout cela. Ça a été une belle aventure, car tous, nous étions sincères.

L'affaire Goldmann donna à Simone une nouvelle occasion de s'indigner. Accusé d'avoir tué deux pharmaciennes, boulevard Richard-Lenoir, ce révolté s'était signalé en clamant son innocence sur tous les tons et en publiant un beau livre : *Souvenirs obscurs d'un juif polonais né en France*. Même Jean Dutourd, peu suspect de sympathie gauchiste, en avait été retourné : « L'homme qui a écrit un tel livre ne peut pas être coupable », avait-il écrit dans *France-Soir*. L'argument m'avait autant plu que les longues démonstrations de Simone. J'en étais à mon tour convaincu : il fallait sauver Goldmann.

Nous nous sommes donc transportés au tribunal, pour le procès en cassation. Je me souviens de la plaidoirie de Me Lyon-Caen, sèche, argumentée, sans aucun effet de manches. Rien à voir avec les longues tirades théâtrales dont, quelques années plus tôt, Me Floriot avait été le champion. Quand depuis son boxe il m'a aperçu entre Simone Signoret et Régis Debray, Pierre Goldmann a eu l'air catastrophé. A ses yeux, je ne devais pas vraiment faire partie de la famille. Peut-être même ma présence ne présageait-elle rien de bon ? Debray aussi était surpris de me trouver là, je l'ai bien senti quand nous avons été présentés. Évidemment, à côté d'un tel héros, tout auréolé de ses séjours dans les geôles sud-américaines, les états de service de Bobosse étaient un peu minces... Goldmann a fini par être acquitté mais son destin l'a rattrapé sur un trottoir sanglant...

Les années ont passé : Sartre et Simone ne sont plus là pour s'indigner. On demande toujours aux comédiens leur opinion sur tout, mais cela ne sert pas à grand-chose, puisqu'en ces temps de consensus il semble que tout le monde ou presque soit d'accord sur tout. Les dernières années de sa vie, Simone avait d'ailleurs un peu perdu de sa frénésie. Les désillusions de la politique, puis la maladie l'ont repliée sur elle-même. Elle s'est réfugiée dans ses livres. *La nostalgie n'est plus ce qu'elle était*, *Le lendemain, elle était souriante*, et *Adieu, Volodia*. Elle avait même arrêté l'alcool. Auparavant, quand je lui faisais remarquer qu'elle buvait un peu trop, elle me répondait : « Je sais, mais ça va, laisse... » En fin de compte, je me demande si ce n'est pas un certain désespoir qui avait fait de Simone une femme de conviction...

Si Régis Debray, Pierre Goldmann et quelques autres me regardaient de travers, en ces années peu tolérantes, c'est que je n'avais pas abandonné le théâtre bourgeois. Pis que tout, je jouais même dans des pièces de Jean Anouilh. En 1970, ce talentueux misanthrope éveillait dans les rangs de mes amis révolutionnaires la même sympathie qu'a pu nous inspirer l'ayatollah Khomeiny. Aux yeux des soixante-huitards, être à l'affiche de *Ne réveillez pas Madame* ne pouvait être qu'une épouvantable provocation. Anouilh, ce personnage furtif, aux opinions réactionnaires, rongé par une rancœur qui lui faisait haïr le monde entier, n'avait certes pas la générosité de Signoret ou le charisme de Jean-Paul Sartre. Et pourtant, lui aussi, je l'ai aimé. Bien sûr, il manque à son théâtre, si bien ficelé par ailleurs, cette humanité qui fait les grands chefs-d'œuvre. Un soir qu'il avait beaucoup bu, Brasseur qui jouait son *Ornifle* lui a envoyé une lettre d'injures dont cette phrase résume tout : « En un mot comme en cent, monsieur Anouilh, tintin pour les hauteurs ! » C'est vrai : l'acidité dans laquelle il a fait baigner toutes ses pièces les empêchera peut-être de bien vieillir.

L'homme, lui, était imprévisible. Véritable Cadet-Rousselle, il entretenait de nombreuses maisons. Son existence était si compliquée qu'il ne s'y retrouvait pas lui-même. Il nous faisait parfois des confidences, à Colette et à moi. Le reste du temps, nous avions des discussions assez vives : « Votre Sartre s'est encore distingué », me lançait-il vertement. Il m'avait fait jouer *Tartuffe*, mais lui n'en était pas un. Je lui reprochais seulement son attitude au moment des générales. Il prenait la fuite, la veille de la première, même si les répétitions s'étaient très bien passées.

— Comment, Jean, vous ne serez pas là demain ?

— Non, sûrement pas...

— Vous ne pouvez pas nous abandonner un soir pareil C'est honteux !

— Parce que vous quand on vous fait cocu, vous voulez être présent ?

Cet artisan scrupuleux trouvait insupportable de voir son travail lui échapper : passer le relais aux comédiens était une douleur, même s'il y avait en lui du cabotin rentré. Aux répétitions, c'est avec gourmandise qu'il montait sur la scène pour nous indiquer une nuance. On sentait qu'il y serait bien resté. La rumeur le donnait volontiers pour austère. En fait, ce curieux bonhomme ne manquait pas de fantaisie, il nous adressait des télégrammes bizarres. Un jour que je me trouvais loin de Paris, ma concierge m'en a lu un au téléphone : « Au secours du Cap-Ferret. Signé : Jean Anouilh. » Affolée, elle m'a affirmé avoir cru que quelqu'un était en train de se noyer... J'aimais son sens de la provocation. Voilà un homme qui avait le courage d'aller à contresens dans son époque. Dans le spectacle, être de gauche n'a jamais été un handicap depuis quarante ans. Tandis que s'affirmer réactionnaire...

Sans que je veuille les mettre sur un pied d'égalité, je passais donc de Simone Signoret à Jean Anouilh. Ce va-et-vient satisfaisait mon goût de l'alternance, et mon horreur des étiquettes. Rien ne m'horripile davantage que ces conventions dans lesquelles on essaie de vous enfermer. Ainsi, j'ai toujours voulu mener de front une carrière grand public, tournée vers le rire, et une autre, plus secrète, moins tapageuse, plus proche peut-être de l'essence du théâtre. Là encore, cela m'a valu d'être souvent regardé d'un drôle d'œil. Pour qui se prend-il celui-là ? Qu'est-ce que c'est que cet olibrius ? Pourquoi ne veut-il pas rentrer dans le rang ? J'ai le goût du paradoxe mais pas celui du malentendu. Je suis las d'entendre les muscadins du théâtre périphérico-subventionné se gausser de mes succès de boulevard, tout comme il m'énerve qu'un certain public B.C.B.G. refuse de me voir autrement qu'en personnage de vaudeville. Eh bien oui, mesdames et messieurs, je suis double, ce qui est bien la moindre des choses pour un menteur professionnel. Et sur ce point, je crois bien n'avoir jamais essayé de tromper personne. Ainsi, en 1975, quand Daniel Darrès, le directeur du théâtre Antoine, où je jouais *Le Tube* depuis deux saisons, m'a proposé de monter *Equus* dans la même salle, j'ai refusé : destinée à un public plus exigeant, la pièce de Peter Shaeffer aurait déconcerté ceux qui étaient venus applaudir la charmante comédie de Françoise Dorin. Ils se seraient sentis grugés, à juste titre. Et la clientèle d'*Equus* n'aurait pas davantage eu envie de venir s'amuser au *Tube.* Cela ne veut pas dire que j'aie le moindre mépris pour ce théâtre qui m'a apporté le succès. Je déteste ces hypocrites qui se dédouanent de leurs choix en affirmant benoîtement : « Hé, que voulez-vous, j'ai fait de l'alimentaire. Il fallait bien payer les impôts, le biberon des enfants, les traites de la voiture, et la pâtée du chien. » Il n'y a pas d'alimentaire. Il y a des publics qu'il faut satisfaire, le premier commandement de l'acteur étant à mon avis de jouer avec autant d'attention, de précision et de rigueur une piécette qu'un chef-d'œuvre. Peut-être même en faut-il encore davantage quand le texte n'est pas d'excellente qualité...

Ce que m'a apporté le boulevard, surtout, c'est le public. Si je n'avais joué que des œuvres de recherche ou d'avant-garde, aurais-je dix mille représentations derrière moi ? J'en doute. En tout cas, aucune des trente-quatre pièces que j'ai interprétées ou mises en scène ne suscite en moi la moindre honte. Je serais plutôt triste que certains pontes du théâtre « difficile » n'aient jamais eu l'idée de faire appel à moi... Mais faut-il le regretter ? Peut-être me serais-je alors privé de ces délicieux souvenirs de camaraderie que l'on conserve au boulevard. L'atmosphère est tout de même plus allègre quand on joue *Le Tube* que dans les coulisses d'un *Equus*. La pièce de Françoise Dorin m'a ainsi permis de bien connaître une dame merveilleuse : Denise Grey. A un âge quasi canonique, elle fait preuve d'une bonne humeur dont les gens de vingt ans pourraient s'inspirer. Je n'ai jamais vu une pareille gaieté : ce doit être le secret de sa longévité. Durant la représentation du *Tube*, elle s'est cassé la jambe. Au bout de deux semaines, elle est remontée sur scène, avec la patte dans le plâtre ; et, au grand soulagement de Françoise Dorin qui l'avait remplacée au pied levé, malgré leur coquette différence d'âge. Une starlette nous aurait joué les « mère courage » après un tel accident. Denise, elle, était tout simplement ravie de se retrouver parmi nous : elle a même habité sa loge pendant plusieurs semaines ! Quelle leçon ! Pour *Le Tube*, nous avons reçu la visite de Giscard, venu se délasser en famille de son fardeau élyséen. Dès le lendemain, des spectateurs se précipitaient pour demander à être assis « aux places qu'occupaient le Président et sa famille ». On peut l'avouer aujourd'hui : dans les semaines qui ont suivi cette représentation historique, la caissière, débordée, a délivré beaucoup trop de « places du Président »... Plusieurs dizaines par soirée, peut-être. Chaque fois qu'on les lui demandait, elle déclarait avec le plus grand aplomb : « Oh, vous avez de la chance, elles ne sont pas encore vendues. » Ce qui prouve qu'au théâtre le mensonge n'est pas l'apanage des comédiens.

Il y a des pièces dont on conserve surtout des anecdotes ; d'autres laissent le souvenir d'un parfum, d'une couleur, d'une saveur particulière. D'*Equus*, il me reste un bruit. Cette pièce anglaise racontait magnifiquement le face-à-face d'un adolescent qui avait crevé les yeux de plusieurs chevaux, et du psychiatre auquel il était confié. J'étais cet homme au raisonnement clinique, qui explorait l'inconscient du jeune malade, comme on marche dans un brouillard d'automne. On l'imagine, cette situation me ramenait à mon passé le plus pénible : Jean-Pierre... C'est chez Renaud-Barrault que nous avons créé *Equus*. A cette époque, la compagnie campait sous les coupoles abandonnées de la Gare d'Orsay et cet environnement à la fois vertigineux et désordonné ajoutait encore au malaise des spectateurs. De temps à autre, un train passait en sous-sol. Ensuite, quand j'ai repris la pièce sur d'autres scènes, il m'a semblé qu'elle perdait un peu de son impact, sans ce grondement mystérieux venu des profondeurs...

Devant le succès à la Gare d'Orsay, Pierre Bergé, le P.-d.g. de Saint Laurent, qui avait eu l'idée de me confier le rôle, se mit en quête d'un autre théâtre, à la fin de la saison. J'ai pu, à cette occasion, mesurer la redoutable efficacité de ce personnage régalien dont l'onction dissimule une intraitable détermination. Impossible de résister à ce distingué et cultivé mécène quand il a décidé quelque chose. A la recherche d'une salle pour *Equus*, il me tenait au courant de ses tractations : « Je suis en pourparlers avec l'Athénée, mais ils tergiversent », me dit-il un jour au téléphone. Le lendemain, l'affaire semblait réglée. « C'est formidable que vous ayez pu convaincre les gens de l'Athénée », lui disais-je. « Oh non ! Finalement, j'ai acheté le théâtre... » Je suis en tout cas reconnaissant à ce sphinx de nos arts : pour lui, au moins, je n'étais pas seulement un comédien qui fait des entrées au boulevard...

Un autre malentendu a longtemps pesé sur ma carrière. Durant des années, je me suis persuadé que je ne pouvais pas jouer autre chose que les « gentils ». J'avais débuté dans le sucre, je ne me voyais pas me reconvertir dans le vitriol. Au cinéma, cela m'a souvent condamné à des comédies dont personne n'a conservé le souvenir. A de rares exceptions près. A l'écran, le personnage du brave type ne reste guère ancré dans la mémoire du spectateur. La salle se rallume et pfuiiit ! Tout est oublié. Ce blocage avait plusieurs explications : d'abord, je me trouvais désespérément une tête d'honnête homme, ce qui ne veut rien dire, mais me semblait un prétexte idéal pour éviter des rôles risqués. J'avais une telle habitude de manier les bons sentiments que j'avais peur, en fait, de ne pas savoir changer de registre. Et puis, là encore, je craignais de décevoir un public habitué, lui aussi, à me voir en Périer au grand cœur. Heureusement, des metteurs en scène sont venus casser cette image dans laquelle j'aurais pu finir congelé, la figure barrée d'un immense sourire signé du studio Harcourt. Ma déchéance a commencé avec René Clément. Dans *Gervaise*, une adaptation de *L'Assommoir* de Zola, je tenais le rôle de Coupeau, le malheureux ivrogne. Le morceau de bravoure de ce rôle devait être une crise de delirium tremens.

Même si une partie de mon éducation avait eu pour cadre la boutique de vin à emporter de l'avenue de Versailles, je n'avais pas pour autant une connaissance approfondie de ce genre de phénomène. René Clément était donc convenu avec un médecin aliéniste de Sainte-Anne de me prévenir aussitôt qu'un patient entrerait en crise. Un soir de relâche — je jouais *Le Mal d'amour* de Marcel Achard — je fonçai à Sainte-Anne, endossai une blouse blanche et commençai un tour d'inspection avec le professeur et un infirmier. Le stratagème était obligatoire : les malades avaient horreur des intrus. Nous sommes arrivés devant le « Delirium » : un homme encore jeune qui se grattait frénétiquement pour se débarrasser d'une invisible vermine. Il voyait des bêtes partout et répétait sans arrêt : « Qu'est-ce qu'il y a, qu'est-ce qu'il y a ? » Je n'en menais pas large. On lui a fait une piqûre et j'ai suivi le patron du service dans son bureau. « Superbe cas, vous ne trouvez pas ? » Très content d'avoir pu me montrer une « crise type », il ne voyait même plus l'horreur de la situation. « Remarquez, ajouta-t-il, vous auriez pu vous éviter le déplacement. Tout est dans Zola. Sa description clinique du delirium est parfaite. A la faculté, j'en recommande toujours la lecture à mes étudiants. » Quoi qu'il en soit, durant tout le tournage, c'est moins aux pages de Zola qu'à l'homme de Sainte-Anne que je songeais, lorsque nous avons abordé une scène difficile...

J'avais une fin tragique. Couvreur de métier, je tombais du haut d'un toit. Vu depuis mon perchoir de la rue Saint-Jacques, Paris était magnifique : Clément avait fait enlever les antennes de télévision et les enseignes. On avait recouvert le bitume de faux pavés à l'ancienne. Mourir au cinéma a quelque chose d'assez exaltant : c'est pour rire, dirait un enfant... Poivrot dans *Gervaise*, je pouvais encore passer pour une victime de la société. C'est Fellini qui a su faire de moi un pur salaud, dans *Les Nuits de Cabiria*. J'étais parti pour Rome sur un simple coup de fil. « Fellini a peut-être quelque chose pour toi », m'avait dit mon agent. J'y serais allé à genoux. Je l'ai su plus tard, le maestro avait repéré ma bobine dans un annuaire du cinéma et il m'avait dessiné des moustaches... C'est ainsi que je suis entré dans la galerie de ses « monstres ». Au premier contact, il m'a expliqué son engouement : « Vous avez l'air tellement gentil, François... Le public sera comme Cabiria, il aura confiance en vous. » Cabiria est une prostituée. Elle espère toujours s'en sortir mais va de désillusion en désillusion. Jusqu'au moment où elle me rencontre, brave petit employé qui respire l'honnêteté : en fait, je suis un escroc qui vise ses modestes économies. Et pour Cabiria, qu'interprétait Giulietta Massima, c'est une nouvelle catastrophe.

Chez Fellini, tout n'est pas dans le scénario. Ainsi, je ne voyais pas très bien à quel moment les spectateurs allaient comprendre ma vraie nature. Avec sa faconde, Federico me laissait mariner dans le doute. A l'en croire, il ne le savait pas lui-même. On improviserait... Il me menait gentiment en bateau. Je ne voyais toujours rien venir lorsque nous avons tourné une scène anodine au bord du lac de Castelgandolfo. Après une promenade dans ce paysage assez austère, Cabiria et moi nous nous installions dans une trattoria pour déjeuner. Là, Fellini voulut faire quelques gros plans. Je n'y prêtais guère attention : il m'avait seulement demandé de mettre des lunettes teintées à cause du soleil. Peut-être même m'a-t-il prêté les siennes ? Une dernière prise en contre-plongée où je retirais les lunettes et nous sommes passés à une autre scène. Le lendemain, à la projection des rushes, j'ai tout compris. On voyait le sac qui contenait les économies de Cabiria, ouvert sur la table et votre serviteur qui dévoilait ses yeux. Rien de plus mais cela suffisait : mon personnage basculait d'un coup. « Tu m'as demandé vingt fois à quel moment j'allais te rendre mauvais. Et voilà... » a dit Fellini, pas mécontent de son petit effet. C'était d'autant plus diabolique que je n'avais rien « joué » : un geste bancal, un simple regard...

Je pouvais donc interpréter autre chose que des êtres limpides et droits, sans tomber pour autant dans l'outrance. Je pouvais, tout naturellement, être un salaud... Merci du cadeau, monsieur Fellini, et chapeau pour votre habileté ! Au théâtre, j'ai dû attendre quelques années pour vraiment franchir le pas mais je me suis offert le luxe d'être Tartuffe. C'est Jean Anouilh qui m'a proposé le rôle en 1961, pour me distraire de *Gog et Magog*, les jours de relâche, à la Comédie des Champs-Élysées.

Je sautai sur cette occasion sans trop réfléchir. Au départ, Anouilh voulait monter la pièce en costumes modernes. Il y a de lui-même renoncé : ce père qui interdisait à sa fille d'épouser l'homme de son cœur pouvait difficilement évoluer en complet de chez Cardin. Cela aurait sonné faux. Nous nous sommes donc retrouvés dans des costumes 1880, ce qui n'était pas non plus très justifié. Anouilh avait de toute façon tout prévu. Avant *Tartuffe*, un petit acte intitulé *Le Songe du critique* passait par avance en revue tous les reproches qu'on allait faire au metteur en scène. L'accueil n'en fut pas moins mitigé. Pour ma part, je me sentais mal à l'aise dans ce rôle. Il m'est même arrivé une chose unique dans ma carrière : j'ai pris mon personnage en grippe. J'avais perdu cette distanciation qui est à mon sens le secret de la comédie : au fil des représentations, cet individu auquel je prêtais mon corps et ma voix me paraissait de plus en plus haïssable. Moi qui rêvais depuis des années de jouer Molière, je montais presque sur scène à contrecœur ! Et j'ai gardé un goût amer de ce voyage au bout de l'abjection, malgré les compliments de François Mauriac. « Je ne m'attendais pas à cela de François Périer, a-t-il écrit dans son bloc-notes. Il est entré avec son visage de jeune homme et j'y ai vu la fausseté. Tout à coup, il m'a fait peur. »

J'ai eu l'occasion de camper au cinéma d'autres individus peu reluisants. Mais je n'ai jamais éprouvé aussi fort ce sentiment d'incompréhension entre moi et mon rôle. Au cinéma, on ne joue qu'une fois. Au théâtre, on vit des semaines, des mois, voire des années avec son personnage. Alors s'il a le malheur de vous déplaire... Au cinéma, au contraire, il est presque amusant d'être pour quelques minutes l'ordure de service : c'est un jeu. Ainsi, je ne garde pas un mauvais souvenir de *Police Python 357*. Le réalisateur, Alain Corneau, ne m'avait pourtant pas raté. J'étais un flic, haut placé dans la hiérarchie malgré une morale plus que douteuse. Simone Signoret jouait ma femme. Elle était paralysée mais, depuis son lit, elle tirait les ficelles. Comme j'avais tué ma petite amie, elle s'arrangeait pour que l'on accusât un autre. L'autre, c'était Yves Montand. Tout cela baignait dans une atmosphère complètement glauque. J'étais lâche, vicieux, menteur, et lorsque je me faisais occire au milieu du film, personne ne me regrettait, à part Simone qui organisait aussitôt une vendetta... Si *Tartuffe* m'est resté en travers de la gorge, *Police Python* m'apparaît comme une distrayante épreuve. Simone était là, il est vrai. C'est le seul film que nous ayons tourné ensemble. Sur le plateau, elle se comportait comme dans la vie : elle avait une attitude de châtelaine et, en sa présence, tout le monde agissait différemment, du premier de ses partenaires au plus modeste des machinistes. Avec Simone, on faisait attention...

VIII

OÙ L'ON S'APERÇOIT QU'ÊTRE COMÉDIEN, C'EST RÊVER SA VIE...

Nous voici bientôt au bout du chemin et je m'aperçois que je n'ai pas beaucoup parlé de cinéma.

Cet oubli s'explique : c'est le théâtre mon vrai métier. Le cinéma, je l'ai toujours considéré comme un à-côté, même s'il a pu me réserver quelques grandes joies. En comptant les tournages pour la télévision, j'ai à mon actif quatre-vingt-dix-sept films et pourtant le cinéma me laisse insatisfait. D'abord, devant la caméra, j'ai toujours eu la désagréable impression de ne pas être maître de mon interprétation. Il y a toute cette technique qui s'interpose entre le comédien et le spectateur, et supprime le bonheur de leur rencontre. Le metteur en scène, au bout du compte, est le seul vrai maître à bord. On ne sait jamais l'effet qu'il peut tirer d'un angle ou d'un éclairage. Sans se laisser manipuler, il faut que l'acteur s'abandonne, surtout à un cinéaste talentueux. J'en ai croisé quelques-uns sur ma route : Fellini, Marcel Carné, René Clément, René Clair, Jean Cocteau, Jean-Pierre Melville, Alain Resnais... J'ai pour tous beaucoup d'admiration et de respect, mais je n'ai jamais retrouvé, même auprès de ces personnages prestigieux, l'irremplaçable excitation du théâtre. « Au théâtre, disait Jouvet, on joue. Au cinéma, on a joué... » Aux comédiens qui commençaient un film, il recommandait : « Surtout, trouve une chaise ! » J'ai souffert moi aussi de ce côté fastidieux des tournages, où l'on passe des journées à attendre entre deux prises. Pour mettre en boîte, quand tout va bien, une ou deux minutes « utiles ».

Mon jeu se prêtait mal à ces méthodes saccadées : j'ai eu longtemps tendance à jouer comme s'il y avait une scène unique alors que, justement, un film se construit à partir d'une multitude de petits morceaux épars. Il ne faut pas tout donner en même temps : ce principe d'économie me semble encore rocambolesque... Difficile aussi de perdre l'intonation du théâtre, où il faut que la réplique soit entendue de tout le monde. Dans un studio, on ne parle pas pour huit cents personnes mais pour un micro. Si à la radio, cette absence de public a quelque chose de magique, sur les plateaux, elle m'a souvent gêné.

Ce qui me reste du cinéma, c'est la magie de certaines rencontres. Cocteau était un poète. En toute simplicité, il donnait du « Mon chéri » à tout le monde et pratiquait le septième art, comme le reste, en amateur éclairé. Il avait une idée par jour. Sur le tournage d'*Orphée*, j'étais très inquiet de savoir comment le public s'y retrouverait entre la vie réelle et l'au-delà. « Mais, mon chéri, c'est enfantin, la transparence sera en négatif. » Je n'ai pas le courage de vous l'expliquer mais, effectivement, cela rendait le film limpide. *Orphée* devint un classique. Il voulut d'abord tourner la suite sans Maria Casarès, ni moi. Un soir, il me téléphona. « Mon chéri, j'ai commis une mauvaise action en ne vous demandant pas d'être du *Testament d'Orphée*. Vous me manquez, tous les deux. Soyez là demain, j'ai loué un studio. » Comment refuser ? Là, sans scénario, sans le moindre plan préalable, Jean Cocteau a tourné une des plus belles scènes du film. A l'inspiration... Cela aurait été une journée sublime si une affreuse nouvelle ne l'avait troublée : dans l'après-midi, nous avons appris la mort de Gérard Philipe. Maria Casarès l'avait aimé passionnément. Malgré ses efforts, le chagrin a envahi son visage. Tout à sa création, Cocteau ne s'est, me semble-t-il, aperçu de rien... A l'opposé de ces improvisateurs, il y a les grands méticuleux. Comme Alain Resnais. A son propos, il me revient ce mot de « tacutier » que ma mère et sa sœur avaient inventé pour souligner la maniaquerie de mon grand-père. Dans son film *Stavisky*, je ne jouais pas un rôle considérable : homme à tout faire du célèbre escroc, je ne faisais que des apparitions. Resnais m'a cependant apporté plusieurs pages de renseignements sur mon personnage d'homme ordinaire. Il lui avait même trouvé un appartement dont il m'a donné l'adresse. Je suis allé jeter un coup d'œil à « mon » immeuble... Dans le film, Stavisky me chargeait d'aller commander des fleurs pour Arlette chez le fleuriste le plus huppé de Biarritz. Je crois bien que toutes les indications que m'avait données Resnais visaient à me faire travailler une seule phrase, prononcée dans la boutique : « C'est joli, les roses blanches... » A ce degré de perfectionnisme, c'est l'art pour l'art. J'aime ça.

Sur un tournage comme *Stavisky*, il régnait évidemment un certain sérieux. Resnais n'est pas l'homme du poil à gratter et des plaisanteries de corps de garde. Cela n'a jamais été son style. Avec d'autres, j'ai connu des expériences cinématographiques plus détendues. Et certaines, tout à fait joyeuses. Assez curieusement, c'est sur les films de guerre que l'ambiance est la plus débridée. La mort rôde mais on est entre hommes. On retrouve l'ambiance potache du régiment et on joue à la guerre, comme des gosses auxquels on aurait confié des soldats de plomb, grandeur nature. Ainsi, j'ai vécu avec vingt ans de retard et en cinémascope les événements de 1940, pour les besoins du très spectaculaire *Week-end à Zuydcoote*. Devant la caméra, j'ai été fait prisonnier dans la poche de Dunkerque alors que dans la réalité, on s'en souvient, je n'avais fait que me débiner du côté de Limoges... Les événements originaux n'avaient pas dû être une partie de plaisir pour les malheureux rescapés de nos armées en déroute : leur reconstitution m'a laissé un souvenir d'école buissonnière. Je me suis retrouvé deuxième classe, avec le même fusil Lebel et les deux cartouches dont on m'avait affublé à Montluçon. Mais mon unité, cette fois, ne manquait pas de joyeux éléments : Belmondo, Mondy, Marielle et moi-même étions si dissipés que le metteur en scène, Henri Verneuil, pourtant peu suspect de sinistrose, finissait par s'en formaliser. Nous étions supposés revivre un drame, il ne fallait pas l'oublier...

Nous nous y efforcions quelques minutes et puis, le naturel reprenait le dessus. Entre deux scènes tragiques, nous recommencions à inventer des conneries. Il y avait néanmoins un angoissé dans l'équipe, l'artificier qui était allemand. Nous tournions à Zuydcoote à côté de Dunkerque, sur les lieux mêmes de l'action, et il transpirait chaque jour en disposant ses feux d'artifice pour les bombardements fictifs. « J'espère que mes compatriotes n'ont pas laissé un petit souvenir sur cette plage. » Il tremblait qu'une vraie bombe, réactivée par les explosions répétées, ne nous transformât pour de bon en chair à saucisses... Le malheureux en rêvait la nuit. Même cette hypothèse ne mettait aucun frein à notre bonne humeur. Un jour, las de subir les blagues et quolibets du trio Belmondo-Marielle-Mondy, Henri Verneuil demanda à son artificier de les assaisonner avec une dose de fumigène plus forte qu'à l'ordinaire. Les trois lascars eurent vent de la chose. Quand la fumée s'est dissipée, après une minute, au lieu d'être affalés dans le sable, ils avaient pris la pose des soldats de pierre des Monuments aux morts et semblaient dire : « On ne passe pas. » Beau joueur, Verneuil a fait tirer la prise, pour le plaisir. Ce sont des scènes que l'on n'imagine pas avec certains metteurs en scène, si autoritaires qu'ils veulent mettre tout le monde à leur botte. Ces tyrans ne m'épatent pas. Clouzot avait ainsi la réputation de gifler ses acteurs. Un jour, je me suis laissé aller à lui dire : « C'est tout de même curieux que vous n'ayez giflé ni Fresnay, ni Jouvet. Pourtant, quand on gifle, on gifle ! » Par chance, je n'ai jamais tourné avec ces névrosés qui ne trouvent l'inspiration que dans la crise.

J'ai toujours préféré la cordialité d'un Fellini ou la douce harmonie dans laquelle travaillait un René Clair. Cela ne les a pas empêchés de réaliser des chefs-d'œuvre. Le seul grand emmerdeur auquel je me suis trouvé confronté est Jean-Pierre Melville. Il cultivait un certain sadisme à l'égard des acteurs. Au théâtre, je le croisais assez souvent, sous son chapeau à large bord et ses lunettes noires. Comme pour me narguer, il me disait chaque fois :

— On n'a jamais travaillé ensemble, comment ça se fait ?

— Cela ne tient qu'à vous...

— Pourtant, vous êtes un comédien que j'aime bien. Souvent, j'ai pensé à vous. Et puis, j'ai préféré Paul-Meurisse...

Les acteurs de théâtre intriguaient Melville. Il les sentait moins rompus à plier l'échine et il adorait jauger sur eux son pouvoir. Jusqu'à les casser. J'interprétais un flic dans *Le Samouraï*. Avec une longue scène où je faisais la morale à Nathalie Delon, presque un monologue. Le premier jour de tournage, un Melville pervers m'a dit : « Mon cher Périer, vous savez évidemment votre texte par cœur. Heureusement, car cette scène, je ne peux la tourner qu'en un seul plan. » Dès le départ, il voulait me mettre à l'épreuve... J'ai préféré de loin mon expérience avec Godard, aussi étrange qu'elle ait pu être. Contrairement à ce que l'on croit, ce personnage lunaire ne se prend pas tellement au sérieux et se montre toujours très courtois avec les comédiens. De *Soigne ta droite* je serais incapable de faire un résumé. Non que j'aie oublié l'essence de mon personnage : je n'en ai jamais rien su. Au dernier moment, Godard me tendait le texte : des phrases imprécises que je jouais tant bien que mal et qui ne m'éclairaient guère sur mon rôle. Personne n'osait demander la moindre explication. Ce n'était pas de la lâcheté, Godard étant très accessible, mais la peur de briser quelque chose de mystérieux. Car nous savions que ces dialogues en apparence incohérents, ces images ramassées à la diable, Godard allait en faire quelque chose, un film. Il n'y a chez lui aucune improvisation. Sur le tournage, il sait parfaitement ce qu'il veut. J'ai été dans son fief à Rolle, en Suisse, pour enregistrer des commentaires. En plein village, il a ses bureaux et sa salle de montage. Il déjeune au bistrot et réserve des chambres à l'hôtel pour ses visiteurs. C'est un homme ordinaire au bord du lac Léman. Nous avons passé des soirées à discuter de cinéma : il connaissait mes films les plus obscurs et m'en rappelait des détails oubliés. Sa mémoire est prodigieuse. J'ai dû lui parler de *A bout de souffle*. Quand je l'avais vu en 1959, j'avais eu une curieuse impression. A l'époque, je tournais à la chaîne dans des œuvrettes sans grand intérêt, et j'ai réalisé que, dans ces films, je passais un temps fou à ouvrir des portes, descendre des escaliers, régler des taxis, etc. Dans *A bout de souffle*, Jean Seberg arrivait directement des Champs-Élysées à sa salle de bains. On comprenait qu'elle était entrée prendre une douche... Cela m'avait paru révolutionnaire. De toute façon, dans le monde étrange des films de Godard, un comédien ne peut pas être mauvais... Du cinéma, j'aurai donc surtout gardé l'image de quelques rencontres. Mais je ne voudrais pas refermer l'album sans évoquer un instant de pur bonheur : le tournage de *Antoine et Sébastien* en 1973. C'était le film d'un certain Jean-Marie Périer. J'ai le souvenir d'une fête charmante. Nous étions à Blaye, près de Bordeaux, dans un cadre de rêve. Jacques Dutronc dont c'était le premier rôle faisait un compagnon exquis dont les plaisanteries m'enchantaient, mais il pouvait être très sérieux ; il avait lu tout Céline et savait en parler fort bien. *Antoine et Sébastien*, c'était du cinéma-vacances. Au fond, c'est celui que j'aime. Même si j'avais toute confiance dans le talent de Jean-Marie, il nous arrivait de nous chamailler. Je jouais le père adoptif de Dutronc, et Jean-Marie avait fait de moi un personnage bougon et colérique dans lequel je me suis assez vite reconnu... Mon fils n'avait pas oublié les savons que je lui avais passés quand il était gosse. « Allez, vas-y, gueule plus fort ! » me suggérait-il, entre deux prises. « Allons, tu ne vas tout de même pas me dire que j'étais aussi con... — Mais si, papa ! »

Au fil de ce livre, j'ai évoqué bien des personnages : je m'aperçois que beaucoup sont morts. Et enterrés. Que peuvent représenter Louis Jouvet, Jean-Paul Sartre, Pierre Fresnay pour ceux qui, à leur tour, ont l'âge des *Jours heureux* ? Des grands-parents lointains dont le souvenir s'estompe... J'aimerais éviter de donner l'image d'un homme prisonnier de son passé : aujourd'hui aussi, il y a des « grands ». Dans les années 80, j'ai eu la chance d'en croiser deux sur mon chemin de théâtre : Roman Polanski et Gérard Depardieu. Ils ont fait mieux que me séduire : ils m'ont ébloui. Rien au premier abord ne semble rapprocher ces êtres d'exception. Avec chacun d'eux, j'ai pourtant ressenti la même impression magique de côtoyer des êtres venus de nulle part. Ils ont leurs racines officielles, le ghetto de Varsovie et les faubourgs de Châteauroux, mais ce ne sont que des apparences. En réalité, Gérard sort de terre, et Roman, lui, nous tombe du ciel. Le brillant petit Polonais m'est arrivé dessus un soir d'hiver au Mans, il y a dix ans. Un vrai météore ! Il voulait me proposer le rôle de Salieri dans l'admirable *Amadeus* de Peter Shaffer, dont j'avais déjà joué *Equus*. Plutôt que d'attendre que je repasse par Paris, Roman est venu jusqu'au Mans, où passait la tournée de *Coup de chapeau*.

Annoncée plusieurs jours à l'avance, cette visite me perturbait. Malgré un thème dramatique — un joyeux boute-en-train découvre qu'il est atteint d'un cancer — *Coup de chapeau* était une efficace comédie à l'américaine et mon personnage, souligné à gros traits. Comment montrer à Polanski que je pouvais être Salieri, ce musicien rendu à demi fou de jalousie par le génie de Mozart ? J'avais terriblement envie de ce rôle... Le jour venu, sachant Polanski dans la salle, j'ai vieilli mon personnage et adopté des airs tourmentés que les situations de *Coup de chapeau* ne justifiaient pas vraiment. Polanski n'a pas été dupe. Après la représentation, il est venu me trouver dans ma loge. « Je veux que vous soyez Salieri... Ce n'était pas la peine de vous donner tout ce mal. » Et il est reparti, comme il était venu, à 200 à l'heure. Je venais de découvrir Polanski, ce merveilleux ludion qui a l'air de traverser la vie à la vitesse de la lumière, et qui, pourtant, sent tout, voit tout, sait tout. Sous sa mine de potache, il y a le savoir et l'intelligence d'un vieux philosophe.

J'étais un peu mal à l'aise de ce premier contact. Roman ne m'en a jamais reparlé. Nous nous sommes retrouvés à Varsovie où il avait décidé de monter une première version du spectacle, en langue polonaise. Trente-cinq ans après la libération de Paris, je recollais, grâce à lui, à l'Histoire. La Pologne en liesse fêtait la naissance de Solidarité et le retour de Roman, son enfant prodigue. Avec Colette, nous avons vécu là les jours les plus grisants de notre vie. Le ciel s'était entrouvert et un fol espoir faisait battre le cœur de tout un peuple. Sur la grand-place, devant notre hôtel, des partisans de Solidarité avaient improvisé un tombeau couvert de fleurs pour un des fondateurs du mouvement, qui venait de mourir. Je ne me lassais pas de ce spectacle étrange : à chaque relève, la garde militaire devait faire le tour de ce monument symbolique avant de reprendre sa marche normale et cadencée... Si les miliciens dégageaient le passage, des Polonais courageux venaient aussitôt reconstituer cet autel de la liberté. Ivre de bonheur, Roman courait toute la journée : on le croyait au théâtre, il était déjà reparti au club des cinéastes, à une réunion politique ou chez Andrezj Wajda. Le suivre relevait de la sorcellerie. Il avait rendez-vous avec sa jeunesse : ainsi, pour incarner Salieri, il avait engagé le professeur de comédie de ses seize ans. Le vieil homme pouvait être content de son élève. Dans *Amadeus*, Roman était un prodigieux Mozart, exalté, provocateur, excessif. Sans comprendre un mot de polonais, je buvais ses paroles comme une musique divine, d'une infinie pureté. Chaque représentation se soldait par un triomphe que nous fêtions à la vodka. Tard dans la nuit, nous refaisions le monde, la Pologne, le théâtre, la vie. Quel enchantement ! Roman hésitait tout de même à jouer lui-même Mozart à Paris, à cause de son accent. J'argumentais : « Pourquoi voudriez-vous que Wolfgang Amadeus parle le français sans accent ? » Il finit par se laisser convaincre et nous avons commencé les répétitions au théâtre Marigny. Là, nous n'avions plus l'excitation de Solidarité mais l'ambiance n'en était pas moins électrique.

Il me pardonnera l'expression : autour de Roman, c'est toujours le bordel. En tout cas en apparence. Il règle vingt détails à la fois, choisit la musique, sélectionne une étoffe, corrige une intonation, répond au téléphone en anglais, en français, en polonais, donne trois interviews, sans que l'on ait l'impression qu'il maîtrise quoi que ce soit. Ainsi, à deux jours de la première, je paniquais : nous n'avions pas encore fait de filage, cette représentation en continu qui permet de voir si, dans sa totalité, la pièce tient. « Arrêtons avec les détails, Roman ! On perd du temps. » Il a juste dit : « Bon, on va te le faire ton filage... On commence dans une heure. » Évidemment, tout était parfait. Avec Polanski, tout est toujours parfait. Je lui ai présenté mes excuses...

Amadeus est un de mes plus beaux souvenirs de théâtre. Ah ! Cette merveilleuse scène où je déchiffrais les partitions volées à Mozart, pour tomber à genoux et invectiver Dieu. C'était sublime à vivre. J'ai d'autant moins compris l'accueil mitigé qu'une partie de la critique a réservé à cet évident chef-d'œuvre. « Qu'allait donc faire Périer dans cette galère ? » se sont demandé certains. Eh bien, messieurs, des galères comme celles-là, j'aurais beaucoup aimé en trouver tous les soirs de ma vie...

Si Roman Polanski est un ange noir, Gérard Depardieu est un monstre blond. C'est encore Pierre Bergé qui m'a mis dans les pas de ce colosse, en 1983. Il voulait que je rejoue *Tartuffe.* J'ai déjà dit le goût amer que m'avait laissé ce rôle, dans la mise en scène d'Anouilh : il n'était pas question pour moi de revivre les mêmes affres. On ne démonte pas facilement Pierre Bergé. « Très bien, m'a-t-il dit, vous jouerez Orgon. » Il restait à trouver Tartuffe. Au même moment, Jacques Lassalle projetait lui aussi de monter la pièce. Contacté, il nous révéla qu'il avait l'accord d'un sacré client pour le rôle : Depardieu. Il ne nous restait plus qu'à unir nos efforts. Alors que souvent, au théâtre, les choses traînent, là, tout fut décidé très rapidement. Et je me retrouvai bientôt à Strasbourg pour les répétitions. Au début, Depardieu n'était pas là. Le tournage de *Fort Saganne* le retenait dans le désert, quelque part au sud de la Mauritanie. Nous avons commencé à travailler sans lui dans un climat un peu bizarre. Nous attendions qu'il vînt combler le grand vide que créait son absence. De loin, il nous pesait. Avant même d'être sacré superstar, Gérard avait toujours eu ce mystérieux pouvoir qui différencie le grand acteur du reste des individus : aura ? charisme ? puissance divine ? Même dans les petits rôles de ses débuts, on le remarquait. Une de ses premières apparitions au théâtre avait eu pour cadre *Galapagos,* une pièce dont mon camarade Bernard Blier était la vedette. Comme j'étais allé lui présenter les compliments d'usage après la représentation, il m'avait dit : « Arrête ton boniment, je sais à quoi m'en tenir. Mais est-ce que tu as repéré le môme ? » Depuis, le « môme » avait donc fait un sacré chemin et j'avoue qu'à Strasbourg j'étais assez fébrile dans l'attente de me frotter à lui. A mes yeux, Gérard est l'équivalent des Michel Simon et des Pierre Brasseur de ma jeunesse, le seul comédien de sa génération qui puisse leur être comparé : il a leur démesure, leur puissance, et leur poésie. Il a fini par débarquer à Strasbourg, dans un tourbillon, comme porté par les vents du désert où il venait de tourner : le vide immense des sables avait un peu détraqué la sensibilité de boîte à musique de cette armoire à glace. Gérard avait retrouvé les vieux démons qui s'éveillent en lui de temps à autre, et le transforment en fauve : comme si soudain affleurait à la surface le voyou sans langage que le destin, par miracle, n'a pas voulu qu'il restât. C'est le Depardieu des abîmes que j'avais en face de moi, toutes ses blessures à vif, à peine enrobé d'une douceur menaçante. « Un classique, pour moi, c'est dur », a-t-il bougonné. Il s'est jeté dans le rôle. Et, en quelques heures, il avait tout compris. Il était Tartuffe, jusqu'au bout des ongles. Nous nous promenions dans Strasbourg. Dans la cathédrale, il m'a mimé le récit d'Orgon, lorsqu'il décrit Tartuffe en train de prier. J'en ai eu des frissons. Il avait réinventé toutes les nuances de ce personnage avec une aisance stupéfiante. Ce bonheur ne s'est jamais démenti un instant au fil des représentations. L'expérience fut d'autant plus passionnante que Depardieu fait partie de ces acteurs qui évoluent d'un soir à l'autre. Il n'est pas constant. Son humeur du jour l'influence, toujours au profit de son rôle. Par exemple, s'il s'est engueulé avec quelqu'un juste avant le spectacle, il entre en scène avec la colère chevillée au corps et aux gestes. Et là où son génie théâtral intervient, c'est qu'il trouve toujours le moyen d'intégrer son état d'esprit du moment, quel que soit le rôle.

Il « attaquait » donc souvent sur un ton très différent de celui de la veille. C'était assez désarçonnant pour moi, mais j'aimais ça. Il me revenait alors les mots d'André Brunot, mon professeur au Conservatoire, qui me disait rituellement quand je grimpais sur l'estrade :

— Vas-y, étonne-moi... Et, surtout, si tu peux, étonne-toi !

Depardieu m'a étonné tous les soirs. Dès qu'il entrait en scène, on avait peur ; sa simple arrivée créait une subtile angoisse. La passion qu'il vouait à Elmire trahissait quelque chose de bestial : on pouvait s'imaginer que Tartuffe-Depardieu allait avoir un coup de sang et se jeter sur elle. Une mise en scène très austère, presque janséniste, comme les aime Lassalle, faisait encore ressortir sa prodigieuse présence.

A travers Gérard, j'ai mieux compris Tartuffe, que j'avais tant détesté vingt ans plus tôt. Et je me demande même si je ne l'ai pas aimé. J'avais surtout retenu la fausseté du personnage, lui en avait vu la fragilité : « C'est un type qui est sur la corde raide, il manque tout le temps de se casser la gueule. »

Ce funambule, c'est aussi Depardieu. A la ville, il est comme à la scène, imprévisible et troublant. Excessif. Nous partagions la même loge. Un jour qu'il avait envie d'alcool, il avait attrapé la première bouteille qui lui était tombée sous la main et l'avait vidée d'un trait, pendant que je n'étais pas là. « Dis-moi, François, c'est quoi ce flacon ? » « C'est ma lotion pour cheveux. » « Tu sais que c'est pas mauvais, mon petit père. » De n'importe qui, ce surnom m'aurait horripilé. Dans la bouche de Depardieu, il prenait les atours de la tendresse ou mieux encore de la bonté. D'une minute à l'autre, Gérard peut passer du trivial au sublime : friand du style d'humour qui enchantait Carette, il adore proférer avec emphase des horreurs de corps de garde. Mais il y a aussi du Céline dans ce Rabelaisien. Il a le génie pour trouver le mot juste, qui résume tout. De temps à autre, il me parlait de Châteauroux, de son milieu d'origine et du silence terrible de la misère. « Les pauvres, maintenant, ils ont la télé. A l'époque, il n'y avait que les mouches. » Des trouvailles comme ça, Depardieu en fait dix par jour, tout comme sur scène, il invente sans cesse de nouvelles nuances. Il faut se montrer à la hauteur, ne pas se laisser emporter par le flot : c'est un passionnant défi même si on a quelquefois envie d'arrêter le spectacle, de se tourner vers le public et de dire : « Alors là, mesdames et messieurs, je voudrais que Depardieu nous explique où il est allé chercher ça... » Oui, Gérard, avec ta grande carcasse que traversent des éclairs de folie, je me demande parfois comment tu fais...

Il y a un moment de la vie de comédien où l'on com mence à se poser des questions sur le théâtre. On le pratique innocemment pendant quarante ans et un beau matin, c'est le doute : mais au fond qu'est-ce que c'est que ce métier-là ? On est mûr pour Pirandello et les pièces à tiroirs. J'étais précisément atteint de ce syndrome quand Jean Poiret m'a proposé le rôle principal de *L'âge de Monsieur est avancé* de Pierre Étaix. Dans ce spectacle, on voit un auteur qui écrit la pièce qui est en train de se jouer. Je ne suis pas certain que tous les spectateurs se soient retrouvés dans cette œuvre-gigogne où l'on pratiquait le double miroir : j'avais moi-même bien du mal à m'y repérer, mais pour ce qui était de la réflexion sur mon art, j'étais servi. Sur un mode badin, la pièce d'Étaix ouvrait un abîme d'interrogations... Disons-le tout net, quitte à passer pour un olibrius : la conception métaphysique du théâtre m'emmerde. Pour moi, le théâtre, c'est une fête. Une fête qui peut être grave mais toujours une fête. L'esprit de sérieux qui règne aujourd'hui dans beaucoup de productions me laisse pantois.

Parmi les metteurs en scène dont on fait grand cas, j'ai l'impression que certains n'aiment pas le carton-pâte, l'illusion, la poésie du théâtre. Et surtout, qu'ils n'aiment pas les comédiens : ils s'en passeraient volontiers... Le seul ennui, c'est qu'un théâtre sans comédiens, c'est aussi un théâtre sans spectateurs. S'il ne trouve plus cette complicité d'un instant qui l'unit à un acteur, le public restera chez lui, devant la télévision. Et nous les saltimbanques, nous nous dessécherons, privés de notre raison de vivre : le bonheur d'être en scène.

La sensation qu'éprouve un comédien quand il perçoit l'adhésion d'une salle, sur un geste ou une réplique, est quelque chose d'indescriptible, d'impossible à traduire pour qui n'a pas vécu l'expérience. Le plus extraordinaire est que cette exaltation reste totalement imperceptible, puisqu'on continue à jouer comme prévu. Si on nous prive de ces moments de plaisir absolu, où tracas, tristesses, angoisses, s'effacent un court moment, jouer la comédie n'aura plus le même sens.

La réalité et la beauté du métier, c'est ça. Rien à voir avec les photos qui s'étalent dans les magazines : l'image qu'elles renvoient n'a rien de commun avec nous. Les cachets de plus en plus gros n'ont pas non plus une grande importance. Ils aident à vivre très agréablement, mais ils ne sont pas la vie. Celui qui croit s'en contenter finit toujours dans l'amertume, quand il comprend qu'en fait il n'a que du sable entre les mains. Les « consolations », alors, sont toujours les mêmes : l'alcool, la drogue. Et cela finit mal. Prêter son corps, son âme, ses gestes, sa voix à un individu imaginaire, c'est la plus belle des inventions. C'est aussi la plus dangereuse. Devant le miroir aux alouettes, ce sont les rêveurs fragiles qui sont brisés. Je me souviens des trente ans de Romy Schneider. Elle avait invité toute l'équipe de *Max et les Ferrailleurs* dans un grand bistrot parisien. J'entends encore Romy : elle riait trop fort. Le cinéma et son cortège de chimères dorées l'avaient déjà précipitée dans une prison d'angoisse d'où elle nous lançait des signaux de détresse.

Un des mythes du théâtre veut que ce soit un monde où tous se détestent. On y a tout de même des complices. Ainsi, durant des années, nous avions formé une petite chevalerie avec Reggiani, Piccoli et Bouquet : nous avions un pacte secret. Chacun de nous avait juré de citer les trois autres chaque fois qu'il aurait à répondre à la rituelle question : « Quels sont les acteurs de votre génération que vous admirez ? »... Une troupe, c'est aussi quelque chose qui tient chaud quand on a le cœur en berne. Le temps d'une saison, cela devient une famille : des cousins, des tantes, des nièces que l'on n'a pas vraiment choisis mais que l'on aime bien. On se voit mille soirs de suite, et puis on se perd de vue. A la fin de la dernière représentation, on se promet de rester en contact, pour évoquer les vieux souvenirs. On le fait rarement. Quand on a eu rendez-vous sur scène pendant des mois, on a du mal à se rencontrer au restaurant, comme tout le monde.

D'ailleurs, on a déjà trouvé une autre famille d'adoption, pour tout partager, pendant vingt-cinq ou cinq cents représentations... Les tours de cochon que nous sommes censés nous faire en scène, cela aussi fait partie d'un folklore un peu imaginaire. En dehors des superdivas du Français et de Jules Berry, je n'ai pas vu souvent de ces batailles fratricides qui, autrefois, peuplaient les souvenirs de comédiens. Le genre est tombé en désuétude. Au contraire, quand on sent chez l'autre une petite défaillance en scène, on essaie toujours de l'aider par tous les moyens, au risque de perdre un peu le fil et de se mettre soi-même en péril. C'est la règle la plus élémentaire de la profession. Cela peut vous décevoir mais, sans mentir, nous sommes moins méchants que fragiles.

Quand l'un de nous est en retard à la représentation, chacun est malheureux, sauf la doublure de l'acteur qui attend la défaillance du titulaire depuis si longtemps... A la Michodière, nous devions en être à la dixième de *Gog et Magog*, un dimanche après-midi : à l'heure du lever de rideau, manquait une camarade. En tant que directeur, j'ai pris la décision de commencer sans elle, c'est-à-dire avec la comédienne remplaçante. L'autre est arrivée en courant au début du premier acte. « C'est terrible, j'ai entendu ma réplique dans l'escalier », nous a-t-elle raconté par la suite. Son retard avait un motif surréaliste : elle était allée déjeuner à bord d'un bateau-mouche qui était tombé en panne. Cela n'arrive qu'aux comédiens... Oui, décidément, je nous aime bien, nous les saltimbanques avec nos tics, nos manies, nos superstitions comme de ne jamais s'installer complètement dans une loge avant que la pièce ne soit lancée... Il y a peu de métiers où l'on doive autant croiser les doigts. Quel sortilège n'inventerait-on pas pour obtenir les grâces de ce dieu qu'on appelle le public...

On dit que le théâtre a beaucoup changé : ce n'est pas si sûr puisqu'il y a au moins une chose qui demeure depuis l'Antiquité : on se produit toujours devant un public. Et il n'y a pas de raison que cela finisse. Le public, ce n'est pas une abstraction, une masse indifférenciée, un simple rassemblement d'individus assis les uns à côté des autres. C'est un assemblage subtil, une harmonie.

Les spectateurs qui le composent sont parfois frustrés. Ils viennent nous voir après le spectacle pour tenter de prolonger le contact. Mais le rêve s'est envolé et tout le monde est mal à l'aise. Le spectateur, parce qu'il ne se sent pas reconnu, alors que quelques instants auparavant, il avait ressenti une intimité qui s'instaurait entre lui et l'acteur ; le comédien parce qu'il ne sait pas trop quoi dire qui pourrait ranimer la flamme. Il n'y a plus que des cendres froides.

Le public, en cinquante ans de carrière, j'ai appris à le deviner, à le comprendre. Je ne crois pas qu'en tant que comédien il faille se prendre trop au sérieux : le public le perçoit, le flaire et ne l'apprécie pas. Il aime qu'on soit aimable avec lui, qu'on l'accueille gentiment. Cela ne signifie pas qu'on doive être bas, et platement racoleur. Il faut respecter le public, l'amadouer, l'entraîner. Surtout ne jamais le sous-estimer, ni le mépriser.

Parmi mes camarades, je suis célèbre pour mes colères, quand, au sortir de scène, quelqu'un lâche en parlant du public : « Ils n'étaient pas bons ce soir. » Dans ces cas-là, je ne peux m'empêcher d'ironiser. « Vous ne vous êtes pas regardé ! » Au juste, qu'est-ce qu'un public « mauvais » ? Un public dont on n'a pas réussi à gagner l'intérêt ? Un public devant lequel on s'est trompé ? C'est nous qui avons des devoirs à l'égard de ceux qui se sont déplacés. Pas l'inverse.

Il est vrai qu'on sent parfois dans un coin de la salle comme un îlot de résistance. Je suis très sensible à cela quand je suis en scène. Un instinct inexplicable nous indique qu'il se passe quelque chose, là dans le noir. C'est presque de la sorcellerie, comme si d'un seul spectateur pouvait émaner une onde nocive. Cela suffit à me gâcher la fête. Le plus souvent, j'ai un sursaut. Je me bouscule : « Mon petit François, tu vas me mettre ces gens-là dans ta poche. » Alors, je tends tout mon jeu vers ce point de résistance pour le faire céder, pour savourer d'un coup le moment où la tension va se défaire.

Quand je réussis, la joie est d'une intensité incomparable. Souvent, c'est pendant les monologues que l'on peut ainsi « travailler » la salle. Le spectateur n'est plus le témoin mais le confident auquel on révèle ses secrets pendant dix ou même vingt minutes, comme dans *Bobosse.* On le sent qui se rapproche ou qui s'éloigne. On sait très bien s'il est captivé, et ne voit plus rien d'autre que le personnage dans son halo de lumière, ou bien s'il se demande pourquoi ce type reste si longtemps seul en scène... Le secret, c'est de ne pas aborder ces grandes répliques comme on entre dans un tunnel. Alors, c'est fichu. Il faut lancer la première phrase comme si c'était la dernière et surtout ne pas montrer qu'on a peur. Le public déteste partager les angoisses du comédien...

Et puis, le rideau tombe. La pièce est finie, jusqu'à la

prochaine fois. Nous revoilà devenus simples mortels, à peine auréolés du bonheur fugace d'avoir joué la comédie. Le théâtre, c'est l'éphémère. Il n'existe qu'en mouvement.

Les spectateurs, d'un soir à l'autre, ont le privilège d'assister à une représentation unique. Ils en sont émus. Celui qui est là le jour où le rideau se coince, où un vêtement se déchire, voit dans cet incident comme un signe de vie, une marque d'exception. Souvent, il en garde un souvenir attendri. Rares sont ceux qui ont l'image d'un ratage. Ces instants volatils, certains rêvent de les enfermer. Ils veulent fixer sur la pellicule les pièces qu'ils jouent. Je comprends bien l'intérêt de garder la trace de certaines œuvres pour l'avenir mais je ne goûte guère cette mise en conserve. On trahit l'essence même du théâtre en essayant de le préserver.

Ce que verront les spectateurs du futur sur leur petit écran sans âme, ce seront des fantômes défraîchis. Du théâtre, ils n'auront pas le charme suprême, cette émotion passagère, toujours différente, et toujours recommencée. Que faire pour la reproduire, sinon jouer, jouer, encore et toujours jouer ? Mon idéal, ce serait évidemment d'être acteur jusqu'au bout. Et de mourir en scène.

Le rêve ! Encore faut-il ne pas rater son effet. S'il s'agit de mal tomber, de râler ou de crier au secours, alors ce n'est vraiment pas la peine. S'offrir une si belle mort ne vaut que si elle reste du vrai théâtre... Mais peut-être le destin me réserve-t-il une fin merveilleuse, comme celle de ma tante Germaine ? Cette sœur de mon père, artiste peintre de son état, avait toujours vécu comme elle l'entendait. Hospitalisée, elle gardait, malgré son âge avancé, un indéfectible optimisme. Un matin, au moment de la visite, le médecin s'est attardé auprès d'elle. Germaine était une de ses patientes favorites. Il aimait sa chaleur, son dynamisme, son énergie de vieille dame qui ne s'en laisse pas conter. « C'est bientôt fini, disait-il, vous allez pouvoir sortir »... La conversation qui succéda devait être bien drôle, si l'on en croit la suite. La tante a été prise d'un fou rire et, au milieu de ses hoquets, elle a rendu le dernier soupir. Mourir de rire, quelle belle sortie !

Ce voyage à travers moi-même me laisse une curieuse impression. J'en ressors avec le sentiment d'une vaste illusion. Si mes souvenirs du théâtre m'appartiennent en propre, le reste me semble irréel. Fichu théâtre ! Il est toujours passé avant tout : j'ai été comédien au point d'oublier parfois que j'étais aussi un homme. Au début, tout cela était calculé : la politique de l'écran de fumée. Convive bavard, raconteur impénitent, grand dispensateur d'anecdotes, je me suis caché derrière le théâtre même quand je n'étais pas en scène. En parlant tout le temps, j'évitais d'avoir à dire un mot sur moi. Quant aux émotions, j'ai décrété un jour que je préférais les avoir en scène. Ainsi, c'est un peu à travers la dernière pièce que j'ai jouée à ce jour, *Mort d'un commis-voyageur*, que j'ai fini par retrouver mon père. A travers ce texte amer d'Arthur Miller, qui m'a laissé un goût de cendres, j'ai découvert ce qui avait sans doute été la vie d'Henri Pillu, représentant de commerce. De représentant à représentation, j'ai compris qu'il n'y avait qu'un pas...

Fort heureusement l'encadrement réconfortant d'une troupe chaleureuse, sous la conduite de mes amis Marcel Bluwal et Jean-Claude Grumberg, m'a permis de surmonter cette épreuve.

Toutes les femmes qui ont vécu avec moi ont su qu'elles venaient après le théâtre. J'ai mis cela au clair avec elles ; alors, pourquoi le taire ? Mes deux premières épouses étaient comédiennes, ce qui était une erreur, je l'ai déjà expliqué. La troisième, Colette, était la femme que j'attendais. Elle est là depuis trente ans. Si elle avait été jalouse du théâtre, il y a longtemps qu'elle m'aurait quitté... Des autres femmes, elle n'a pas eu grand-chose à craindre. Un pudique congénital comme moi n'a pas l'âme d'un coureur : je n'ai jamais eu envie de multiplier ce que Sartre nommait si joliment les « petites histoires de printemps ». Bien sûr, j'adore séduire. Plus souvent que la moyenne des hommes. Pour moi, c'est tous les soirs. Tous les soirs, je fais tout ce que je peux pour y parvenir, j'y mets toute mon énergie, un peu de talent et une infinie passion. Avouons-le : tout le reste me paraît à jamais secondaire.

Cette confidence m'est presque douloureuse, tant elle peut paraître sans tendresse à l'égard de ceux que j'aime. Personne n'y peut rien : je ne suis vraiment moi-même qu'au théâtre. Hors de scène, j'ai connu de bons moments, des moments intenses, mais rien de comparable avec ce que j'éprouvais en présence du public. Ce n'est pas un choix et je serais absolument incapable de retrouver le moment où le théâtre est devenu pour moi cette drogue qui est la véritable raison d'être de mon existence.

Destructrice, cette drogue ? peut-être si l'on considère comme une maladie le goût immodéré du décalage et de l'irréalité. C'est vrai : la réalité, je ne l'aime que dans le trompe-l'œil. Voilà mon malheur et ma joie.

Un jour qu'il avait passé la nuit à boire, Pierre Brasseur s'est trouvé incapable de sortir de son lit. Il a fallu que l'administrateur du théâtre aille le chercher à son hôtel et le ramène sur son dos jusqu'à sa loge. L'acteur ne se souvenait plus de rien. On lui a passé son costume du premier acte, une seyante tenue de joueur de tennis et on l'a porté sur scène...

« J'avais un mal de tête à tout casser, m'a raconté Pierre. Dans mon brouillard, je me suis dit qu'il fallait absolument faire quelque chose. Je me suis levé lentement — j'ai eu du mal à poser ma raquette sans la faire tomber — j'ai été jusqu'à la fenêtre, qui n'était évidemment qu'un simple cadre sans carreaux, et je l'ai ouverte. Elle donnait sur une toile représentant un merveilleux jardin. Le plancher, derrière la fenêtre, était sale et poussiéreux. J'ai respiré un grand bol d'air pur... Et c'est reparti. J'étais frais comme un gardon, je ne sentais plus rien. »

Il est là, le miracle du théâtre, dans cette alchimie inex plicable qui, l'espace d'une représentation, transforme les plus gros mensonges en une indiscutable réalité... Jouvet affirmait que cette illusion, il n'y avait que le public qui devait la sentir. A une apprentie comédienne en larmes, il demandait : « Mais enfin, qu'as-tu donc ? — Maître, c'est l'émotion. — L'émotion... L'émotion ? Bon dieu, c'est eux qui doivent pleurer. Surtout pas toi. » Il avait raison. Le bonheur d'être en scène, ce n'est pas de « rentrer dans la peau d'un personnage » — formule horrible — mais de sentir que la magie fait son effet sur le public. Qu'on le balade. Qu'il marche. Le personnage qu'il se nomme Bobosse, Tartuffe ou Salieri il faut être un peu à côté et surtout pas dans « sa peau ». Giraudoux l'a fort bien résumé dans son *Impromptu de Paris* quand il met face à face un inspecteur des theâtres et une jeune comédienne qui joue Agnès dans *L'École des femmes* :

— Mademoiselle, comment faites-vous pour dire aussi bien « le petit chat est mort » ? Pensez-vous à un petit chat que vous avez vu mourir ?

— Ah non, monsieur, ce serait trop simple. Je pense à un petit chat malade.

C'est la fameuse distanciation, essence du théâtre. Tout passe par elle. Jouer juste, ce n'est pas jouer la chose elle même, mais ce qui s'en rapproche le plus. C'est inventer une image qui ne soit pas tout à fait ce qu'on veut représenter. On y arrive d'instinct ou on n'y arrive pas C'est à ce subtil décalage que je crois pouvoir reconnaître le talent des jeunes comédiens.

Dans la génération montante, certains me ressemblent un peu. Mais je ne ressens aucune filiation. Ce genre de postérité, je n'y tiens pas vraiment. Je n'ai pas de talent de professeur, ni aucun désir de transmettre une expérience ou un savoir. Conséquences fâcheuses de mon individualisme, sans doute, et de mon goût de la solitude et du secret : et puis, je ne me souviens pas qu'il y ait eu beaucoup de mes aînés qui m'aient ainsi considéré comme leur successeur. Un seul l'aurait bien voulu, mon professeur, André Brunot. Je l'ai sans doute fort déçu mais en scène, au moins, j'ai été moi-même...

La scène... Le rideau n'est pas tombé depuis quelques heures que, déjà, j'ai envie d'y remonter pour y revivre une fois encore quelques minutes de fulgurant plaisir. A coup sûr, il y a aussi le trac, cette espèce de terreur qui serre la gorge, noue le ventre et porte parfois à la limite de la nausée. Alors que je jouais *Bobosse*, un photographe m'avait demandé la permission de me prendre à mon insu pendant une représentation — sans flash bien entendu. Il me paraissait sympathique et talentueux, j'avais accepté. Un de ses clichés m'avait surpris en coulisses alors que je serrais le bouton de la porte qui donnait sur la scène, comme le font souvent les comédiens pour être sûrs d'entrer au bon moment. On lisait la terreur sur mon visage. J'offrais la figure décomposée du type qui sait qu'il va lui arriver quelque chose d'épouvantable. Quelques minutes plus tard, en scène, j'allais être au contraire l'image même de l'épanouissement, du bien-être...

En cinquante ans de théâtre, j'ai appris deux choses à propos du trac. D'abord, on ne peut pas l'éviter. A la première comme à la cinq centième, pour une panouille de cinéma ou une tournée de province, on a toujours, toujours le trac. L'autre chose que je sais, c'est que cette peur m'est finalement indispensable. Sans elle, je ne serais pas aussi concentré, fébrile, tendu en arrivant sur scène. D'ailleurs, depuis que j'en ai compris l'utilité, je trouve qu'il y a une certaine volupté dans ces heures d'incubation où l'on commence douloureusement à sortir de soi-même...

Devant la table de maquillage, le trac s'exarcerbe : là, on sait que le dénouement est proche. De tous les rituels du théâtre, c'est celui que je préfère. Devant la glace, on ne pense plus à rien, on fait le vide pour se voir surgir autre. Longtemps, je me suis très peu maquillé. Mon nécessaire se limitait à un peu de poudre et à du fond de teint. J'en avais tout de même besoin pour me mettre en situation. Aujourd'hui, j'use davantage de ces artifices : il faut bien pallier des ans l'irréparable outrage... Il ne s'agit d'ailleurs pas forcément de se rajeunir : pour être le Salieri d'*Amadeus*, je m'inventais des rides qui me donnaient vingt ans de plus. Dans le silence du miroir, je devenais ce musicien haineux avant même d'avoir prononcé une seule réplique...

Pour les hommes, cette cérémonie du maquillage a toute une symbolique. Au contraire des femmes, nous n'en avons pas l'habitude. C'est déjà un geste de théâtre, inhabituel, un geste qui nous rapproche de cette part de nous-même qui nous pousse à nous exhiber, à paraître. Si nous montons sur scène, c'est parce qu'il y a en nous une zone de féminité profonde. J'en suis convaincu : jouer la comédie, c'est le plus féminin des arts. Ainsi, le plus grand des acteurs sera-t-il toujours distancé par la plus grande des comédiennes... Mais nous voilà fardé, le cœur battant, à quelques instants des trois coups. Quel morceau choisi vous offrir avant que le rideau ne retombe ? C'est une scène du *Diable et le Bon Dieu.* Je suis Goetz, le chef de guerre qui fait le mal pour le mal. A la fin du premier acte, il décide de jouer aux dés le sort de la ville qu'il assiège. Catherine accepte de se mesurer à lui. Elle jette les dés et fait un score ridicule, deux et deux. Il lance les dés à son tour : un et un. Il devra épargner la cité et ses habitants. « Peut-être que le bien est désespérant... Peu m'importe d'ailleurs... Je n'ai pas à le juger mais à le faire. » Alors Catherine éclate de rire : « Je l'ai vu, il a triché. »

Moi aussi, j'ai donc beaucoup triché, depuis le petit collégien rêveur qui s'inventait des amis imaginaires. Menteur j'étais, menteur je suis resté, et tant mieux si j'ai pu en faire le moteur de mon existence. De ce point de vue, ma vie est une réussite. J'ai pu exercer mon métier comme mes maîtres me l'avaient enseigné. Je n'ai jamais oublié leurs leçons. Certes, je ne suis jamais devenu une star mais je n'en éprouve aucun regret : être un comédien qui a la confiance des spectateurs me paraît un sort beaucoup plus enviable.

Le public vous aime mais ne vous dévore pas. Dans l'esprit des gens, je suis un « Monsieur-tout-le-monde ». On se dit : « Périer, il joue, il fait son métier, il rentre chez lui, il est comme nous. » Même si ce n'est pas tout à fait exact, je trouve bien que l'on m'imagine ainsi. Non, si j'ai un regret, c'est d'être un peu passé à côté des autres. Des autres, et aussi des miens. J'ai été souvent absent, quelquefois aveugle, très certainement égoïste. Tous ceux qui autour de moi en ont souffert doivent savoir que j'en suis conscient. Il faut qu'ils me pardonnent. Mais pouvais-je faire autrement ? Quand on est vraiment comédien, on l'est vingt-quatre heures sur vingt-quatre. Alors, sans même le faire exprès, on trompe son monde... Ou on ne lui prête pas toute l'attention qu'il mérite. On se transforme en une sorte de professeur Nimbus qui prend un manteau d'hiver et un chapeau de fourrure pour sortir le 14 Juillet... Cela peut finir en drame. Laissons plutôt le mot de la fin à la comédie. Il y a quelques années, j'accompagnais Arletty à une réception du Rotary, au Pavillon Dauphine. Elle souffrait déjà de sa totale cécité mais gardait sa superbe dans une robe blanche immaculée. J'étais très fier d'être à son bras. « Tu me préviens s'il y a un escalier, m'a-t-elle demandé. Tu sais que je n'y vois rien. » Nous sommes entrés dans le restaurant et je lui ai soufflé : « Attention, Arlette, il va y avoir une marche. » En aparté, elle m'a rétorqué : « Hé ! Connard, ta marche, elle monte ou elle descend ? »

THÉÂTROGRAPHIE

1935
Élève de René Simon.

1937
Élève au Conservatoire, classe d'André Brunot.

1938
Les Jours heureux (Prix Réjane), de Claude-André Puget, théâtre Michel puis théâtre de Paris.

1939
Les souris dansent, de Marie-Louise Villers, théâtre de la Madeleine.
Mailloche, de René Dorin, théâtre de la Madeleine.

1940
La Familiale, de Jean de Letraz, théâtre de la Michodière puis théâtre Antoine, ensuite théâtre de l'Étoile

1941
La Nuit de printemps, de Pierre Ducrocq, théâtre Saint-Georges.
Octave, d'Yves Mirande, théâtre de l'Avenue, avec Fernand Gravey.
La Fille du jardinier, de Charles Exbrayat, théâtre des Mathurins, avec Marcel Herrand.

1942

Une jeune fille savait, d'André Haguet, théâtre des Bouffes-Parisiens.

Colinette, de Marcel Achard, théâtre de l'Athénée, avec Micheline Presle et Bernard Blier.

1943-1944

1945-1946

Les J3 ou La Nouvelle École, de Roger Ferdinand, théâtre des Bouffes-Parisiens, avec Jacqueline Porel.

1946

Le Saint-Bernard, de Claude-André Puget, théâtre des Bouffes-Parisiens.

1947

La route des Indes, d'H.M. Harwood, adaptation de Deval, théâtre des Ambassadeurs.

février-mars :

Une jeune fille savait, d'André Haguet, tournée Detaille.

1948

Les Mains sales, de Jean-Paul Sartre, théâtre Antoine (255 représentations), avec André Luguet et Paula Dehelly.

1949

Les Mains sales, de Jean-Paul Sartre, tournée Karsenty (107 représentations en France, Suisse, Belgique, Luxembourg, Afrique du Nord).

1950

Bobosse, d'André Roussin, création à Bruxelles et à Lyon, puis à la Michodière.

Bobosse, d'André Roussin, *Colinette*, de Marcel Achard, *Am Stram Gram*, d'André Roussin, tournée à Rio de Janeiro.

1951

Bobosse, d'André Roussin, théâtre de la Michodière, association avec Yvonne Printemps et Pierre Fresnay à la direction, tournée Karsenty (France, Suisse, Luxembourg, Belgique, Afrique du Nord).

1952

Un beau dimanche, de Jean-Pierre Aumont, théâtre de la Michodière, avec Marie Daems.

1953-1954

Le Ciel de lit, de Jan De Hartog, théâtre de la Michodière, avec Marie Daems.

1955

Le Ciel de lit, de Jan De Hartog, tournée Georges Herbert (France, Suisse, Luxembourg, Belgique, Afrique du Nord), avec Marie Daems.

Le Mal d'amour, de Marcel Achard, théâtre de la Michodière.

1956

Le Séducteur, de Diego Fabbri, adaptation de M. Arnaud, théâtre de la Michodière, mise en scène de François Périer.

1957

Bobosse, d'André Roussin, théâtre de la Michodière.

1959-1963

Gog et Magog, de Roger Mac Dougall et Tod Allan, adaptation de Gabriel Arout, théâtre de la Michodière, mise en scène de François Périer, avec Jacqueline Maillan.

1960-1961

Tartuffe de Molière, mise en scène de Jean Anouilh, Comédie des Champs-Élysées.

1962
Johnnie Cœur, de Romain Gary, théâtre de la Michodière, mise en scène de François Périer.

1963
Gog et Magog, de Roger Mac Dougall et Tod Allan, adaptation de Gabriel Arout, tournée Georges Herbert.

1964-1966
La Preuve par quatre, de Félicien Marceau, théâtre de la Michodière, avec Jean-Pierre Marielle.

1965
Good Bye Charlie, de Georges Axelrod, adaptation Barillet et Grédy, mise en scène de François Périer avec Nicole Courcel.

1966
Les Séquestrés d'Altona, de Jean-Paul Sartre, théâtre de l'Athénée, mise en scène de François Périer, avec Serge Reggiani, Claude Dauphin et Évelyne Rey.
La Preuve par quatre, tournée Georges Herbert.

1967
Un jour j'ai rencontré la Vérité, de Félicien Marceau, Comédie des Champs-Élysées.

1968
Le Diable et le Bon Dieu, de Jean-Paul Sartre, TNP, mise en scène de Georges Wilson.

1969
Un jour, j'ai rencontré la Vérité, tournée Georges Herbert.

1970-1972
Ne réveillez pas Madame, de Jean Anouilh, Comédie des Champs-Élysées.

1973
Ne réveillez pas Madame, Galas Karsenty-Herbert.

1974-1976
Le Tube, de Françoise Dorin, théâtre Antoine, avec Denise Grey.

1975
Gog et Magog, de Roger Mac Dougall et Tod Allan, adaptation de Gabriel Arout, théâtre de la Michodière, mise en scène de François Périer, avec Jean-Pierre Cassel.

1976-1977
Equus, de Peter Shaffer, adaptation de Matthieu Galey, théâtre d'Orsay, puis théâtre de l'Athénée.

1978
Equus, de Peter Shaffer, adaptation de Matthieu Galey, Nouvelles productions théâtrales.

1979-1980
Coup de chapeau, de Bernard Slade, adaptation de Barillet et Grédy, théâtre de la Michodière, avec Daniel Auteuil.

1980-1981
Coup de chapeau, de Bernard Slade, adaptation de Barillet et Grédy, Galas Karsenty-Herbert.

1981-1982
Amadeus, de Peter Shaffer, adaptation de Pol Quentin, théâtre Marigny, avec Roman Polanski.

1983-1984
Chacun sa vérité, de Luigi Pirandello, Comédie des Champs-Élysées, avec Suzanne Flon, Guy Tréjan et Robert Hirsch.

1983-1984
Le Tartuffe, de Molière, T.N.S. de Strasbourg, Théâtre de la Ville de Paris, avec Gérard Depardieu.

1985-1986
L'âge de Monsieur est avancé, de Pierre Étaix, Comédie des Champs-Élysées, avec Caroline Cellier et Bernard Haller.

1986-1987
L'âge de Monsieur est avancé, de Pierre Étaix, théâtre Actuel.

1987-1988
Mort d'un commis-voyageur, d'Arthur Miller, théâtre Actuel, théâtre de l'Odéon, adaptation de Jean-Claude Grumberg, avec Claude Winter et Fabrice Eberhard

FILMOGRAPHIE DE FRANÇOIS PÉRIER

1938

La Chaleur du sein, de Jean Boyer, avec Michel Simon et Arletty.

L'Entraîneuse, d'Albert Valentin, avec Michèle Morgan.

Hôtel du Nord, de Marcel Carné, avec Louis Jouvet, Bernard Blier, Annabella et Arletty.

La Fin du jour, de Julien Duvivier, avec Michel Simon, Louis Jouvet, Victor Francen et Gabrielle Dorziat.

1939

Le Veau gras, de Serge de Poligny, avec Elvire Popesco et André Lefaur.

Le Duel, de Pierre Fresnay, avec Yvonne Printemps, Raimu et Pierre Fresnay.

1940

La Grande Leçon, de Robert Péguy (film détruit).

1941

Premier Bal, de Christian-Jaque, scénario de Charles Spaak, avec Marie Déa, Gaby Sylvia, Fernand Pellegrin et Fernand Ledoux.

Les Jours heureux, de Roger Richebé, avec Pierre Richard-Willm.

1942

Mariage d'amour, d'Henri Decoin, avec Paul Meurisse.

Lettres d'amour, de Claude Autant-Lara, scénario de Jean Aurenche, avec Odette Joyeux.

Le Camion blanc, de Léo Joannon, avec Marguerite Moreno et Jules Berry

1943

Bonsoir Mesdames, Bonsoir Messieurs, de Roland Tual, avec Gaby Sylvia et Carette.

La Ferme aux loups, de Richard Pottier, avec Martine Carol Paul Meurisse.

1944

L'Enfant de l'amour, de Jean Stelli, scénario de Marc-Gilbert Sauvajon, avec Gaby Morlay, Aimé Clariond.

Sylvie et le Fantôme, de Claude Autant-Lara, scénario de Jean Aurenche, avec Odette Joyeux et Jacques Tati.

1945

Au Petit Bonheur, de Marcel L'Herbier, scénario de Marc-Gilbert Sauvajon, avec Danielle Darrieux.

La Tentation de Barbizon, de Jean Stelli, scénario de A.-P. Antoine et Marc-Gilbert Sauvajon, avec Simone Renant et Daniel Gélin.

1946

Un Revenant, de Christian-Jaque, scénario d'Henri Jeanson, avec Louis Jouvet, Gaby Morlay et Ludmilla Tchérina.

Le Silence est d'or, de René Clair, scénario de René Clair, avec Maurice Chevalier et Marcelle Derrien.

1947

La Vie en rose, de Jean Faure, scénario de René Wheeler, dialogues d'Henri Jeanson, avec Louis Salou et Simone Valère.

Une jeune fille savait, de Maurice Lehmann, avec Dany Robin.

1948

Une femme sans passé, de Gilles Grangier, scénario de Marc-Gilbert Sauvajon, avec Sophie Desmarets.

Retours, de Georges Lampin, scénario de Charles Spaak, avec Patricia Roc.

Jean de la Lune, de Marcel Achard, avec Danielle Darrieux et Claude Dauphin.

1949

La Souricière, d'Henri Calef, scénario d'André Gillois, avec Bernard Blier.

Orphée, de Jean Cocteau, avec Maria Casarès et Jean Marais.

Au P'tit Zouave, de Gilles Grangier, scénario de Pierre Laroche, avec Dany Robin et Marie Daems.

1950

Les Anciens de Saint-Loup, de Georges Lampin, scénario de Pierre Véry, avec Bernard Blier et Serge Reggiani.

Souvenirs perdus, de Christian-Jaque, scénario d'Henri Jeanson, avec Edwige Feuillère, Danielle Darrieux, Pierre Fresnay, Pierre Brasseur et Bernard Blier.

Mon phoque et elles, de Pierre Billon, scénario de Marc-Gilbert Sauvajon, avec Marie Daems.

1951

L'Amour Madame, de Gilles Grangier, scénario de Françoise Giroud, avec Arletty et Marie Daems.

Elle et moi, de Guy Lefranc, avec Dany Robin.

Un trésor de femme, de Jean Stelli, scénario de Marc-Gilbert Sauvajon, avec Marie Daems.

1953

Les Jeunes Mariés, de Gilles Grangier, scénario de J. Thann et Jacques Companeez, avec Anne Vernon.

Capitaine Pantoufle, de Guy Lefranc, tiré de *Many* d'Alfred Adam.

Villa Borghese (sketch) de Gianni Franciolini, avec Anna Maria Ferrero.

Le Baiser (sketch), d'Alessandro Blasetti, avec Dany Robin.

Le Lit (sketch), de Jean Delannoy, avec Martine Carol

1954
Cadet Rousselle, d'André Hunebelle, scénario de Jean Halain, avec Dany Robin et Bourvil.
Scènes de ménage, d'André Berthomieu, d'après Courteline, avec Marie Daems.
Escale à Orly, de Jean Dréville, scénario de Jacques Companeez & J. Thann, avec Dany Robin.
Les Évadés, de Jean-Paul Le Chanois, scénario de Michel André, avec Pierre Fresnay.

1955
Gervaise, de René Clément, scénario de Jean Aurenche & Pierre Bost d'après Zola, avec Maria Schell.

1956
Je reviendrai à Kandara, de Victor Vicas, roman de Jean Hougron, avec Bella Darvi et Daniel Gélin.
Les Nuits de Cabiria, de Federico Fellini, avec Giulietta Masina.
Que les hommes sont bêtes, de Roger Richebé.

1957
Les Louves, de Luis Saslavsky, d'après Boileau et Narcejac, avec Jeanne Moreau, Micheline Presle et Madeleine Robinson.
Tous peuvent me tuer, d'Henri Decoin, scénario d'André Versini, avec Anouk Aimée.
La Bigorne, de Robert Darène, scénario de Gabriel Arout & Robert Darène, d'après Pierre Nord, avec Rossana Podesta et Robert Hirsch.
Charmants garçons, d'Henri Decoin, avec Zizi Jeanmaire et Daniel Gélin.

1958
Bobosse, d'Étienne Périer, scénario d'André Roussin, avec Micheline Presle.
Il Magistrato, de Luigi Zampa.

1960

La Corde raide, de Jean-Charles Dudrumet, avec Annie Girardot.

Le Testament d'Orphée, de Jean Cocteau, avec Jean Cocteau, Maria Casarès, Édouard Dhermitte et Jean Marais.

La Française et l'Amour (sketch Le Divorce), de Christian-Jaque, avec Annie Girardot.

Les Amours de Paris, de Jacques Poitrenaud, avec Nicole Courcel.

Bonne nuit, monsieur Masure, de Claude Magnier, avec Daniel Gélin.

L'Amant de cinq jours, de Philippe de Broca, avec Micheline Presle, Jean Seberg et Jean-Pierre Cassel.

1961

Les Petits Matins, de Jacqueline Audry, avec Darry Cowl, Pierre Mondy et Lino Ventura.

1962

Le Coup de bambou, de Jean Boyer, avec Micheline Presle et Jean Richard.

Les Veinards (sketch), de Jean Giraud, avec Mireille Darc.

Dragées au poivre (sketch), de Jacques Baratier, avec Jean Richard.

I Compagni, de Mario Monicelli, avec Marcello Mastroianni, Renato Salvatori et Bernard Blier.

La Visita, d'Antonio Pietrangeli, avec Sandra Milo.

1964

Week-end à Zuydcoote (d'après le roman de Robert Merle), d'Henri Verneuil, avec Jean-Paul Belmondo.

1966

Un homme de trop (d'après le roman de Jean-Pierre Chabrol), de Costa-Gavras, avec Michel Piccoli, Charles Vanel, Bruno Cremer et Jean-Claude Brialy.

1967

Le Samouraï, de Jean-Pierre Melville, avec Alain Delon.

Les Enfants du palais (d'après le roman de Michel Cournot), de Jean-Marie Périer (télévision).

1968

Z, de Costa-Gavras, avec Yves Montand et Jean-Louis Trintignant.

1969

Les Caprices de Marie, de Philippe de Broca, avec Philippe Noiret et Marthe Keller.

La Nuit bulgare, de Michel Mitrani.

1970

Le Cercle rouge, de Jean-Pierre Melville, avec Alain Delon, Bourvil et Yves Montand.

Tumuc Humac, de Jean-Marie Périer.

Max et les Ferrailleurs, de Claude Sautet, avec Romy Schneider et Michel Piccoli.

1971

Juste avant la nuit, de Claude Chabrol, avec Stéphane Audran et Michel Bouquet.

1972

L'Attentat, d'Yves Boisset, avec Jean-Louis Trintignant, Gian-Maria Volonte, Michel Piccoli et Philippe Noiret.

Vogliamo I Colonnelli, de Mario Monicelli, avec Ugo Tognazzi.

Un monstre (télévision), de Jean-Marie Périer.

1973

Antoine et Sébastien, de Jean-Marie Périer, avec Jacques Dutronc.

Stavisky, d'Alain Resnais, avec Jean-Paul Belmondo.

1974

Sara (télévision), de Marcel Bluwal, avec Danièle Lebrun.

1975

Docteur Françoise Gailland, de Jean-Louis Bertuccelli, avec Annie Girardot.

Police Python 357, d'Alain Corneau, avec Simone Signoret et Yves Montand.

1978

La Raison d'État, d'André Cayatte, avec Jean Yanne et Monica Vitti.

Mazarin (télévision), de Pierre Cardinal, avec Martine Sarcey.

1979

La Guerre des polices, de Robin Davis, avec Claude Brasseur, Claude Rich et Marlène Jobert.

1980

Le Bar du Téléphone, de Claude Barrois, avec Daniel Duval.

1982

Le Battant, d'Alain Delon, avec Alain Delon.

1983

Thérèse Humbert (télévision), de Marcel Bluwal, avec Simone Signoret.

Jacques le Fataliste (télévision), de Claude Santelli, avec Guy Tréjan et Patrick Chesnais.

1983-1985-1987

La Mafia (I-II-III), de Damiano Damiani, avec Michel Placido, Nicole Jamet.

1984

Le Tartuffe, de Gérard Depardieu, avec Gérard Depardieu.

Enquête sur une parole donnée, de Pierre Koralnik.

1986

Soigne ta droite, de Jean-Luc Godard.

TABLE

Françoise CHANDERNAGOR : L'allée du roi
Charlie CHAPLIN : Ma vie
Yves COURRIÈRE : Joseph Kessel
DALAI LAMA : Un océan de sagesse
Alexandra DAVID-NÉEL : Au pays des brigands gentils-hommes
Mystiques et magiciens du Tibet
La puissance du néant
Le lama aux cinq sagesses
Voyage d'une Parisienne à Lhassa
Le sortilège du mystère
L'Inde où j'ai vécu
Miles DAVIS : Miles l'autobiographie
Alain de SEDOUY : De quoi souffrez-vous docteur ?
Jean-Paul DESPRAT : Le marquis des Éperviers
Raymond DEVOS : A plus d'un titre
Françoise DOLTO : L'échec scolaire
Arthur Conan DOYLE : Le chien des Baskerville
La vallée de la peur
Les aventures de Sherlock Holmes
Boris ELTSINE : Jusqu'au bout !
Philippe ERLANGER : La reine Margot
Dominique FERNANDEZ : Le promeneur amoureux
Leonore FLEISHER : Rain Man
Jean-Charles de FONTBRUNE : Nostradamus historien prophète
Diane FOSSEY : Gorilles dans la brume
Anatole FRANCE : Le livre de mon ami
L'île des pingouins
Crainquebille
Les dieux ont soif
La révolte des anges
Histoire contemporaine :
L'orme du Mail
Le mannequin d'osier
L'anneau d'améthyste

M. Bergeret à Paris
Le crime de Sylvestre Bonnard
Le lys rouge
Dan Franck : La dame du soir
Dan Franck et Jean Vautrin : La dame de Berlin
Peter Freeborn : Un homme sous influence
Charles de Gaulle : L'appel
L'unité
Le salut
Mémoires d'espoir
1. Le renouveau
2. L'effort
Michel de Grèce : La femme sacrée
L'envers du soleil
Louis XIV
Le palais des larmes
Graham Greene : La saison des pluies
La fin d'une liaison
Marek Halter : La mémoire d'Abraham
Le fou et les rois
Les fils d'Abraham
Patty Hearst : Mon voyage en enfer
Christian Jacq : Champollion l'Égyptien
La reine soleil
Maître Hiram et le roi Salomon
John Jakes : *Nord et Sud*
1. Les jours heureux
2. Amis, ennemis
3. Guerre et passion
4. Entre le ciel et l'enfer
5. L'année des sauterelles
Jerome K. Jerome : Trois hommes dans un bateau
Olivier de Kersauson : Mémoires salées
Joseph Kessel : Fortune carrée
L'armée des ombres
Les amants du Tage

Pour l'honneur
Le coup de grâce
Rudyard KIPLING : Le livre de la jungle
Le second livre de la jungle
Capitaines courageux
Kim
Arthur KOESTLER : La treizième tribu
Pascal LAINÉ : Elena
Betty Jean LIFTON : Janusz Korczak : le roi des enfants
Betty MAHMOODY : Jamais sans ma fille
Françoise MALLET-JORIS : Le rempart des béguines
Michèle MANCEAUX : Le fils de mon fils
Robert MARGERIT : La terre aux loups
Bruno MASURE : La télé rend fou mais j' me soigne
A pleins tubes
Claude MICHELET : J'ai choisi la terre
Les palombes ne passeront plus
Cette terre est la vôtre
La grande muraille
Des grives aux loups
Rocheflame
Une fois sept
Vive l'heure d'hiver
James A. MICHENER : Alaska I : La citadelle de glace
Alaska II : La ceinture de feu
Octave MIRBEAU : Le journal d'une femme de chambre
Hubert MONTEILHET : Les derniers feux
Néropolis
Desmond MORRIS : Parlons chat !
Toni MORRISON : Beloved
Vladimir NABOKOV : Une beauté russe
L'exploit
L'extermination des tyrans
Brisure à Senestre
Mademoiselle O
Détails d'un coucher de soleil

Louis PAUWELS : Dali m'a dit
Édith PIAF : Ma vie
Michel PLATINI : Ma vie comme un match
Mario PUZO : Le parrain
Yann QUEFFÉLEC : La femme sous l'horizon
Nancy REAGAN : A mon tour
Pierre RICHARD : Le petit blond dans un grand parc
Ann RIVER SIDDONS : La Géorgienne
Pouvoir de femme
Valérie RODRIGUE : La peau à l'envers
Romy SCHNEIDER : Moi, Romy
Wilbur SMITH : Le léopard chasse la nuit
Au péril de la mer
L'œil du tigre
L'oiseau de soleil
Les amazones du désert
La piste du chacal
Les chasseurs de diamants
Alexandre SOLJENITSYNE : Le pavillon des cancéreux
La maison de Matriona
Zacharie l'escarcelle
Une journée d'Ivan Denissovitch
Alfred TOMATIS : Les troubles scolaires
Henri TROYAT : La fosse commune
Le mort saisit le vif
1. Les semailles et les moissons
2. Amélie
3. La grive
4. Tendre et violente Élisabeth
5. La rencontre
Le jugement de Dieu
Grandeur nature
La tête sur les épaules
Faux jour
L'araigne
La clé de voûte

Le signe du taureau
Rudolph VRBA et Alan BESTIC : Je me suis évadé d'Auschwitz
Lewis WALLACE : Ben-Hur
Mika WALTARI : Le serviteur du prophète
Morris WEST : L'avocat du diable
Les souliers de Saint-Pierre
Lazare
Oscar WILDE : Le portrait de Dorian Gray
Les 1001 Nuits : 1. Dames insignes et serviteurs galants
2. Les cœurs inhumains
3. Les passions voyageuses
4. La saveur des jours
Souvenirs d'une gamine effrontée

EXTRAIT DU CATALOGUE
PRESSES POCKET

BLANCHE

Françoise SAGAN : La laisse et les autres Sagan
Alexandre VIALATTE : Badonce et les créatures
Yasushi INOUE : La geste des Sanada
Nina BERBEROVA : Histoire de la Baronne Boudberg
  Tchaïkovski
Georges BERNANOS : Journal d'un curé de campagne
  Un crime
  Nouvelle histoire de Mouchette
  Un mauvais rêve
Graham GREENE : La saison des pluies
Knut HAMSUN : Esclaves de l'amour
Aldous HUXLEY : Le meilleur des mondes
  Les diables de Loudun
  Temps futurs
James JOYCE : Les gens de Dublin
Franz KAFKA : Le procès
  Le château
Nikos KAZANTZAKI : Alexis Zorba
  Le Christ recrucifié
D. H. LAWRENCE : L'amant de Lady Chatterley
  La nouvelle Ève et le vieil Adam
  Le cheval ensorcelé
  Une ombre au tableau
  Nouvelles
Katherine MANSFIELD : L'aloès
  La Garden party
Somerset MAUGHAM : Les quatre Hollandais
  Mrs Craddock

Herman MELVILLE : Moby Dick
Vladimir NABOKOV : Une beauté russe
L'exploit
L'extermination des tyrans
Brisure à Senestre
Mademoiselle O
Détails d'un coucher de soleil
Georges PEREC : Les choses
Françoise SAGAN : Les merveilleux nuages
La laisse
Bonjour tristesse
Alexandre SOLJENITSYNE : Le pavillon des cancéreux
La maison de Matriona
Zacharie l'escarcelle
Une journée d'Ivan Denissovitch
Alexandre VIALATTE : Bananes de Königsberg
Dernières nouvelles de l'homme
Et c'est ainsi qu'Allah est grand
Oscar WILDE : Le portrait de Dorian Gray
Les 1001 nuits : 1. Dames insignes et serviteurs galants
2. Les cœurs inhumains
3. Les passions voyageuses
4. La saveur des jours

EXTRAIT DU CATALOGUE
PRESSES POCKET

COLLECTION « BEST-SELLERS »

Adrienne DURAND TULLOU : Le pays des Asphodèles
David HEYMAN : Jackie
Françoise SAGAN : La chamade
  La garde du cœur
  La laisse
  Les merveilleux nuages
  Dans un mois, dans un an
  Les violons parfois
  Un orage immobile
  Sarah Bernhardt
  Bonjour tristesse
Christian JACQ : Maître Hiram et le roi Salomon
Georges N'GUYEN VAN LOC : Le Chinois
Christian SIGNOL : Marie des Brebis
Jean-François DENIAU : Un héros très discret
Loup DURAND : Le jaguar
Hugues de MONTALEMBERT : A perte de vue
Charlélie COUTURE : Les dragons en sucre
Kirk DOUGLAS : La danse avec le diable
Françoise CHANDERNAGOR : L'allée du roi
Françoise DOLTO : L'échec scolaire
Dominique FERNANDEZ : Le promeneur amoureux
Leonore FLEISHER : Rain Man
Jean-Charles de FONTBRUNE : Nostradamus historien prophète
Diane FOSSEY : Gorilles dans la brume
Anatole FRANCE : Le livre de mon ami
  L'île des pingouins

Crainquebille
Les dieux ont soif
La révolte des anges
Histoire contemporaine :
L'orme du Mail
Le mannequin d'osier
L'anneau d'améthyste
M. Bergeret à Paris
Le crime de Sylvestre Bonnard
Le lys rouge
Dan FRANCK et Jean VAUTRIN : La dame de Berlin
Charles de GAULLE : L'appel
L'unité
Le salut
Mémoires d'espoir
1. Le renouveau
2. L'effort
Michel de GRÈCE : La femme sacrée
Graham GREENE : La saison des pluies
Marek HALTER : La mémoire d'Abraham
Les fils d'Abraham
Christian JACQ : Champollion l'Égyptien
John JAKES : *Nord et Sud*
Olivier de KERSAUSON : Mémoires salées
Joseph KESSEL : Fortune carrée
Betty MAHMOODY : Jamais sans ma fille
Bruno MASURE : La télé rend fou mais j' me soigne
A pleins tubes
Claude MICHELET : J'ai choisi la terre
Les palombes ne passeront plus
Cette terre est la vôtre
La grande muraille
Des grives aux loups
Rocheflame
Une fois sept
Vive l'heure d'hiver

James A. MICHENER : Alaska I : La citadelle de glace
Alaska II : La ceinture de feu
Vladimir NABOKOV : Une beauté russe
L'exploit
L'extermination des tyrans
Brisure à Senestre
Mademoiselle O
Détails d'un coucher de soleil
Mario PUZO : Le parrain
Yann QUEFFELEC : La femme sous l'horizon
Nancy REAGAN : A mon tour
Ann RIVER SIDDONS : La Géorgienne
Pouvoir de femme
Alexandre SOLJENITSYNE : Le pavillon des cancéreux
La maison de Matriona
Zacharie l'escarcelle
Une journée d'Ivan Denissovitch
Alfred TOMATIS : Les troubles scolaires
Henri TROYAT : La fosse commune
Le mort saisit le vif
1. Les semailles et les moissons
2. Amélie
3. La grive
4. Tendre et violente Élisabeth
5. La rencontre
Le jugement de Dieu
Grandeur nature
La tête sur les épaules
Faux jour
L'araigne
La clé de voûte
Le signe du taureau

Achevé d'imprimer en avril 1991
sur les presses de l'Imprimerie Bussière
à Saint-Amand (Cher)

PRESSES POCKET - 8, rue Garancière - 75285 Paris
Tél. : 46-34-12-80

— N° d'imp. 710. —
Dépôt légal : avril 1991.

Imprimé en France